南京大学人文基金资助集刊
中文社会科学引文索引（CSSCI）来源集刊

民国研究

STUDIES ON REPUBLICAN CHINA

2015 年春季号　总第 27 辑

主　编／张宪文

社会科学文献出版社
SOCIAL SCIENCES ACADEMIC PRESS (CHINA)

《民国研究》编辑委员会名单

民国研究
2015 年春季号　总第 27 辑

目　录

专论

学术综述

书评与书讯

Studies on Republican China
Spring 2015 No. 27

Contents

Monographs

Academic Review

Book Review and Book News

(目录英文翻译:〔美〕何稼书)

【本刊特稿】

侍从室与国民政府的情报工作*

张瑞德**

提　要　1933年1月，蒋介石因军事需要，成立侍从室，作为蒋的重要幕僚单位。侍从室以极为精简的人力，处理各方送呈的大量情报资料，使其成为有价值的情报，以便蒋介石及相关机构参考运用。侍从室所建立的一套情报监督管理体制及其运作方式，一直延续至战后台湾，侍从室处理情报业务的相关人员，日后也都在战后台湾安全体系中长期扮演重要的角色，因此侍从室的重要性，实不容忽视。

关键词　蒋介石　侍从室　情报

一　前言

1933年1月，蒋介石因军事需要，成立侍从室，由林蔚任主任，下辖四组：第一组警卫，第二组秘书，第三组调查及纪录，第四组总务。南昌行营成立后，于行营委员长办公厅内，置有侍从高级参谋一人，侍从高级参谋室设侍从参谋、侍从秘书、侍从副官各若干人，辅理办公厅事务。1935年1月，南昌行营结束，行营移至武昌。行营内设侍从室，以贺国光为主任，下设两处五组。第一处设三个组，分掌总务、参谋及警卫；第二处设两个组，分掌秘书与研究。

* 本文系2000～2001年台北中研院主题研究计划“侍从室与战时中国（1936～1945）”项下的部分研究成果，谨此注明，并致谢意。

** 台北中国文化大学史学系教授。

抗战爆发后，侍从室为作战行动便利起见，于 1939 年 2 月成立侍二处第六组，掌管原属于侍二组的情报业务，组长初由侍二组组长于达兼任，后由唐纵出任。该组在建制上属于第二处，但是同时也受第一处主任的指导。此外，抗战后期侍从室又成立机要室，由蒋介石直接掌握，并受侍二处主任的指导，专门处理蒋的来往电报。此单位在技术上统一控制各地公私电台，在行政上隶属于军事委员会办公厅。

本文拟利用海峡两岸所收藏档案及回忆录性质史料，对侍从室在情报的取得、分析与运用，对各情报机构的管理、考核与联系，以及对军政官员的监察工作等方面所扮演的角色做一全面性探讨，借以明了该神秘机构的性质。

二 侍从室第六组的组成

侍六组为侍从室负责情报业务的最主要单位。1936 年 1 月侍从室改组时，中统和军统的情报，乃是依其内容性质，分别由侍一处、侍二处两处处理，即中统局的情报系用徐恩曾的名义，直接封送给侍二处（第四组）处理，而军统局的一般情报，如对国军部队长官贪污腐化和私生活的密报，均以戴笠的名义分类列表，封送给侍一处（第二组）处理；其他涉及政治、经济方面，如抗战初期四川军系内部矛盾和活动等情报，则由戴笠先送侍二处，经陈布雷、陈方等阅后，会同侍一处（第二组）研究处理。1938 年，国民政府撤退至武汉，成立了三民主义青年团，力行社的情报系统更为扩大。由于情报来源日趋复杂，蒋介石乃在侍从室内成立第六组，综核一切情报组织的业务。①

1939 年 1 月 24 日，蒋介石手谕：侍从室一、二处情报，着合并整理。② 侍从室的承办参谋唐纵于是写了一个整理情报的办法，根据蒋的意见，建议成立一组专办情报整理工作，隶属于两个主任，受两个主任的指导，下设参谋、秘书，以为辅佐。该办法 2 月 8 日获蒋批准。③ 2 月 21 日，侍从室第二处第六组正式成立，办理情报事宜，组长由侍二处第二组组长于达兼理，事务由唐纵负责。④ 5 月 20 日，唐纵被任命为第六组少将组长。⑤

① 秋宗鼎：《蒋介石的侍从室纪实》，《文史资料选辑》第 81 辑，1982 年 7 月，第 128 ~ 129 页。

② 唐纵：《在蒋介石身边八年——侍从室高级幕僚唐纵日记》（以下简称《日记》），群众出版社，1991，1939 年 1 月 24 日。

③ 唐纵：《日记》，1939 年 2 月 8 日。

④ 唐纵：《日记》，1939 年 2 月 21 日。

⑤ 唐纵：《日记》，1939 年 5 月 20 日。

第六组组长人选的决定，颇经过一番波折。侍一处主任贺耀组和侍二处主任陈布雷原先商议以唐纵、王芃生（时任国际问题研究所主任）、萧赞育（侍从室秘书）三人呈请候圈。[①] 随即陈布雷又与贺耀组力保萧赞育，[②] 但未获得蒋同意，而是批交侍二处第二组组长于达兼理。[③] 1939 年 4 月，西昌成立补充训练处，唐纵有意出任此项工作，其组长于达签呈蒋，新上任的侍一处主任张治中也同意，不料蒋于发出委任令后，随即又改变主意。第六组组长一缺，张治中保徐培根（时任兵工署军械司司长）、萧赞育、吴石（时任桂林行营参谋长）、滕杰四人，蒋对此四人均不满意，乃批示："唐纵不必外调，由唐担任可也。"[④] 组长人选，至此才告确定。其间曲折的过程，充分反映出此一职位的重要性。

唐纵有鉴于侍六组业务需常与外界联络，尤其是有关敌情研究的军令部第二厅，于是上任后即赴军令部拜访二厅厅长杨宣诚，[⑤] 不久又进一步与军令部第一厅一、二两处联络，军令部同意日后凡接前方电话，均随时通知侍六组。唐纵自己也认为此种联络，在工作上收效不小。[⑥] 在组内业务方面，唐纵以为情报的综合与审核，尚未上轨道，每日送呈蒋的情报，虽编有目录，但是仍无系统，也无条理，甚至有累积至 50 余件报告尚未获批的情形。唐乃设法补救整理，规定缮写员缮写报告的时限，以避免延误；情报除有时效性者外，一律定期汇编。又恐每日呈蒋核阅者过少，乃规定编制《次要情报目录表》，每日附呈，一方面可使蒋明了实际状况，另一方面也可避免各情报机构负责人员怀疑侍六组留存不报。此外，唐纵为加强侍从室各部门之间的联系，主动将党政有关情报送第四组参阅，第四组也将有关外交的情报送唐参阅，以资交换。[⑦]

侍六组成立之初，仅由侍二组调去参谋卢集贤一人和缮写员数人，后来增设秘书，由陈布雷派侍二处秘书王学素前往，[⑧] 负责研究和对外各情

---

① 唐纵：《日记》，1939 年 2 月 8 日。

② 陈布雷：《陈布雷先生从政日记稿样》（以下简称《日记》），台北：东南印务出版社，出版年不详，1939 年 2 月 12 日。

③ 唐纵：《日记》，1939 年 2 月 14 日。

④ 唐纵：《日记》，1939 年 5 月 10 日。

⑤ 唐纵：《日记》，1939 年 5 月 26 日。

⑥ 唐纵：《日记》，1939 年 6 月 16 日、24 日。

⑦ 唐纵：《日记》，1939 年 7 月 14 日。

⑧ 陈布雷：《日记》，1939 年 2 月 15 日。

报组织的联系。邵毓麟和王芃生均曾在该组担任过秘书，办理有关日本和韩国方面的情报工作。王芃生经常在重庆《大公报》上发表有关战时经济的文章，也翻译一些日文的论文，不过对外均不用其侍从室的身份。邵毓麟也是个“日本通”，曾负责与当时韩国政府在华流亡组织的联络工作。战时日军行动的情报，系由侍二组处理。中共和八路军的情报，则是侍六组业务的一部分。抗战后期，蒋介石甚为重视此方面的情报，曾调张国疆（军校九期，陆大十八期）任该组参谋，专门负责这方面的工作。[①] 1945 年 8 月，侍从室的情报业务又曾做过一次调整。侍二处仅负责党政情报的审阅拟议，第六组掌理事项（由侍一、二处共管）则包括：

1. 关于敌情（军事及其他）、伪组织军政状况之综合整理、研究判断（含策反工作）；

2. 关于各党派、社团活动之综合研究、判断处理；

3. 关于国际外事情报之综合研究、判断整理；

4. 关于边疆问题，朝鲜、越南、缅甸、泰国问题之审核；

5. 关于贪污不法、军队风纪事项之审核。

6. 关于各情报机关之考核、联系与有关问题之处理。[②]

三 情报的取得、分析与运用

情报处理的定义，各家说法不一，主要的过程包括取得、分析与运用。本节即拟探讨侍从室在情报取得、分析和运用上所扮演的角色。

（一）情报的来源

侍从室每日收到的情报资料，数量众多，以 1944 年为例，共收到近 20000 件情报，来源包括各情报机关（军委会调查统计局、中央调查统计局、技术研究室、国际问题研究所、军令部第二厅、外交部情报司）、前方部队以及各方的举报。

---

① 秋宗鼎：《蒋介石的侍从室纪实》，第 129 页。

② 《钱大钧、陈布雷呈今后办公办法与侍从室工作办法（1945 年 8 月 31 日）》，《国民政府组织编制》，《国民政府档案》，台北某机构藏档案（下引未注明出处文献均如此），档号：0421/0077. 01 – 01。

表 1　侍从室第六组 1944 年情报分类统计

类别＼机关		军委会调查统计局	中央调查统计局	技术研究室	国际问题研究所	军令部第二厅	外交部情报司	前方各部队	其他	合计
总　数		7865	1069	4486	766	749	960	689	3155	19739
情报类别	党（团）务	12 —	11 1%					1	22	46 1%
	政治	841 11%	161 16%	84	4 —	6 1%	119	111	821	2147 11%
	经济	377 5%	46 5%	16			3	10	232	684 4%
	军事	609 8%	84 8%	43	18 3%	11 2%	36	208	408	1417 7%
	国际	774 10%	18 2%	1036	103 14%	388 54%	690	19	241	3269 17%
	敌伪政治经济	2115 28%	34 3%	2864	278 38%	22 3%	32	6	86	5437 28%
	敌伪军情	1156 15%	77 8%	105	287 39%	290 40%	21	38	100	2074 11%
	奸伪	738 10%	249 25%	183	29 4%	1	8	77	148	1433 7%
	党派	227 3%	205 20%	2	4 —		6		26	470 2%
	防谍	79 1%	9 1%	15	8 1%	3 —	3	15	41	173 1%
	贪污不法	556 7%	91 9%					161	800	1608 8%
	其他	148 2%	17 2%	133	5 1%	3 —	17	37	138	498 3%
	非情报	233	67	5	30	25	25	6	92	483
	小　计	7632	1002	4481	736	724	935	683	3063	19256

注：1. 军委会调查统计局及技术研究室之检译电，凡销毁者，因未分类，故未列入。

2. 军委会调查统计局所管泰、越、缅海外各地情报，国际问题研究所所管敌国国际关系，军令部第二厅所管国际军情，外交部情报司所管国际政治、经济等，均列入“国际”栏内。

3. 各机关之人事、组织、经费及工作计划等报告，均列入“非情报”栏内。

4. 凡有外框加粗记号者，为其主管业务。

资料来源：侍从室档案，中国第二历史档案馆藏，全宗号 762。

表 1 显示，1944 年侍从室所收到的情报，除去业经销毁者（军统局及技术研究室所提供的检译电，经侍从室判定为无价值者）及“非情报”（各机关的人事、组织、经费及工作计划等报告），共为 19256 件，其中由军统局提供者最多，约占 40%，其次为技术研究室和中统局，至于“其他”类（主要为各方举报的情报）也有 3000 余件。如依情报内容性质分类，以敌伪政治经济情报为最多（28%），国际（17%）、政治（11%）和敌伪军情类（11%）情报次之，贪污不法（8%）、奸伪（7%）和军事（7%）类情报又次之。如做综合观察，可以发现军统局的主管业务为军事、敌伪、海外、经济及防谍情报，但是所送呈的情报，却以敌伪（43%）类情报为最多，政治（11%）、奸伪（10%）、军事（8%）及贪污不法（7%）类情报次之，经济（5%）和党派（3%）类情报最少。显示军事、经济和防谍类情报虽为其主管业务，但是所呈送的情报甚少（防谍类情报仅占 1%），政治和奸伪类情报虽并非其主管业务，但是所呈送的情报却颇多，反映出军统局不务本业。是否有揣摩上意投其所好的现象，值得做进一步的研究。至于其他情报机关，则所呈送情报数量大致均与其主管业务相符。此外，由各方举报的“其他”类情报，以政治和贪污不法类情报为最多，军事类情报次之，国际、经济、奸伪类情报又次之，其中贪污不法类情报数量，几乎与所有情报机关呈送情报数量相当；政治类情报数量，与军统局呈送情报数量相差不远；军事类情报数量，约占军统局呈送情报数量的 2/3；即使是防谍类情报，也约占军统局呈送情报数量的一半，弥补了各情报机关的不足。

以下拟就各主要情报机关呈送侍从室的情报，简略地加以介绍。

1. 军统局

三民主义力行社特务处时期，外勤各单位所收集到的情报，均分类编报总处，在总处则由情报科编审整理上报。这些情报分为报甲、报乙、报丙三种：报甲的情报系报给蒋介石者，报乙的情报系报给参谋本部和有关主管机关者，报丙的情报系报给戴笠核阅者。至军统局时期，情报处所整理摘编而成的情报，则分为报甲、报乙、报丙、报丁、报戊五种。报甲、报乙、报丙三种，与特务处时期相同，新增的报丁，系送交处理机关，报戊则交由秘书室核阅存档。①

根据一份军统局的统计，1939 年该局共摘呈各类情报 13488 份，摘呈机关及各类情报分布情况如表 2。

① 黄康永：《军统特务组织的发展和演变》，中国人民政治协商会议全国委员会文史资料委员会编《文史资料存稿选编 · 特工组织（上）》，中国文史出版社，2002，第 667 页。

表 2　军事委员会调查统计局 1939 年摘呈情报分类统计

摘呈机关＼类别	共计	军事	敌情	政治	党派	敌伪	汉奸	不法	社情	经济	国际
领袖	3945	521	1700	299	136	332	357	135	43	62	360
本会办公厅	536	38	8	—	37	8	53	392	—	—	—
军令部	6102	631	4949	4	4	388	62	16	21	2	25
航委会	1957	8	1900	—	—	35	8	—	2	—	4
桂林行营	948	9	937	—	1	1	—	—	—	—	—
总计	13488	1207	9494	303	178	764	480	543	66	64	389

资料来源：《军事委员会调查统计局民国二十八年工作总报告》，特交档案，《蒋中正总统文物》，未开放档案，转引自苏圣雄《1939 年的军统局与抗日战争》，《抗战史料研究》2014 年第 1 期。

军统局所编制的情报资料，重要的有《每日情报》和《情报辑要》，次要的则有《市况周报》。《市况周报》系由军统局经济研究室编辑，内容包括两个部分，第一部分为对过去一周物价变化的特点进行分析，第二部分则是将一周内沦陷区及大后方各大城市的重要商品价格列成统计表。物价行情系根据军统各地情报站发来的密码电报整理统计而成。此一刊物后来改版成为《全国经济行情月报》，每月仅抄整两份，一份送戴笠，另一份则送蒋介石。不过侍六组组长兼军统局帮办唐纵曾表示此一资料“报到委员长那里，一直在桌子上放着，他连翻也没有翻过”。①

2. *中统局*

中统局所编制的情报资料，主要有以下几种。

（1）《政治通报》（周刊）：中统局第二处（党派处）编辑。将每周中共在共区和大后方的重要活动，摘要以代电形式编成。分送对象，除蒋介石外，另包括少数军政领袖，如何应钦、陈立夫、吴铁城等。② 抗战中期，此刊物改版为《各党各派要人行踪周报》，每周编送蒋一份。根据曾参与指导和编审此项情报之中统人员的回忆，此一监视情报系依蒋介石规定办理，因为蒋需要经常了解各党各派要人的言行，以便必要时可以采取反制措施；需要经常了解各党各派领袖人物的交往对象，借以扩大线索，必要

① 秦丰川：《军统局的经济情报机构》，文闻编《我所知道的军统》，中国文史出版社，2004，第 238 页；陈盛智：《在军统特务组之中的一般经历》，《文史资料存稿选编·特工组织（下）》，第 194 页。

② 李英：《中统在成都的“秘宣”内情》，《文史资料存稿选编·特工组织（上）》，第 163 页；张文：《中统二十年》，《江苏文史资料选辑》第 23 辑，1987 年 8 月，第 73 页。

时可以进行破坏。

执行监视任务的单位，包括中统局重庆实验区、军统局重庆区、宪兵司令部特高组、重庆卫戍总部稽查处、重庆市警察总局、中央宣传部等。监视的对象，以中共在重庆公开露面的人士为主，其次则为各党各派的首脑人物、社会贤达等知名人士、国民党内自由派人士、中外自由派记者、左倾文化人、自由派学者等。①

（2）《调查专报》（不定期）：中统局第二处编辑。将情报汇总以一个专题或事件为中心内容编写，如《十八集团军驻渝办事处活动调查专报》、《中共整风运动调查专报》、《民主政团同盟人事调查专报》、《中共外围组织全国文艺界抗敌联合会调查专报》、《国民参政会左倾份子活动专报》等。分送对象，与上述《政治周报》相同。

（3）《党派调查周报》：中统局第二处编辑。内容多为摘录中共领导人毛泽东、周恩来、朱德的谈话，《新华日报》、《群众日报》的社论，陕甘宁边区政府公布的政策、法令等。此刊物封面均注明“内密，阅后焚毁”字样，每期印 500 份，分送对象除国民党中央委员外，另包括中统局科、处长人员做内部参考之用。②

（4）《敌伪经济汇报》（月刊）：中统局特种经济调查处编辑。1939 年创刊，至 1945 年止，为油印刊物。资料主要来自该处调查员的报告，部分来自香港和上海各地报纸上具有参考价值的消息。内容包括敌伪在各地收掠粮食、棉花、桐油、矿产、食盐等物资的动态，敌伪渔业生产、工商生产、贸易、走私、财政、金融汇兑近况，敌伪铁路、公路、水运、电讯情况报道等。

（5）《敌伪经济参考资料》（周刊）：中统局特种经济调查处编辑。1940 年创刊，至 1944 年止，为油印刊物，提供当时日、伪的经济数据。③

---

① 中共人士在重庆遭监控者，包括周恩来、邓颖超、董必武、潘梓年、王炳南、王若飞、陈家康、胡乔木、徐冰、张晓梅、韩幽桐、李卓然等。被监视的重要场所则包括曾家岩 50 号（十八集团军办事处）、重庆市上清寺桂园（周恩来公馆）、重庆市红岩子新华日报社、重庆市中一支路新华日报宿舍、重庆市枇杷山苏联大使馆、重庆市青木关车站（中共人物往来重庆与延安的总关口）等。当时在新华日报社附近设有茶馆，在曾家岩 50 号附近设有纸烟摊贩，在苏联大使馆收买有卒役内探，对上列人物，每日均有详细的行踪报告，汇报上级。参阅胡性阶《中统特务机构在重庆的活动》，《文史资料存稿选编・特工组织（上）》，第 133 页。

② 李英：《在重庆期间的中统局本部》，《文史资料存稿选编・特工组织（上）》，第 120 页；李英：《中统在成都的“秘宣”内情》，第 163 页。

③ 伍杰编《中国期刊大词典》，北京大学出版社，2000，第 206 页。

(6)《民意》(周刊):中统局第三组编辑。1941年3月,蒋介石手令中统局注意收集民间舆论。[①] 徐恩曾乃令该局进行民意调查,除了在重庆市区设立民意调查站外,另指示各省、市、路调统室派遣特工在街头巷尾、茶坊酒肆,听取民众对国事的议论,择出重要者,每周上报一次。第三组根据这些材料编成内部参考资料《民意》,每周向侍从室呈报,侍二处主任陈布雷和该处第六组组长唐纵审编后送呈蒋介石。

根据中统人员的观察,承办此项业务的单位最初尚根据汇报编辑,后来因为各省、市、路调统室不甚重视,汇报至中统局的《民意》几成应付,最后甚至从各地报纸中抄写几则新闻编成。内容大多为反映物价高涨,法币贬值,民众叫苦连天等。有时也记载一些民众对于政府官员的议论,如湖南省主席薛岳为了平抑物价,设立一个平价委员会,但是不"平"尚好,一"平"之后,物价反而更加上涨,因此湖南地方人士戏称薛岳为"薛平贵"。[②]

3. 国际问题研究所

国际问题研究所除了经常向蒋介石提交各种秘密情报外,还向极少数党政要人提供几种定期与不定期的敌情汇报,包括不定期的《参考资料》和《研究报告》,以及定期的《情报摘要》和《欧战要报》(周刊)。[③] 其中《研究报告》和《情报摘要》经过批准,分送美、英、法各国驻重庆使馆的武官。[④]

4. 侍从室机要组

1943年,侍从室成立机要组,作为专门处理蒋介石往来电报和蒋直接指挥作战的重要通讯机构,由毛庆祥任组长。组内的秘书和译电人员,均需经过严格挑选。蒋至各地,也需由该组派出的译电人员随行。其他的任务尚包括编制并配发军委会所属各部门通用或专门的密码电本,监听并指挥各公私电台,收发和翻译国内和盟国的密码专电,破译和研究敌方电台发出的密码电文等。

此一单位与军事委员会机要室均由蒋直接掌握,侍从室主任对其只有指导之责而无指挥之权。[⑤] 有些电报(如蒋的私人电报和秘密情报),在军

① 唐纵:《日记》,1941年3月5日。

② 李英:《在重庆期间的中统局本部》,第129页。

③ 潘世宪:《回忆王芃生与国际问题研究所》,陈尔靖编《王芃生与台湾抗日志士》,海峡学术出版社,2005,第120页。

④ 潘世宪:《回忆王芃生与国际问题研究所》,陈尔靖编《王芃生与台湾抗日志士》,第47页。

⑤ 张令澳:《蒋介石侍从室见闻》,中国人民政治协商会议上海市虹口区委员会,1994,第10~11页。

委会机要室或侍从室机要组收译后，并不经由侍一和侍二两处，而直接由毛庆祥送呈蒋介石；凡是蒋发出的私人电报和秘密情报（尾上通常仅注一“机”字，或者不注字），也是交由毛庆祥直接译发。例如 1945 年吴鼎昌建议蒋介石邀请毛泽东赴重庆共商国是，为蒋所接受。蒋致毛的三封电报，均系由吴所起草，经蒋核可后径交机要组主任毛庆祥拍发，因此连侍二处主任陈布雷也不知道。① 此类电报往往经过一段时间后，由于事件发展逐渐公开，或者与其他业务有关，才由毛庆祥处将电报底稿抄录，送给侍一、侍二两组，以便承办。②

（二）情报的整理、分析与处理

经过侍六组审核过的情报资料，处置的方式大约有以下几种。

1. 呈阅：凡情报经审核，真确、重要而又有机密与时效等要素者，原件呈阅；如同一问题各情报机构均有报告，而其内容略有不同者，则综合整理汇编呈阅。凡有报告内容简短或性质并不重要而有进呈之必要者，编为《一周要报》。

2. 径办：凡情报无重大、新颖、急要内容者，或经奉批而后续发生的事故无重大变化者，或系各主管机关业务范围内的一般情况者，则径交各机构主官参考办理。凡以奉谕方式抄交各机关参考的文件，依事件内容、性质的轻重，分别以“室函”、“处函”或“组函”行之。凡截获电文，如奉批交有关机关参考或研究者，办稿时必须酌予改变原电文语气，以免泄露情报。凡蒋介石对外埠各机关、部队长官的指示，其内容系特别机密者，一律用有线电发出；不能用有线电的地区，而需迅速通知的事项，利用无线电发出，其余一般文件则一律用代电行之。

3. 存查：凡情报无呈阅、交办之必要，但有参考价值者，则分别存卷以供参考。

4. 焚毁：凡属下列各类报告，经审核后即付焚毁，以免拥塞卷箱。

（1）已见诸报纸、杂志者。

（2）不真确或重复与已失时效的报告。

（3）琐细无关宏旨的报告，如技术研究室所销毁的情报，均为琐细事务方面的材料。③

① 程思远：《政坛回忆》，广西人民出版社，1983，第 171 ~ 172 页。

② 秋宗鼎：《蒋介石的侍从室纪实》，第 149 页。

③ 《1940 年各情报机关报告本室处理结果比较图》、《第六组 1944 年度情报处理比较表》、《侍从室第六组办事规程（1943 年 9 月 23 日）》，侍从室档案，中国第二历史档案馆藏，全宗号 762。

表 3 侍从室第六组 1940 年度情报处理比较表

种类 单位	收文数量	呈阅（%）	径办（%）	存查（%）	焚毁（%）
军委会调查统计局	7118	32	17	50	1
中央调查统计局	691	50	13	36	1
国际问题研究所	3102	23	8	69	
技术研究室	7856	3	2	91	4
施太乃斯	72	22	35	43	
军令部第二厅	346	55	7	38	
特种情报室	130	65	10	25	
总　计	19315	20	9	70	1

资料来源：侍从室档案，中国第二历史档案馆藏，全宗号 762。

表 4 侍从室第六组 1944 年度情报处理比较表

种类 单位	收文数量	呈阅（%）	径办（%）	存查（%）	焚毁（%）
军委会调查统计局	9942	16	19	44	21
中央调查统计局	1069	28	22	50	
国际问题研究所	766	22	15	63	
技术研究室	14989	6	1	23	70
军令部第二厅	749	66	2	32	
外交部情报司	960	38	7	55	
前方各部队	689	21	33	46	
其他	3155	23	26	51	
合　计	32319	14	11	36	39

资料来源：侍从室档案，中国第二历史档案馆藏，全宗号 762。

一般来说，情报呈阅比例较高的机关，即为较优异者。侍从室对各情报机构的情报质量，也定期进行考核。

表 5 侍从室第六组各机关报告处理审核表

类别 机关或姓名	收文总计	呈　阅	径交各机关核办	存　查	工作考评
军委会调查统计局	7118	2266	1239	3613	该局以敌伪军事及我国军政与贪污不法情形报告最多，而以敌军调动情报较有价值，伪组织方面尤能深入。本年报告当中当以敌汪基本条约及副署文件为重要

续表

类别 机关或姓名	收文总计	呈阅	径交各机关核办	存查	工作考评
中央调查统计局	691	346	94	251	该局情报以中共活动为主，对中共部队调查颇为详尽
国际问题研究所	3102	713	254	2135	该所报告偏重于研究，对于敌国政治、经济情形报告较少。其材料多译自敌国报章杂志者；其与敌伪有关之报告，则以敌外务省致阿部大使训令案为最重要
技术研究室	7856	199	177	7480	自八月份以后截获敌电份量虽未减少，其中重要者已不如前之多见，惟敌方空中电讯及华文密电，间有足资参考者
军令部第二厅	346	191	24	131	该厅情报为敌军情之研究，其判断之主要参考资料多系根据敌方播音，故不免为敌方夸大兵力之影响
特种情报所	130	85	13	32	情报来源甚少，其中报告多偏向敌情之研究，对于苏、日之态度，亦间有可资参考之报告
施太乃斯	72	16	25	31	报告多属旅游杂记，间有敌国政治、经济之分析，但皆空泛无物
其他	1665	497	543	625	
合计	20980	4313	2369	14298	

资料来源：侍从室档案，中国第二历史档案馆藏，全宗号 762。

在表 5 所列各情报机关中，当时及事后均罕见人提及者，即为施太乃斯（Walther Stennes）。施氏原为德国纳粹党突击队（SA）指挥官，1933 年因参与反抗希特勒行动失败，逃离德国。至中国后担任蒋介石警卫顾问。1938 年 7 月，希特勒下令召回驻华军事顾问团，国府的德国顾问大多离华，只有施氏及其他极少数人因恐纳粹迫害，选择留在中国，[①] 施氏曾建议国府仿效德国组织一突击队。[②] 后来施氏随国府迁至重庆，除了仍担任蒋的警卫顾问外，还为国府从事情报工作，表 5 显示其“报告多属旅行杂记，间有敌国政治、经济之分析，但皆空泛无物”。不过近年的研究却指出他在重庆期间另秘密为德国在华情报机关工作，1940 年曾提供美军在重庆防空系统的相关情报。[③]

在情报筛选的过程中，侍从室所扮演的角色极为重要，因为蒋介石看情报资料的时间有限，因此情报的数量自然也不能太多。蒋介石曾于 1939 年 1 月以工作繁重，不愿多批公事为由，要求呈阅的情报每日不得超过 10 条。[④] 又下令侍从室成立一组，派定有判断识别力与常识，并最能守机密者二三人，将各方情报综合研究，每日将研究结果做一总判断呈阅，以 10 件为限，[⑤] 也就是希望侍从室能加强情报整理的功能。1941 年 2 月，蒋又规定每星期看公事 3 次，每次限 15 ~ 30 件，每周六则专看情报。[⑥] 由于规定呈阅的情报数量极少，因此侍从室必须做严格的筛选。上列表 3、表 4 显示侍从室过滤掉的情报数量高达 70% ~ 75%，技术研究室呈送的破译密电在侍从室被淘汰不用的比例，甚至高达 93% ~ 95%，一位专门分析该室情报的参谋，每日需处理的秘电，少则五六通，多则数十通。[⑦] 陈布雷和唐纵两位主管，由于个性小心谨慎，每日也需阅读约相同数量的情报资料，[⑧] 耗时不少。

唐纵由于长期担任侍六组的组长，在筛选情报的过程中，地位尤其重要。唐与戴笠的关系颇深，因此中统的徐恩曾和顾建中等人即曾一再抱怨唐偏袒军统局，两机构相似的情报送至侍六组，唐每先将军统局的情报摘要向蒋报告；顾建中甚至埋怨侍六组将中统局先报的情报压下去，而将后

---

① Hsi - huey Liang, *The Sino - German Connection: Alexander von Falkenhausen between China and Germany* (Assen: Van Gorcum, 1978), p. 134.

② 中国第二历史档案馆编《中德外交密档（1927 ~ 1947）》，广西师范大学出版社，1994。

③ 陈郴：《德国在华军事情报机关（1941 ~ 1945）》，《台大历史学报》第 44 期，2009 年 12 月，第 173 ~ 174 页。

④ 唐纵：《日记》，1939 年 1 月 10 日。

⑤ 《蒋中正电令贺耀组等关于戴笠、王芃生、王季弼等情报应派专人研究统计》，《筹笔——抗战时期（十九）》，《蒋中正总统档案》，典藏号：002 - 010300 - 00019 - 041；唐纵：《日记》，1939 年 2 月 8 日。

⑥ 唐纵：《日记》，1941 年 2 月 6 日。

⑦ 张令澳：《蒋介石侍从室见闻》，第 81 页。

⑧ 系根据笔者阅读二人日记所得印象。

呈的军统局情报送上去，使蒋产生中统局工作表现不如军统局的印象。①在南昌行营时期，徐恩曾与戴笠两情报系统每日呈送给蒋介石的报告，均系由侍从秘书邓文仪整理后再呈阅，而邓与戴关系密切，又同为力行社社员，因此有利于戴笠系统的发展。② 不过唐纵是否偏袒戴笠，仍有待进一步的研究。

有关情报筛选与运用的流程，此处拟以珍珠港事变前的情报侦测为例，加以说明。

近代日本所使用的各种密码中，最易为外界（甚至包括本国的其他政府部门）破译者，即为外交密码。日本外交密码，最常用的为 LA 码，其特点为以两个英文字母代表一个假名字母，有时代表一个汉字，在极少情况下，也用来表示两个汉字以上的词或词组。此种密码通常以 LA 开头，故习惯上称为 LA 码。LA 码通常用来译发公开性质的信息或是机密等级最低的情报，例如各驻在国重要报刊文章的摘要及驻在国政府、党派和舆论界的政治、军事、经济动态。1935 年为温毓庆所主持的密电检译所所破译，不过日本外务省仍继续使用至抗战结束。③ 翌年，密电检译所又破译了“オイテ”密码（PA、K2）。此两种密码在日本外务省与驻中国大使馆、领事馆之间的电报中被广泛使用，约占日本外交密码的 70% ~80% ，因此 1937 年卢沟桥事变发生时，中国所收集的日本外务省电报，约有 60% ~80% 能被破译。卢沟桥事变后，中国自日方取得的一些有价值的情报，例如日本对解决中日问题的态度强硬，在给予中国军队毁灭性打击前不考虑和平解决的情报，以及日本对于德国驻华大使托德曼（Oskar Paul Trautmann）所推动中日调停工作的看法，在蒋介石的对日和战决定上，均扮演了一定的角色。④

在外务省的密码中，尚有一种更难破译的被称为“津”的密码（美国称之为 J 系列密码）。此种密码每 4 ~6 个月更换一次密码簿，而且每个月

---

① 戴笠对唐纵一直极力拉拢。在 1945 年国民党第七届中央委员会改选时，戴虽未参选，但积极为唐活动，请客拉票，终于将唐选为中央委员，因此有些人即认为徐恩曾与顾建中的埋怨，并非毫无根据。参阅赵毓麟《国民政府军事委员会委员长侍从室人事内幕》，《文史资料存稿选编·军事机构（上）》，第 4 页。

② 金以林：《蒋介石的用人与选才》，吕芳上编《蒋介石的亲情、爱情与友情》，第 243 页。

③ 霍实子、丁绪曾：《国民政府军事委员会密电检译所》，《文史资料存稿选编·特工组织（下）》，第 807 ~808 页。

④ 岩谷将：《蒋介石、共产党、日本军：二十世纪前半叶中国国民党情报组织的成立与展开》，黄自进、潘光哲编《蒋介石与现代中国形塑》，台北：中研院近代史研究所，2013，第 20 ~21 页。

会更动三次转置模式，密码键则是每日变动，多用于两国间外交交涉等重要信息的传递。中国方面于1940年夏天成功地破解了“津”密码，[①] 不过1940年8月日本外务省更新了“津”密码，给中国破译日本外务省系统的密电，造成很大的困难，破解能力由可以破解60%～70%降至40%～50%，此种情况持续了一年之久。[②] 至珍珠港事变前，中国虽仍可破译日方的“津”密码，但情报的解读和分析则是另一个问题，兹举数例加以说明。

1941年秋，侍六组曾接到军事委员会技术研究室所破译的一份日本外务省发给驻美、苏、德、意等国大使的密电，题为《当前局势和帝国国策纲要》。电文开端注明“本纲要限大使本人阅悉，要点可告知陆、海军官。注意保密。”《纲要》内容前一部分为帝国建设“大东亚共荣圈”的方针，后一部分则提及为了加紧促使蒋介石政权屈服，将进占法属印度支那和泰国，并做好和英、美作战的准备；对苏战争暂不加入，待形势有利时再作北进的考虑。此一密电仅说明了日本有南进的意向，但是并无具体进攻的时间、地点和行动计划。[③]

珍珠港事变发生前几天，技术研究室又侦收到一封密电，系用LA事务性密码所发，为日本外务省12月3日发往香港、马尼拉一带日本使领馆的，电称：“电报密本O密、O密各留存一份，其他全部焚毁之，完毕后，立即以明电Haruna示知，又秘密及重要文件，全部焚毁之。以上系准备不测时而考虑者，仍希宁静。”[④] 当时技术研究室负责密电研译的魏大铭由于知识、经验不足，误以为此密电所载内容似非机要大事，而未能体察到此乃表示战争爆发前所进行的准备工作。[⑤]

技术研究室虽然未能分析出此一密电的重要性，不过仍将其呈报侍从室。侍六组接获此类密电后，通常先由承办参谋（包括张令澳等人）过滤后送请该组少将副组长邵毓麟（时并兼外交部情报司司长）审阅后拟办。不料承办参谋及邵毓麟均未察觉到此一情报的重要性，因此未将此电签请送呈蒋介石或径送有关机构参考，反而仅签请留毁。[⑥] 侍六组组长唐纵见

---

① 岩谷将：《蒋介石、共产党、日本军：二十世纪前半叶中国国民党情报组织的成立与展开》，黄自进、潘光哲编《蒋介石与现代中国形塑》，第21页。

② 霍实子、丁绪曾：《国民政府军事委员会密电检译所》，《文史资料存稿选编·特工组织（下）》，第812页。

③ 张令澳：《蒋介石侍从室见闻》，第81～82页。

④ 唐纵：《日记》，1941年12月5日。

⑤ 魏大铭：《珍珠港事变之研究（一）》，《传记文学》第39卷第6期，1981年12月，第66页。

⑥ 唐纵：《日记》，1941年12月6日；魏大铭：《珍珠港事变之研究（一）》，第66页。

此情报后，惊觉八一三事变前夕日本也有类似焚毁密本的行动，当下即判断日、英、美已濒临战争边缘，[①] 乃签注意见："速送外交部密告美国大使高斯，并电告我驻华盛顿武官郭德权转达美国军方。"蒋介石阅后批"可"。[②] 唐纵并于当天的日记中有如下的记载：

> 查此种电报，"八一三"前夕，日外相亦曾致电青岛、济南、广州等地，着即焚毁密电本。今忽见此电文，其将临于日、英、美战争，可想而知也。[③]

唐纵并且于当日预测："日本如战，必在英、美准备未完成之前，故其时间当在本月 6 日以后，明年以前发动。阅 Haruna 之电讯，则行动之期更近矣。"[④] 事隔两年之后，唐纵回想此事，仍觉得侍六组同仁在工作时需"谨小慎微"，主管尤应如此。

> 每天的时间，实系分配不来。假如普通文卷和电文稿件可以不看，由一秘书代阅，我可以有许多时间来研究问题，但事实上无法办到。今日我在普通卷里，发现几件重要的情报，如果不经目，便不能发现的。前年敌人在准备对英、美宣战时，电令使、领馆焚毁电码本，即我于拟毁卷中找出的。我在那一个将废的情报中，判断敌人将有军事行动，后来不几日，便爆发珍珠港的事件。[⑤]

不料电文发出后，仅得美方回复："美日谈判已陷入僵局，国务院已知道日本撤侨计划，美国也准备同时撤侨。"显示美国也尚未意识到日本对其突袭的意图。[⑥]

近年公布的蒋介石日记，使我们对于此位最高统帅在珍珠港事件前后所掌握的情报及其对这些情报所作判断，能有更进一步的了解。1941 年戴笠根据所获情报，判断日本可能采取南进政策，驱除盟国在南洋的势力，掠夺物资，并与德国东进相呼应，于是一面加强滇越、滇缅两部情报部署，一面以滇缅铁路为中国唯一国际路线，运输状况关系抗战前途，乃于

① 唐纵：《日记》，1941 年 12 月 5 日。
② 张令澳：《蒋介石侍从室见闻》，第 82 页。
③ 唐纵：《日记》，1941 年 12 月 5 日。
④ 唐纵：《日记》，1941 年 12 月 5 日，《上星期反省录》。
⑤ 唐纵：《日记》，1943 年 12 月 16 日。
⑥ 张令澳：《蒋介石侍从室见闻》，第 82 页。

9 月自渝前往考察，了解各方情况，并报请各有关方面做必要的准备与改进。[①] 但是蒋直至 11 月 29 日的日记中依然认为日本“南进攻算至多十分之三”。[②] 唐纵虽然于 12 月 5 日根据日本外务省命令香港、马尼拉一带日本使领馆焚毁密码本的情报，判断日本将于 6 日以后次年之前发动军事行动，[③] 蒋在 12 月 7 日（日本发动珍珠港事变攻击前夕）的日记也曾有日本采取关闭美洲、非洲与南洋各地领事馆及停航邮船等紧急措施的记载，但是在当天日记中仍有“美倭战争暂时或可避免，但不久必出于最后之一战”的判断。[④]

我们可以将珍珠港事变前美国情报工作及最高统帅的表现，与中国稍加比较。1941 年夏天，美国来自中南半岛的情报显示，日本将向西南发动攻击。1941 年 10 月，来自中国军事机构的情报，预测日军即将攻击苏联。10 月 15 日罗斯福在写给英国首相丘吉尔的信中也认为日本将“北进”（“headed north”）。[⑤] 至 11 月，有关日军部队于中南半岛集结的广泛情报，使得美国政府转而认为日本将南进。美国陆、海军于 11 月 24、27、28 日先后发布预警，预测日本将对菲律宾、泰国、马来半岛甚至婆罗洲（Borneo）发动突袭行动，但是未料到是对珍珠港。[⑥] 至于美国的最高统帅罗斯福总统，著名的情报史家 David Kahn 认为只有少数证据显示罗斯福在二次大战期间曾利用过电讯情报（signal intelligence），他虽然收过一些电讯情报资料，但是没有证据显示他曾根据这些情报资料采取任何行动。[⑦] 这显示中、美两国对于日本突袭珍珠港一事，均无情报，即使能取得情报，最

---

① 国防部情报局编《戴雨农先生年谱》，台北：编者印行，1966，第 116～117 页。

② 蒋介石：《日记》，1941 年 11 月 29 日。

③ 唐纵：《日记》，1941 年 12 月 5 日，《上星期反省录》。

④ 蒋介石：《日记》，1941 年 12 月 7 日；郝柏村：《郝柏村解读蒋公八年抗战日记：1937～1945（下）》，台北：远见天下文化公司，2013，第 849 页；岩谷将：《蒋介石、共产党、日本军：二十世纪前半叶中国国民党情报组织的成立与展开》，黄自进、潘光哲编《蒋介石与现代中国形塑》，第 21～22 页。

⑤ Waldo Heinrichs, *Threshold of War: Franklin D. Roosevelt and American Entry into World War II* (New York: Oxford University Press, 1989), p. 191.

⑥ Roberta Wohlstetter, *Pearl Harbor: Warning and Decision* (Stanford: Stanford University Press, 1962), pp. 44 – 46.

⑦ David Kahn, “Roosevelt, Magic, and Ultra,” in Cipher A Deavours et al., eds, *Selections from Cryptologia: History, People, and Technology* (Boston: Artech House, 1998), pp. 123 – 153. 最近的研究也指出罗斯福对破译密码不感兴趣，即使是在珍珠港事变后，他仍只愿采用加派间谍的方式，增强情报能力。参阅 Erik J. Dahl, *Intelligence and Surprise Attack: Failure and Success from Pearl Harbor to 9/11 and Beyond* (Washington, D. C.: Georgetown University Press, 2013), p. 64。

高统帅是否会采信并采取行动，均是问题。

经侍从室审核过的情报资料，最重要者自然会呈蒋介石核阅，至于情报无重大、新颖、急要内容者，或经奉批而后续发生的事故无重大变化者，或系各主管机关业务范围内的一般情况者，则径交各机构主官参考办理。至于侍六组情报分送给哪些机构核办，此处拟以 1940 年及 1944 年两年度资料为例，加以说明。

表 6　侍从室第六组 1940 年度收发文件统计

处理＼月份		1	2	3	4	5	6	7	8	9	10	11	12	合计
总　计		3613	3574	3893	3297	3336	3145	3261	3228	3429	3215	3373	3478	40842
呈　阅		201	236	299	326	319	364	338	324	437	426	398	533	4201
径交关系机关查办	何总长	20	22	55	20	18	20	33	13	24	16	19	39	299
	军令部	20	20	19	10	11	7	9	4	10	8	14	5	137
	航空委员会	11	17	15	15	11	7	14	10	6	4	5	6	121
	各战区长官	14	15	45	18	15	31	27	21	19	10	8	7	230
	中宣部	10	10	12	15	8	6	9	5	8	6	8	9	106
	外交部	16	19	8	9	10	9	9	6	9	8	10	11	124
	财政部	7	14	9	9	14	8	14	7	11	8	9	10	120
	各行营、辕	7	10	11	8	7	7	9	5	7	5	9	8	93
	各省府	12	16	39	27	28	28	28	19	17	13	12	9	247
	其他	64	58	71	56	59	79	89	71	64	61	88	89	849
	小计	181	201	284	186	181	202	241	161	175	139	182	193	2326
存　查		1243	1174	1512	1153	1184	931	1140	994	1386	1217	1322	1197	14453
战　报		1987	1963	1798	1632	1652	1648	1542	1749	1431	1433	1471	1555	19861
发　文		359	374	330	259	215	279	306	211	224	182	233	224	3196

附注：查办一栏之小计数目不符。

资料来源：侍从室档案，中国第二历史档案馆藏，全宗号 762。

表 7　侍从室第六组 1944 年度情报处理统计

处理 \ 月份		1	2	3	4	5	6	7	8	9	10	11	12	合计
总　计		2500	2595	2644	2648	2958	3006	2628	2542	2583	3066	3044	2790	33004
呈　阅		328	283	422	356	294	314	355	358	482	418	513	550	4673
径交各关系机关核办者	小计	240	337	320	394	488	305	280	288	374	463	387	289	4165
	何总长	14	25	20	28	36	14	18	14	19	29	18	11	246
	军政部	6	10	13	13	15	17	21	14	32	23	24	16	204
	军令部	51	63	50	86	134	61	48	52	65	106	86	26	828
	外交部	5	9	8	12	14	2	5	9	3	7	6	4	84
	财政部	8	16	8	9	14	10	8	8	12	8	15	23	139
	中央宣传部	1	7	4	7	6	3	10	6	10	16	13	13	96
	军法总监部	4	6	1	7	5	4	6	7	15	13	6	5	79
	重庆卫戍总部	4	4	6	5	1	4	2	5	6	7	6	3	53
	各战区	31	31	49	40	53	33	24	40	56	49	33	29	468
	各省市	18	20	29	43	50	37	19	26	33	38	22	24	359
	各行辕、办公厅	5	3	3	7	2	6	8	4	7	6	7	10	68
	航空委员会	21	25	11	25	37	17	19	18	31	49	40	31	324
	蒙藏委员会	1	5	4	9	9	8	6	3	3	4	8	3	63
	军委会调统局	33	47	53	48	42	28	33	40	35	34	28	27	448
	中央调统局	7	11	10	6	13	10	16	5	8	20	9	10	125
	其他	31	55	51	49	57	51	37	37	39	54	66	54	581
存　查		916	984	758	806	834	832	909	927	953	1229	1289	1149	11586
销　毁		1016	991	1144	1092	1342	1555	1084	969	774	956	855	802	12580

附注：1. 本表系根据 1944 年 1 月至 12 月份情报处理统计表汇集统计。

2. 本表径交各关系机关核办，其总数未超过 50 件者，均并入其他栏。

3. 凡收文情报呈阅后，复分交各机关核办者，计入呈阅栏。

4. 凡一件情报，径交两个以上机关核办者，仍同时分别计入，故本表之总数，较收文之总数略大。

资料来源：侍从室档案，中国第二历史档案馆藏，全宗号 762。

表 6、表 7 由于编制年代不同，分类方法也有所不同。1940 年度分送各机构核办情报最多者为军政部、各省府及各战区司令长官，而 1944 年度分送各机构核办情报最多者，则为军令部、各战区和军统局，差异的产生或许主要是由 1940 年度资料中未将大量的战报资料列入统计所致。至于各机构收到这些情报后如何处理，则由于受到资料的限制，不得而知。

（三）情报的运用：以蒋介石的川局对策为例

1935 年 9 月，蒋介石将武汉行营移渝，改称为重庆行营，以顾祝同为主任，贺国光为参谋长，主持西南四省（川、滇、黔、康）的对共军事行动。重庆行营内的第三课，即负责收集军事情报和军事静态调查，当时被称为"渝三课"，课长由戴笠兼任，副课长陈绍平实际负责，督察叶道信协助。陈绍平常驻成都，"渝三课"所辖何隆庆的"蓉组"，即附于行营成都办事处内。当时四川高级军事机关及各军、师内，均隐附有特工负责收集前线红军情况与战况变化的情报。"蓉组"接到此类情报后，乃运用复兴社关系，分别就各军事机关进行查证，然后上报"渝三课"。如遇情况严重，陈绍平还用"巡查参谋"名义向"剿匪"总部等作战部门进行复查，然后立电戴笠特务处转报蒋介石。

此项工作，包括对师、团以及在师、团中可产生重大作用的军官进行调查。调查的内容包括各部队的番号、编制、武器、兵种、马匹、车辆、官兵素质、作战能力、训练成绩、部队历史、官兵思想动态，以及主要干部的姓名、年龄、籍贯、学习经历、政治背景、作战与训练方面的能力、个人品格（特别注重是否烟、赌、嫖与吃空缺）、思想倾向等。此项调查无论战时或整训时期均持续进行，至 1937 年川康整军会议前，所有在川、康的中央、地方部队（包括保安团），均已经过"渝三课"的静态调查。①

西安事变结束后，国内暂时没有用兵的需要，蒋介石于是开始筹划召开川康整军会议，解决四川问题。

蒋介石首先需要全盘掌握四川的军事情势。1937 年 2 月 11 日，蒋电令重庆行营参谋长贺国光："四川各军、师驻地，希即详报，以后每月之一日，须将全川各部队调防移动情形，列总表呈报为要。"② 3 月，蒋甚至派侍从室少将高参段鹿鸣，乘飞机专程送一密令给贺国光，要他将全川军

① 周震东：《戴笠特务"渝三课"、"蓉组"及"西康组"在军事方面的活动（1935～1936年）》，《四川文史资料选辑》第 22 辑，第 280～282 页。

② 王正华编《蒋中正总统档案·事略稿本》第 40 册，2010，第 124 页。

队番号、主官姓名及关键时刻对中央的可能动向分析详报。此类文件本应交由行营第一厅主办，不过贺国光为求保密，特地与行营办公室主任谢藻生闭门合撰。根据贺国光的报告，四川军队约有50万人，其中刘湘的部队约占25.5万人。具体情形如下：

1. 刘湘的第廿一军辖有第一师师长唐式遵、第二师师长王缵绪、第三师师长许绍宗、第四师师长范绍增、第五师师长陈万仞，另有7个独立旅和5个独立司令，其中周成虎和刘树成二个独立旅现改编为师，为刘湘武器较优良的部队。王缵绪和范绍增原为杨森部下，后投刘湘，并非刘湘嫡系。此二人只讲个人升官，可以运用，正由康泽通过王泽浚与他们联系。唐式遵与刘湘的矛盾甚深，可能见风转舵，但他的三个旅长均忠于刘湘。刘湘最可靠的部队为潘文华、郭勋祺、许绍宗、周成虎、刘树成等部。

2. 第二十八军军长邓锡侯，辖有3个师；第二十九军军长刘文辉，辖有2个师。邓、刘二人因于中原大战时附阎锡山反蒋，与蒋芥蒂甚深，必要时可能与刘湘合作，与中央对抗。

3. 第四十一军军长孙震，辖有3个师。孙早已诚意归依中央，与刘湘结怨甚深，经常派其代表黄骏来行营联系，表示如与刘湘作战，愿任前锋。已令其率部驻德阳、绵阳一带，维护川陕公路四川境内的交通。

4. 四川边防军总司令李家钰，辖有4个旅。李与刘湘不合，经常派其代表王永模来行营，表示竭诚拥护中央，可以利用。

5. 第二十军军长杨森，辖有5个旅。杨过去想统一四川，为刘湘等联合击败，现仍有野心，盼刘湘垮台后由中央扶植其领导四川，经常派代表李寰来，表示拥护中央之意。杨的态度目前尚不能确定，但可设法使其不投向刘湘。①

就在同一年7月，戴笠根据驻川军统人员所提供情报，也向蒋介石呈报《川情机密报告与澈底安川建议》。此一报告首先对刘湘的思想及身心状态，做了深入的剖析：

> 甫澄（按：刘湘）为地方观念、封建思想及英雄主义之参合结晶品，然颇刻苦自励，富于责任心，重感情，尚稳健并知爱国家、爱领袖之道；而亦私心我见，自大自保，好思虑，多疑忌，以致其吐血、下血之痼疾日益沉重。据医者密传，恐其生命不过一二年耳。当其二十三年冬到京以及二十四年春参谋团入川之际，彼确实具追随钧座之

---

① 谢藻生：《蒋介石与刘湘的勾心斗角》，《湖北文史》2007年第1期，第54～55页。

> 决心，并常以中央军为榜样。亟图感格改善其部下。迨我中央助之剿平赤匪、打销防区制、整理金融、统一财政，并缩编四川各军交其统率，更因委座温语慰勉，予以四川军政之全权，其感激向上之念，益形于言表，无如我中央一部分工作人员未明循循善诱、因势利导之深意，求治过急，责望太严，尤其拉拢四川各军及其内部过于显露分化之作用，致甫澄以渠等之工作专以彼为对象，多疑自保之素质即此转浓，加之两广与西安事变先后爆发，桂方又从而勾煽，彼虽与李、白问鼎中原之观点不尽相同，而思趁机巩固其军政权、增高其地位，并梦想广西组织民众、训练军队之法，亟欲仿效，则为事实。①

戴笠在报告中直接点明中央部分工作人员分化四川将领，手法过于粗糙，引起刘湘对中央的疑惧；加上两广事变与西安事变先后爆发，桂系又从中挑拨，才造成目前的局面，否则四川各军的再度缩编，分批出川抗战，或早已实行。报告接着对于刘湘最近的动向及企图，做了以下的推测：

> 现闻其控制军队重点，以核心社网罗旅、团、营、连长，倚为股肱，而其军、师长等则多不满意，包含众叛亲离之矛盾。又缩减团队百余连，以所部约三旅改编填补，另拨一部作为禁烟缉私队，均就各该原有经费移充饷项，以实地方武力，并短期集训军官及政工人员，其意不外改造部队，重整保安、政训与国民军训等工作而已。但其本身无白健生之锐利，且无有如李德邻为之掩护弥缝之人，而部下更乏干练人才，乃企图效法广西之三大弱点。故彼之志向，亦仅在自保四川，究与其他政治大野心家积极活动有所别也。②

报告中所提及的核心社，即为武德励进会。1935 年，蒋介石于四川峨眉山开办军官训练团，调训川、康各军中高级军官，又于成都开办中央军校成都分校，召集川军营、团以上军官和编余军官，入高教班受训，并招收川军中军士和部分青年入学，毕业后派入川军部队任带兵官，逐渐改变川军的成分。刘湘所采取的反制措施，则为成立一核心组织——武德学友会，与中央在川的复兴社势力对抗。西安事变后，刘湘鉴于武德学友会已

---

① 戴笠：《川情机密报告与澈底安川建议》，《蒋中正总统档案》，特交档案，《川康滇黔政情（一）》，典藏号：002－080101－00038－010。

② 戴笠：《川情机密报告与澈底安川建议》。

成半公开团体，乃再于该会中成立武德励进会，其组织与活动均较武德学友会为严密。[①] 戴笠于武德励进会成立不久即能掌握其动态，显示其情报收集能力颇佳。

戴笠接着在报告中对刘湘所属干部的派系及素质、刘系以外四川其他各将领的态度，均做了详细的分析。戴再三强调川军将领多自私自利，不能一致合作，此实为川军的惯性，也是以前北洋及滇、黔军队进川误信致败的最大原因。[②]

戴笠最后在报告中提出一些应付川局的具体建议：

1. 一方面抬举刘湘的地位与面子，感化其左右将领的思想；另一方面保持川中其他各军的生存与联系，并且慎言谨行，避免予人以任何口实，以待大局稍平再做决策。

2. 成都军分校如继续办理，经费可由中央直接负担，轮流调训川、康、黔三省军官，并调整教职、人事，另嘱刘湘介绍人员加入，以消解彼此平日的隔阂。等到刘湘对中央的信任加深后，再逐步与其商议军队如何再度缩编、调整经理与人事，并分批抽派军队出川，渐渐纳入国家体制。

3. 以至诚坦白的态度，向刘湘说明利害，以促其将军政、军令所属经理、人事、训练、调遣、军实、编制等权，以及军械、弹药等厂与飞机，完全交给中央，由军政部接收，以达中央化的目的。中央届时再以嘉许语气令其将该省所拟三年计划送呈中央核准施行，赋予其法令上全权建设新四川，暗寓保障其地位之意；但若刘仍不能觉悟，则可运动四川其他各军联名通电拥护军令、军政权统一于中央之举。[③]

从日后中央对刘湘所采取的行动与后续的历史发展来看，贺国光和戴笠的报告确曾在蒋介石应付川局的决策过程中起了一定的作用。刘湘与中央的关系逐渐改善，并且愿意配合中央主导的川康整军会议。

七七事变爆发后，国民政府整编川军的计划被迫中止，川军将领纷纷表明立场，支持中央抗战。不过 10 月 24 日，中央所派四川省政府教育厅长蒋志澄致电侍二处主任陈布雷请转呈蒋介石信函（被侍从室列为“政治情报”）一件，指出川军将领心中仍存保存实力之念，致使出川部队一直延迟其行。报告中并详细分析刘湘当前心态及可能动向，要点如下：

① 田一平：《以刘湘为中心的反蒋秘密组织——武德励进会》，《四川文史资料选辑》第 33 辑，1985，第 1～11 页。

② 戴笠：《川情机密报告与澈底安川建议》。

③ 戴笠：《川情机密报告与澈底安川建议》。彭宗诚：《刘湘的崛起及其与国民政府的关系》，硕士论文，台北：政治大学历史系，1999，第 253～267 页。

1. 出川部队迟迟未行，固然有交通与经费的因素在内，但是最重要的原因，乃是刘湘认为抗战是中央消灭杂色部队的方法；又以为抗战三五个月之后将无法支持，必然会放弃华北，与日本言和。因此最好是川军到达前方时，正是谈判议和之日，如此本身的实力无损，又可获得出川抗敌之名。刘湘之所以请求担当一方面责任，则是在防止其部队被中央消灭。

2. 政客、文人纷纷入川，大肆活动，刘湘不但默许，而且纵容其亲信傅常、甘绩镛、陈炳光等，且引以自重；人民阵线分子，尤为活跃。现所谓抗敌后援会、文化救亡协会等已完全失其本义。这些人假借抗敌救亡之名，煽惑教员、学生，受其愚者甚多，以致青年思想浮动，虽然百端设法防治，终觉收效甚微，后患堪虑。

3. 四川省政府战时后方统制委员会，拟有后方建设计划，目标为开发五大资源、创办及扩充八大工业、完成三大交通建设，而呈请中央予以金融上的便利（意在由省银行发行纸币或公债）。刘湘并在会议席上公然非议中央统制金融的不当，并且表示若得不到中央的支持，一个月后，将以出川抗战之便，亲自到京陈述利害，一则曰："若不如此，我就不能抗敌"，再则曰："若不得请，我也能做。我一面抗敌，一面做；宁使到抗战结束后，再向中央请罪。"此计划书，将派傅常携呈钧长核示。

4. 已成立第七战区政治工作委员会，委员 15 人，以郭春涛为主任。①

国民政府于 1937 年 12 月从南京撤退至武汉后，蒋介石即开始筹划以四川为抗战的基地，并设法催促川军出兵，参加抗战。蒋除了派张笃伦为西昌行辕主任外，仍是运用贺国光与川军将领的私人关系，进行策划；另一方面透过戴笠的军统组织，收集川军内部的情报，掌握川军动态。

1938 年 1 月 20 日，四川省政府主席兼川康绥靖公署主任刘湘病故。四川各派系均急欲争夺刘所遗下空缺。刘系将领潘文华、王缵绪等人固然是势在必得，非刘系的将领如刘文辉、邓锡侯等人，也不甘示弱，四川政局顿时陷入危机之中。蒋介石为了安定川局，乃先后发表张群接任四川省政府主席，邓锡侯继任川康绥靖主任。张群以四川内部政局复杂，心存观望，不敢贸然就职。此段时间，川局动荡不安，蒋介石极为关注。

3 月中旬，侍从室第一、二两处根据各方情报，汇整了一份调查材料，呈蒋参考。重点如下：

1. 刘湘系内部的分裂与斗争。刘湘死后，核心社干部潘文华、王缵

① 《蒋志澄报告刘湘以为抗战是中央消灭杂色部队方法并纵容政客文人入川活动》，侍从室档案，中国第二历史档案馆藏，档号：762/1576。

绪、王陵基、唐式遵、邓汉祥、傅常等，均争欲继刘湘掌握川局，其中尤以潘文华、王缵绪、王陵基野心最大，活动也最力。刘系部属现形成三派：（1）王陵基、张斯可派：政治方面有刘航琛等，军事方面有周成虎、蔡军识、罗忠信等。（2）潘文华派，有严啸虎、周从化等。（3）王缵绪派，有周守民、萧朗、刘兆藜、彭焕章、王泽浚等。不久潘（文华）、王（缵绪）因失望而合作，又形成王（陵基）、张（斯可）与潘（文华）、王（缵绪）之对峙与争夺。

2. 各派系的分析及其动向。四川军政派系原分为以下五派：（1）新派：以师长许绍宗、刘兆藜、潘左，旅长周成虎、严啸虎及蓝田玉、傅常、魏君藩等为代表，均为核心社中坚，刘系实力全在这些人之手。（2）旧甲派：以郭昌明、李根固、钟体乾、稽祖佑等为代表，在军事上与政治上均无力量。（3）旧乙派：以王陵基、刘航琛、何北衡等为代表，在政治上颇占优势。（4）文治派：以邓汉祥为代表，全省县政人员均属此派，颇遭旧派的嫉视与新派的不满。（5）反对派：以王缵绪、范绍增、陈兰亭等为代表，均系中途投刘，其部队历经整编，实力已全被宰割。以上五派，除反对派外，均系刘湘亲信，对中央无拥护诚意，其中尤以新派及文治派为甚。刘湘在世时，各派相互控制，死后则群龙无首。新派及文治派均认为中央将对川局大事更张，前途、地位不保，故虽同床异梦，各具企图，不过面对中央的威胁，又不能不合作与之对抗。①

此份报告除了分析刘湘死后四川各派系的变化，同时也对各重要将领对中央的态度与企图，做了详尽的描述。

1. 王陵基：期盼能以邓锡侯主军，刘系主政，其本人则仍握保安实权，并拟指挥各独立旅。近以中央对之颇表慰劳，态度渐趋缓和。

2. 王缵绪：当刘湘逝世之日，留川部队长官中，以王资望较高，核心社各旅长也屡次推王为首领。王认为大势所趋，曾有绥、省两署必占一席之语。至中央发表邓锡侯主军后，王极失望，怨尤颇甚。

3. 潘文华：核心社将领曾推其副绥署或主省政，但均未实现，也甚为懊丧。

4. 邓汉祥：刘湘旧部对其多不满，核心社又一再声言，主席需于川籍人士中选出，邓觉绝望。②

① 秋宗鼎：《抗战初期蒋介石侍从室对四川军阀的调查材料》，《文史资料选辑》第 33 辑，第 135～137 页。

② 秋宗鼎：《蒋介石的侍从室纪实》，《文史资料选辑》第 81 辑，第 138～139 页。

报告最后对中央任命邓锡侯任川康绥靖主任后各方的反应，进行了汇整：邓锡侯在川军中以保定关系颇孚众望，同时刘系将领由于反对张群，也不得不拥邓主军，故邓于 3 月 3 日飞蓉时，刘系将领也赴机场欢迎。邓到蓉后，对王陵基等密切联络，曾有保王为绥靖副主任兼保安处长拟议，对潘文华、王缵绪，也表示好感，并动以利害。[①]

正如侍从室此份报告的预测，邓锡侯返川后，调停过程颇为顺利。不久邓即与刘湘系将领商定，推荐王缵绪继主川政，潘文华则为川康绥靖公署副主任，中央也陆续派刘系将领王缵绪、潘文华、王陵基为集团军总司令，一场政治风暴得以逐渐平息。如王陵基虽未得任省主席，但任集团军总司令也聊堪告慰，与中央的关系反有更进一步的发展；王缵绪原与中央即有往来，此次出掌川政，与中央的关系更为紧密；邓锡侯出任川康绥靖公署主任，除可平衡川军生态外，也可抑制刘湘系的发展。至于中央则在风潮平息后，将王缵绪、潘文华、王陵基的三个集团军均调出省外参与抗战，不仅充实了抗战兵力，同时由于刘湘系部队几已抽调一空，川政的中央化也有所进展。[②] 此次川省风潮之所以能够平息，固然主要赖中央的斡旋与妥协，而侍从室情报体系所提供的情报，及侍从室幕僚根据各方情报所做的分析与建议，有助于蒋介石清楚地全盘掌握川局，制定出妥善的对策，迨无疑问。

四　情报机构的管理与考核

在侍六组成立之前，各情报机构的管理与考核工作，系由侍一处负责。如 1937 年 7 月，戴笠奉命修订军统局《特务处考绩奖惩条例》，将加薪与抚恤办法列入奖惩条例，经蒋介石核准交侍一处主任林蔚及中统局局长陈立夫核办。[③] 自 1939 年 2 月侍六组成立后，各情报机构的考核与管理工作即由该组负责。1943 年侍六组内更增设考核股，负责考核各情报机构

---

① 秋宗鼎：《蒋介石的侍从室纪实》，《文史资料选辑》第 81 辑，第 139 页。

② 杨维真：《1938 年四川省政府改组风潮始末》，《国史馆学术集刊》第 4 期，2004 年 9 月，第 115 ~ 131 页。

③ 修订后的条例详列考绩评比及奖惩的标准，其中奖励分为 5 级，包括嘉奖、记功、休假、奖金及加原薪 15%；惩处则分为 6 级，包括申诫、记过、罚原薪（一次）20%、减原薪 15%、停职查办及处死刑。参阅《戴笠呈蒋中正报告（1937 年）》，《特种情报——军统（一）》，《蒋中正总统档案》，典藏号：002 - 080102 - 00034 - 006。关于军统局对于工作人员纪律的要求，详见萧李居《戴笠与特务处情报工作组织的开展》，吴淑凤、张世瑛、萧李居编《不可忽视的战场：抗战时期的军统局》，2012，第 20 ~ 32 页。

的业绩，由贺楚强任组长。[①]

侍六组对各情报机构的考核工作，可以由该组于1941年1月提交的《1941年工作总报告》看出。兹将此份报告要点列举如下：

1. 1941年各情报机关报告最多者，为技术研究室7800余件，军统局6400余件，各机关总共19000余件。其中呈阅者仅4600余件，约占总数的24%；次要者径交各主官核办，或参考而存查者12400余件，约占总数的65%，多属不正确、不重要、重复与已失时效的报告。

2. 技术研究室所呈报的情报，件数虽然最多，不过大半属于馆务琐事，故其存查者也最多。军统局情报网较为普遍，故其报告也较为广泛。国际问题研究所除情报外，并收集图书、杂志，加以研究。就全部情报而言，缺乏周密深入的布置，故对于全般情势的判断，深感材料残缺不全之苦。

3. 对于行政机关与军队的贪污不法行为，查报常无结果，交办几成悬案。以目前的政治现况与环境，不得不稍迁事实，实非得已。[②]

对于个别情报机构的考核，固然是侍六组的业务，不过蒋介石有时也经由其他管道对个别情报机关进行考核。例如1939年，蒋即曾命毛庆祥考核军统局。该年12月，毛庆祥完成《军事委员会调查统计局考核报告书》一份，呈蒋核阅。

此一《报告书》全文约3000字，共分为三部分，分别讨论全局一般情况，局本部各单位情形，最后则为结论。首段检讨全局一般情况，指出该局经费不多，环境困难，但仍能刻苦负重，十分难得，其原因包括：(1) 负责人戴笠才干、魄力均有特长；(2) 制度、法纪尚称严密；(3) 一般工作人员对领袖的信仰尚称忠实。至于其缺点则为：(1) 局长贺耀组挂名但不负实际责任，副局长戴笠每日到局本部办公时间不多，未免有精神松懈之感。(2) 外勤工作人员对人、对事的态度，似欠和平，似有恃势凌人之嫌。(3) 外勤人员因缺少掩护，或自诩为特务人员，常至暴露身份，妨碍工作。

---

① 据一位侍六组人员的观察，侍六组设立考核股乃是为了平衡军统与中统的势力。贺楚强系由陈果夫所推荐，1943年8月进入侍六组后，为唐纵所收编，在考核工作上完全听命于唐，失去了CC派他入侍从室的用意。抗战胜利后侍从室撤销，成立军务局，由俞济时任局长，唐纵尚曾向蒋介石推荐贺楚强任副局长，分管原来侍六组的情报业务。参阅张令澳《蒋介石侍从室见闻》，第233页；陈布雷：《日记》，1943年8月3日。

② 唐纵：《第六组三十年度工作总报告》，《蒋中正手令及批示（六）》，《国民政府档案》，典藏号：001－016142－0013。

《报告书》的第二部分，分别检讨局本部各单位的工作情形，重点如下：

1. 秘书室：译电部门工作颇为紧张，编印密本也能随时变化，符合保密的要求，不过加码表未能每日变换，尚需改进，而工作人员待遇太低，尤应稍予提高。

2. 管理处：干部训练，均以大规模集体训练方式进行，以特务人事不发生横的关系原则而言，殊不适当，且教官的质量、学生的程度和纪律，均尚有缺点，应予改良。

3. 情报处：（1）该处分为军事、政治、外事三科，近拟添设考核科，关于情报的判断、分类、摘呈等工作，尚称迅速妥当，而整理与统计工作，则少进行，似应设法改正。其在沦陷区域者，除南京、天津、青岛外，各地尚能顺利推行，其中以北平、汉口、济南成绩为最佳。（2）关于敌情侦察，尚能完成任务，不过对敌谍侦察，甚不充分，如欲予制裁，颇非易事。（3）至于国内军事、政治侦察，除云南、新疆外，其国内军事侦察，尚有成绩；政治侦察，也尚有把握，唯贪污一项，不甚注意；党派、社会侦察，仅注意于共产党方面的活动，而国际情报侦察，最为缺乏。

4. 电讯处：（1）无线电台共有 240 余单位，虽在沦陷区域，也能照常通讯，其间虽曾被敌伪破坏多处，但均能迅即恢复工作，殊可佳慰。（2）其第三科所辖的侦察电台，在重庆虽曾侦得汉奸电台多次，但至今仍无法破获，此于技术方面，尚应积极研究者。（3）敌电侦译工作，已粗具规模，现在美国顾问指导下，正积极进行中，对敌方的航空密码及普通密电，均已有相当结果，唯最重要的敌方陆军密电，如师团或联队所用者，尚无眉目。①

对于局内一些行政支持单位，《报告书》也做了广泛的检讨。

1. 会计室：会计制度未上轨道，为该局最大的缺点。预算与结算均未能依照中央所颁布的会计法施行。1934 年至 1935 年间，曾由团体派会计、稽核各 1 人参加工作，现已无形取消。

2. 设计委员会：该会有名无实，现拟增加委员开展工作。查该会如能多物色忠实智能之士参加，对于工作的推进，必多帮助。

3. 技术研究所：该所亦有名无实。此种工作对于特务工作的改进极为

---

① 《军事委员会调查统计局考核报告书》，《特种情报——军统（一）》，《蒋中正总统档案》，典藏号：002－080102－00034－009。

重要，亟应充实内容，确切推进。[①]

《报告书》最后做了两点结论：

1. 综观全部工作情形，优点上多于缺点，若再能振刷精神，力求革新，对部属时时严施各种训练；于办事处处应用科学方法，则效果必更有可观。

2. 目前局长既挂名而不务实，似可不必设此虚位，而副局长戴笠既为实际负责人，则尤宜常川驻本部办公。[②]

《报告书》末，附了一份《军事委员会调查统计局会计规程审查报告》，强调欧美列强对于特务工作均极为重视。各情报机关的工作范围，除属于临时性质外，于每年度开始之前，即由最高领袖指示纲要，各机关据以拟定全年工作计划，呈候核定，然后量其需要，拟定全年经费预算，唯为保留预算的伸缩性起见，于经常预算之外，另规定追加预算及非常预算办法，以收把握时机、调济急需之效。《报告》最后指出，"该局似应实行预算制度，至预算之编制方法，自应依据预算法之精神，斟酌行之"。[③]

此两份报告在送呈蒋核阅前，曾先由侍二处主任陈布雷签注意见："谨按此项考核报告及会计规程审查报告，均极详究，可备钧察，但其建议部分，如蒙采纳，似以知会该局参酌改正为便，借留原机关斟酌现况运用伸缩之余地，谨附签明。职布雷谨注。"[④]

从上面几份报告来看，侍从室对于各情报机构的缺失均有所了解，例如毛庆祥指出军统国内军事、政治侦察工作，云南、新疆二地并不顺利，乃确有其事。根据晚近学者的研究，军统局在云南虽早已收买龙云身边的机要秘书和收发，对龙的行踪均能掌握，不过在大敌当前的情况下，中央除了继续笼络龙云，只能要求当地军统人员将工作重点放在防止汪伪政权与云南接触上。[⑤] 军统、中统局在新疆，也是一筹莫展。根据国府1943年与盛世才达成的协议，国民党新疆省党部不设中统分支机构，也不设专门电台。国府一直要到1944年将盛世才调离后，才得以在新疆建立起中统和军统的分支机构。[⑥] 至于毛庆祥所批评的军统的设计委员会，委员的人数

---

① 《军事委员会调查统计局考核报告书》。

② 《军事委员会调查统计局考核报告书》。

③ 《军事委员会调查统计局会计规程审查报告》，《特种情报——军统（一）》，《蒋中正总统档案》，典藏号：002－080102－00034－009。

④ 《戴笠呈蒋中正调查统计局考核报告书及会计章程》，《特种情报——军统（一）》，《蒋中正总统档案》，典藏号：002－080102－00034－009。

⑤ 杨维真：《从合作到决裂——论龙云与中央的关系（1927～1949）》，2000，第190页。

⑥ 黄建华：《国民党政府统治新疆的政策》，民族出版社，2003，第100页。

不固定，大多是临时安置一些高级特工或军政人员，如抗战末期不受戴笠重视的张国焘、曾任广西省代理主席的俞作柏，以及曾任首都警察厅长的王固盘，均以中将设计委员名义坐领干薪而不需做事。①

虽然如此，上述各项考核报告对于各情报机构的核心问题所在似乎仍仅是避重就轻，点到为止。即以机构最为庞大的军统局为例，积弊甚深，久已为各界所诟病。一位军统高级官员对于全盛时期军统局在管理上的弊端，即曾做过以下生动的描述：

> 军统所直接掌握和控制、运用的单位，大一点的有一百多，而由军统打入进去的外围组织和地方组织，则无法统计。当时戴笠常常骂军统局局本部内勤各单位负责的大特务："你们现在已经和张宗昌一样，有多少人、多少单位都弄不清；有多少钱、多少财产也不知道，看你们怎么得了！"……当时军统有多少单位，有多少特务，主管组织、人事的人事处长龚仙舫的确不能随时拿出一个正确的数字来，甚至连军统局局本部一本花名册也常常弄得错误百出。有几次戴笠临时集合点名，有的已调走了的人，名字还在册上，有些新调进去的，名字却未列上去，气得他把名册丢在地上，索性不点了。……至于主管经费与财产的经理处、总务处，更是一笔胡涂帐。②

对于军统局的各种弊病，唐纵其实均有所了解，例如军统局的财政问题，1944 年 8 月唐纵即曾于其日记中提及"该局经费，据说每月亏空千余万，但他（按：指戴笠）并不以此而着急，他是生财有道。生财的方法有四：一是买卖外汇黑市；二是货运局匀补；三是抢运物资弥补；四是伪钞。"③ 后来生财之道尚包括购置山林和土地。④ 唐纵对于戴笠不改善员工福利反而浪费公帑的作风，也十分不以为然。1943 年唐纵即曾数度于其日记中表示不满：

> 启瑞、锡麟向我诉苦。锡麟坚决要辞职，而雨农不肯。启瑞云中

① 沈醉：《我所知道的戴笠》，《文史资料选辑》第 22 辑，第 93 页。

② 沈醉、文强：《戴笠其人》，文史资料出版社，1984，第 101 ~ 102 页。

③ 唐纵：《日记》，1944 年 8 月 18 日，《上星期反省录》。

④ 1945 年 3 月 30 日唐纵曾于其日记中记载："据雨农向委座报告，军统局组有协济合作社，在福建浦城以北之仙阳乡官后地方，置山林一处，有松山 10 余万株，并将进行购置田产 800 余石；贵州息峰置有田产 400 老石；重庆乡下缫丝厂置有田 601 亩，地 622 亩又 2716 万丈，林山 300 亩，荒山 1602 亩。"参阅唐纵《日记》，1945 年 3 月 30 日。

> 美合作所，三日一小宴，五日一大宴，竭同志、同事之膏血，而掷于对美人之宴会中。职员无饭无衣，病者累累，而缫丝场（按：军统局乡下办事处所在地，戴笠在此有别墅）之宴会，一餐10万元无吝色。外间谣言戴先生出国，而忠实同志暗中有喜悦。启瑞、锡麟要求我再作忠告，彼不知我已无言可告矣！①

> 近来罗家湾（按：军统局主要办公地点）窃盗甚盛，有一军令兵盗一裤为督察所缉，泣曰，来局工作8年，每月月薪仅13元，家有老母，病不能医，故出此下策，良非得已。夜乘卫兵监视之疏忽，贻信而遁。书曰，穷困出此下策，无以对国家，自杀以谢老板（按：指戴笠）。闻之不胜凄然！……闻罗家湾已二、三月未发饷，而彼个人则挥金如土，言之抚然长吁而已！②

唐纵对于军统局的各项弊端虽然知之甚详，但是未能善尽督导之责，固然难辞其咎，不过任何考核工作要想真正收到效果，必须与经费和人事结合。唐纵自接任侍六组组长后，蒋介石即多次要求他加强对各情报机关的考核业务。在各情报机构中，蒋尤其在意的，即为中统和军统。1942年3月，蒋介石在接见唐纵时，即曾吩咐唐对两调统局人员要加考核，并嘱其每日应前往两局视察，协助指导，并接见其工作人员。蒋也了解到掌握此二机构并非易事，因此嘱唐对其经理暂时不必过问，不过其人事必须由侍六组掌握。唐纵则认为此项任务甚难负担而心存抗拒，原因是“他们决不愿我考核他们的人事。做不通，委座以为我没能力；做通了，我也不愿做这工作”。③

1942年4月，蒋介石以戴笠日渐坐大，任唐纵兼任军统局帮办，希望借此对戴能够有所控制。④ 唐因过去和戴有些矛盾，恐戴怀疑他夺其位置，故不常至该局办公，只有在戴离开重庆时，才每周到该局主持周会，并代戴决定该局的重要工作，至于该局的人事、经费均不过问，仍由毛人凤负责处理。⑤ 1943年2月，蒋介石又手令侍一处主任林蔚，加强第六组组织，

---

① 唐纵：《日记》，1943年9月8日。

② 唐纵：《日记》，1943年1月18日。

③ 唐纵：《日记》，1943年3月26日。唐纵夹在蒋介石与戴笠之间左右为难的处境，另可参阅罗久蓉《从军统局到保密局》，吴淑凤、张世瑛、萧李居编《不可忽视的战场》，第266页。

④ 唐纵：《日记》，1942年4月4日。

⑤ 郭旭：《我所知道的戴笠》，第411页；唐纵：《日记》，1942年4月4日。

担任对各情报机关及考核机关的考核业务。唐纵鉴于此事困难甚多，奉令之后虽然惶恐万分,[①] 不过仍是采取拖延战术。一星期后，蒋又催问各情报机关考核名册有无送到。[②] 3 月，林蔚饬查各情报机关的经费，查明上年度（1942 年）各主要情报机关每月预算，军统局为 4822000 余元，中统局为 407000 余元，国际问题研究所为 375000 余元。[③]

至 1944 年，侍从室开始编列各情报机关人员经费统计表，显示至此时侍六组已能对各情报机关的人员与经费做全盘的了解。

表 8　1944 年度各情报机关人员经费统计表

单位：元

类别		机关	军委会调查统计局	军委会中美特种技术合作所	中央调查统计局	军令部第二厅	国际问题研究所	合　计
人员	总计	官佐	15731	3939	2313	636	285	22904
		士兵	3045	1879				4924
	内勤	官佐	1177		895		158	
		士兵	286					
	外勤	官佐	14554		1418	636	127	
		士兵	2759					
全年经费			670223023	484761502	68630220	47585196 199596 美元	14500380	1285700321 199596 美元

附注：1. 军委会调查统计局 1944 年度下半年临时费，尚未呈报，故未列入。

2. 军委会中美特种技术合作所之内外勤人员名额，未曾分报，故未分列。

3. 中央调查统计局全部经费，曾函催列报，未复，本表数字系由侍六组向其他各有关机关查询所得，至其所辖各省市及路局调统室经费，除该局预算中所列之津贴外，详确数字，无从查列。

4. 国际问题研究所 1944 年度请求增设东北、日、韩等地外站之经费，业经奉准，已计入，其人员名册尚未呈报，故未列入。

5. 军令部第二厅内业费，由军令部开支，故未列入。

资料来源：《1944 年度各情报机关人员经费统计表》，侍从室档案，中国第二历史档案馆藏，全宗号 762。

① 唐纵：《日记》，1943 年 2 月 24 日。

② 唐纵：《日记》，1943 年 2 月 24 日。

③ 唐纵：《日记》，1943 年 3 月 10 日。

侍六组既然掌握了各情报机关的人员与经费数目，自然可以开始做较为“科学的”考核工作。例如 1944 年 3 月，唐纵即根据军统局所编制的一张统计表发现，该局人员数目渐有增加，自 1932 年的 145 人增至 1943 年的 24575 人，但呈报蒋介石的情报数量，则自 1938 年后，渐次减少至 0.68%。该局 1942 年平均每 10 人仅有 2 至 3 件的报告，如以该局 1943 年每月经常、临时各费 14876000 余元计，每一件情报政府需支付 13000 余元。①

由于考核所需的各种统计数字和档案均已完备，戴笠的坐大暂时受到了控制，② 军统的缺失也受到严格的批判，③ 显示侍从室对于各情报机构的考核工作，开始进入一个新的阶段。1944 年 7 月 1 日，唐纵于其日记中即曾有以下的感想：

> 档案已经整理好了，从七月份起，工作应转向一个新的方向。过去做处理工作，今后应作检讨、考核、研究工作。从过去的工作陈迹中，检讨各情报机关之得失，各情报员之优劣，情报内容之价值如何。这是对于各机关之考核，同时也是对今后审查情报之经验教训与判断张本，在个人自己也是一个很好的反省与学习的机会。可谓一举而数得。因此，审核股可由此而取得珍贵考核之材料，各秘书、参谋可由此而获得宝贵之结论与新的工作经验。所以检讨、考核与研究，是有连贯性的工作价值的。④

五　与各情报机构的联系

蒋介石为加强控制属下组织，常偏好成立两个性质类似的机构，彼此竞争，相互牵制，⑤ 在情报工作上，尤其是如此。如何协调联系众多的情报机构，交换情报，避免恶性竞争，即成为重要的课题。

---

① 唐纵：《日记》，1944 年 3 月 2 日。

② 1943 年 6 月，蒋介石下手令解除戴笠所兼财政部缉私署署长职务，改由宣铁吾接任。7 月，又对侍一处主任林蔚表示，要戴专负特务责任，不要带兵，忠义救国军和别动队也要整理。参阅蒋介石《日记》，1943 年 6 月 27 日；唐纵《日记》，1943 年 7 月 21 日。

③ 1944 年 6 月 5 日唐纵曾于其日记中记载戴笠对上年军统局工作总报告的批示，对唐非常不满意。参阅唐纵《日记》，1944 年 6 月 5 日。

④ 唐纵：《日记》，1944 年 7 月 1 日。

⑤ 金以林：《蒋介石的用人与选才》，吕芳上编《蒋介石的亲情、爱情与友情》，第 238 ~ 239 页。

1935 年，蒋介石要军事委员会调查统计局局长陈立夫主持一“调统会报”。陈立夫遂派该局第一处处长徐恩曾为该会报的第一组主任（注重中共在社会方面的活动），第二处处长戴笠为该会报的第二组主任（注重中共在军事方面的活动），第三处处长丁默邨为该会报的第三组主任（负责会报方面总务事宜）。不过此一会报的成效并不佳，根据戴笠的观察，“中央各机关在香港的情报机关即不下 10 个，效率之低，言之痛心，即如同一军委会调统局之一、二处，关于交通器材之配备、调查工作之对象、各方面人员之布置，无不迭床架屋、散漫重复，矛盾摩擦之现象，不一而足”。[①] 1937 年夏，调统局局长陈立夫请辞，戴笠乃建议蒋介石将全国情报工作集中于军事委员会，以林蔚或贺耀组为调查统计局局长，并任戴为副局长。至于中央党部的调查统计局，则应纯为考核党员、整顿党纪的机构，如此应可避免再有重复摩擦的流弊发生。[②] 王芃生则建议蒋介石设最高情报委员会，由蒋自兼主任委员，各情报机关负责人为委员。蒋最后采用了王的建议，成立了最高情报委员会。该会设会长一人，由蒋自兼，委员若干人，由会长指定，军委会调统局及中央党部调统局局长、副局长，侍从室主任，军委会办公厅主任，以及中央党部秘书长为当然委员。每周开会报一次，由会长主持。军委会调统局及中央党部调统局均直隶于此机构。此机构所执掌的业务，则分别交由两局办理。两局工作，每月报告一次，由此机构直接审核。[③] 最高情报委员会下设办公厅，蒋介石任王芃生为主任。不料各方对此机构的意见不一，王芃生以主任身份企图凌驾于中、军两统之上，两统对王则不买账，王只好知难而退，武汉撤守，最高情报委员会即胎死腹中。[④] 因此，由陈立夫主持的“调统会报”，直至 1938 年 1 月蒋介石派陈立夫任教育部长才正式取消，会报的第一组改称为中央党部调查统计局，局长由朱家骅担任，徐恩曾任副主任；第二组改称为军事委员会调查统计局，局长由贺耀组担任，戴笠任副主任；第三组则

① 《戴笠呈蒋中正请于林蔚、贺耀组择一任调查统计局长并予职为副局长等人事调动及组织工作、经费运用等关于特务组织建议》，《特种情报——军统（一）》，《蒋中正总统文物》，典藏号：002－080102－00034－003。

② 《戴笠呈蒋中正请于林蔚、贺耀组择一任调查统计局长并予职为副局长等人事调动及组织工作、经费运用等关于特务组织建议》，《特种情报——军统（一）》，《蒋中正总统文物》，典藏号：002－080102－00034－003。

③ 《最高调查委员会组织规程及最高调查委员会处务通则草案》，《特种情报——军统（一）》，《蒋中正总统文物》，典藏号：002－080102－00034－004。

④ 邵毓麟：《追念一个大平凡的国民党员》，陈尔靖编《王芃生与台湾抗日志士》，第 99～100 页。

予以取消。原第三组主任丁默邨后来即跟随汪精卫去担任伪政府的调统工作，对一、二两处在沦陷区的工作不无打击。① 有趣的是，同一个机构内两个部门的沟通与协调，居然需要另外成立一个会报的组织来进行，一方面显示两个部门各自成为山头对立的情况严重，另一方面也显示会报制度对于不同部门之间的沟通与协调确有其必要性。

1939 年 2 月，侍从室第六组成立后，加强各情报机关之间沟通与协调的责任，自然即由其负担。而其间施行时间最长的机制，即为特种会报。

（一）特种会报

特种会报制度始于 1940 年，全名为党政军联席会报，抗战胜利后改名为党政军干部联席会报。特种会报分为甲、乙、丙三种，召集人和参加者各不相同，各级会报定期举办或临时召集，会后的日常事务由党政军联席会报联合秘书处（简称联秘处）负责处理。

甲种会报由于每次均在蒋介石住处举行，故又称为“官邸会报”。会报由蒋介石亲自主持，出席人员包括参谋总长、行政院长、中央党部秘书长、中央组织部长、教育部部长、社会部部长、军事委员会政治部部长、军令部部长等，并指定中统、军统负责人列席。② 每次会议并无一定的讨论范围，不过经常讨论共产党的活动情况、反共重大案件，以及如何防制共产党活动。会报程序一般先由徐恩曾和戴笠做全面的工作汇报，然后由出席人员发表意见，最后由蒋做出决定，指示如何进行。③ 甲种会报不定期召开，每年开 2～3 次，会报一旦召集，多有重要问题决定。例如 1944 年 11 月 10 日召开的一次甲种会报，讨论对各党派的态度，即有以下重要结论：（1）对共产党以外的各党派，应采宽放政策；（2）对民主同盟，分合不加干涉，顺其自然发展；（3）民主同盟如成为第三大党时，需派人参加，谭平山为适当人选；（4）各党派要求合法地位时，可在事实上承认，如不与共产党合作，并可允许其公开活动；（5）对各党派均可合作，对青年党更可首先表示，本（国民）党即可通饬各级党部不必与青年党发生冲突；（6）对共产党为唯一有敌性之党，本党应即采取宣传攻势，从侧面、反面进行攻击；（7）对教会可多联络；（8）国际人士应多方联系。④ 会中

---

① 陈立夫：《成败之鉴：陈立夫回忆录》，台北：正中书局，1994，第 106～107 页。

② 李约勒：《难产的中央党员通讯局》，《江苏文史资料选辑》第 23 辑，第 268 页。

③ 张文：《中统二十年》，第 68～69 页。

④ 唐纵：《日记》，1944 年 11 月 10 日。

蒋介石并曾做个别的指示。[①]

乙种会报又称中央党政军联席会报，最初系由侍从室主导，会议的地点在蒋介石的官邸，开会通知也是以侍从室的名义发出。[②] 随即改由军事委员会参谋总长何应钦主持，开会地点也改为军事委员会。[③] 何应钦卸任参谋总长职务后，改由中央党部秘书长吴铁城主持，吴缺席时则由中央组织部部长谷正鼎，[④] 或是主管情报业务的侍六组组长唐纵主持。1944年以后，此一会报的业务移由中央组织部负责。[⑤] 乙种会报成立之初约每周一次，[⑥] 后期则较少，正式的会报约每年一次。[⑦]

由于乙种会报乃定期举行，若不在开会期间发生事故，即不能及时处理；再则会报的日常事务及决定事项，均需有人处理，因此不久即在会报之下设立了一个常设的幕僚机构，名为党政军联席会报秘书处，简称联秘处。联秘处成员包括中央党政军各部会，如党方面的中央秘书处、中央组织部、中央宣传部、中统局，政方面的教育部、社会部、外交部，以及军方面的军政部、军统局等机关，各机构除指派一名高级人员任联络秘书，经常集会外，其负责人也按期集会，共同商决有关问题，可以说是一个交换情报、制定方案、统一对策的决策机构。[⑧] 联秘处设正、副秘书长各一名，先后担任正、副秘书长者包括萧毅肃、阮肇昌、萧赞育、谷正鼎、潘公展、徐复观等。

乙种会报的进行方式，一般为先由军令部的刘斐报告八路军、新四军情况，中统、军统报告共产党活动情形，各机关也间或有报告。曾研究过的重要问题，包括以下几项：

1. 中央第一次提示案（关于新四军北移问题）。

2. 中央第二次提示案（关于八路军编为十二个军的问题）。

3. 处理异党办法实施方案。[⑨]

除了中共问题，乙种会报偶尔也会对国民党本身进行检讨，如侍三

---

① 陈布雷：《日记》，1944年11月10日。

② 张文：《中统二十年》，第69页。

③ 陈布雷：《日记》，1941年2月6日。

④ 萧赞育：《怀铁老·谈革新》，《梅园文存》，台北：黎明文化公司，1985，第202页。

⑤ 张文：《中统二十年》，第70页。

⑥ 唐纵：《日记》，1941年1月至4月。

⑦ 张文：《中统二十年》，第69页。

⑧ 萧赞育：《怀铁老·谈革新》，《梅园文存》，第202~203页。

⑨ 康泽：《狱中自白》，中国人民政治协商会议全国委员会文史资料委员会编《文史资料存稿选编·特工组织（下）》，中国文史出版社，2002，第672~673页。

处副主任萧赞育于兼任联秘处秘书长时，觉得国民党一方面对抗中共，但是自己不重视思想，不注意研究，不统一行动；自身力量，不能集中团结。凡此本身缺点亟须根本改正，方足以发挥力量，才是治本之道。经过多次与来自各单位的联秘处同仁商议后，乃提出革新计划，共谋救亡图存。此一构想获会报主席吴铁城的赞同，吴嘱萧于会报时提出，向蒋报告，同时对于党内同志不能仰体领袖意旨，力求团结进步，而或存门户派系之见，故步自封，引为深憾。萧受此鼓励，乃于一次正式会报中，提出国民党必须革新进步，加强组织动员，方足以制胜的意见，向蒋报告。据此一意见所发起的革新运动，当时虽未能从上到下普遍展开，但是在党内仍产生相当大的影响。如张道藩、余井塘、刘健群、唐纵等，或参与发起，或参加集会，由重庆而胜利回南京，直至大陆易帜，此一运动持续了一段时间。[①]

整体而论，乙种会报由于蒋介石甚少参加，因此讨论的气氛较为热烈，不过也因此效率较差，加以蒋介石既甚少参加，各机构负责人也就较常缺席，如中宣部部长王世杰即不大出席而常由副部长许孝炎代理，军统局副局长戴笠有时由郑介民代表出席，[②] 侍二处主任陈布雷也经常缺席，[③] 导致一些重大问题无法迅速地做出决定。侍一处主任贺耀组认为会报“并无重大意义”。[④] 唐纵由于身为情报主管，因此经常出席，并且在他的日记中留下许多有关会报的记载，例如 1941 年 3 月 20 日：

> 下午党政军联席会议……多数人对王部长（按：指王世杰）不满。归与陈主任（按：陈布雷）言及，陈主任谓王雪艇顾虑英、美援华态度，不愿多所披露。陈主任亦赞成采用宣传政策。贺主任（按：指贺耀组）则表示同情于王部长，认为时机尚未成熟，徒然暴露弱点于国际上，影响友邦之友情。贺主任对于我防治共（产）党之积极办法甚表同情，他认为现在之会报，并无重大意义。共（产）党对于离间何、白之策略，颇有相当影响，如白氏最近不发表意见。[⑤]

① 萧赞育：《怀铁老·谈革新》，《梅园文存》，第 203～204 页。关于抗战时期及战后的国民党各次革新运动，可参阅王良卿《改造的诞生》，台北：政治大学历史系，2010，第 1、2 章。

② 康泽：《狱中自白》，《文史资料存稿选编·特工组织（下）》，第 672 页。

③ 陈布雷：《日记》，1941 年 3 月 20 日。

④ 唐纵：《日记》，1941 年 3 月 20 日。

⑤ 唐纵：《日记》，1941 年 3 月 20 日。

又如 1943 年 5 月 27 日：

> 下午在军委会党政军联席会报，讨论第三国际解散后本党对中共之态度。有主张解散共产党而许共产党员个别参加国民党者，有主张统一军令、政令后而承认共产党者。发言盈庭，莫衷一是。结果另由何总长召集一小组会议讨论。①

抗战后期，由于国共两党摩擦事件日益频繁，出席会报者均感责任重大，认为会报应由蒋介石亲自主持，方能即决即行，发挥应有功能。会报改由蒋主持后，会议地点也再度改至官邸。此一官邸会报至迁都南京后，仍按期举行，其重要性也随着局势的恶化，益渐突出。②

丙种会报为省、市、级的联席会报，其职责为：（1）商讨对特种问题的策略；（2）交换情报；（3）分配任务于所属党政军各机关并监督其执行。唯省（战区）已有类似的组织（如特种会报）且著成效者，可准以原有组织执行是项任务，不必更改名称；其尚未成立组织的地区，均应成立。③ 参加单位及人员包括：（1）各地最高军事长官及参谋长、政治部主任；（2）省党部主任委员、书记长、调查统计室主任；（3）省政府主席、秘书长及民政、教育两厅厅长；（4）警备司令及参谋长与三青团部主任或书记；（5）军委会调统局驻当地负责人；（6）其他由会报主席指定的必要参加人员。所有参加会报人员，均须亲自出席，不得派人代表。主席以省政府主席为会报主席，如派在地有战区司令长官，则以司令长官为会报主席。④ 丙种会报也设有秘书处，组织形式与中央级会报相同，会报的秘书由于可以优先取得情报，此一职位遂成为中统和军统角逐的重要场域，许多省、市的会报秘书一职，长期系由中统人员担任。1943 年以后，由于党务机关不得捕人，中统乃竭力利用丙种会报的名义执行其行动，如 1945 年昆明的“一二·一事件”、成都的抢米风潮以及重庆的反苏大游行，均曾在当地的丙种会报有所讨论。⑤ 各情报机关负责人通常也会出席一些重要

① 唐纵：《日记》，1943 年 5 月 27 日。

② 万亚刚：《从平江事件到昆明事件——“联秘处”成立的经过》，《国共斗争的见闻》，李敖出版社，1990，第 95 页。

③ 《军事委员会电韩德勤等防制奸伪事宜为求步骤统一应即组织该省及战区党政军联席会报其职权为商讨特种问题对策交换情报并分配任务等请查照》，《领袖指示补编（二）》，《蒋中正总统文物》，典藏号：002－090106－00002－060。

④ 《军事委员会电马鸿逵各省党政军联席会报组织办法请查照》，《领袖指示补编（二）》，《蒋中正总统文物》，典藏号：002－090106－00002－059。

⑤ 张文：《中统二十年》，第 70 页；李约勒：《难产的中央党员通讯局》，第 268～269 页。

城市的丙种会报，如1944年重庆地区一些文艺界人士发起鲁迅逝世八周年纪念活动，唐纵即曾参加10月19日于当地召开的丙种会报，会后并于其日记中有以下记载："晚上丙种会报，对于鲁迅纪念会事，介民主张发布新闻，指出鲁迅曾受日本浪人内山完造之津贴以破坏之。归与布雷先生谈，布雷先生认为不应由中央社发布此项消息。布雷先生乃一极端慎重之人，所见亦远！"[①]

至于各战区（省）辖内一般的县、市、部队、学校、社团及工厂等，依规定也需秘密指定一二可靠人员，专办此项特种业务。[②] 不过实际运作情形与成效，由于资料的限制，不得而知。

（二）年度会报、月度会报与不定期会议

抗战后期，蒋介石为了加强对各情报机关业务的掌控，在特种会报之外，又建立了年度会报。年度会报于官邸举行，并由蒋亲自主持，会议中蒋每有重要指示，因此也被称为"最高情报会议"。例如1944年5月3日于官邸举行的一次最高情报会议，在各机关报告完毕后，由蒋介石训话，他首先指出各机关的缺点，包括缺乏联系，工作技术太差，而且不应随便逮捕人，并指示以后对于情报宣传需充分利用，并需利用情报为主动的宣传与破坏的宣传，以打击敌人的造谣作用。[③] 两个月以后，中美合作所即将心理作战计划一份送呈侍六组组长唐纵核阅，内容包括：（1）造谣。散布谣言以引起敌方的疑虑、纷扰和恐怖。（2）神秘广播。伪造播音以扰乱敌方的听闻。（3）印刷。伪造文件、情报或书刊等以滋扰敌方并误导其判断。总之是从心理上打击敌人，使敌人不知武器在何处，而受严重无形的打击。[④] 此一会议的重要性，由此可见。

在年度会报建立以后，蒋又要求各情报机关负责人每月集会一次，称为"月度会报"。月度会报系由戴笠负责安排，开会地点在漱庐（军统局对外公开会客场所），会议由侍六组组长唐纵主持。他一般是首先发言，传达蒋介石对各情报机关所呈送情报的看法及指示，说完通常是由戴笠接

① 唐纵：《日记》，1944年10月19日。

② 《军事委员会电蒋鼎文为处理中共问题各省应仿中央成立党政军联席会报以商讨问题交换并分配业务此会议对外绝对秘密除不得以联席会议名义行文外所有文书往返应妥审处理以免泄露等》，《领袖指示补编（二）》，《蒋中正总统文物》，典藏号：002－090106－00002－065。

③ 唐纵：《日记》，1944年5月3日。

④ 唐纵：《日记》，1944年7月2日。

着发言，进行工作报告，接着是叶秀峰、郑介民、张镇等陆续发言，宣铁吾则甚少说话。此一会报至抗战胜利国府迁回南京后，依旧持续进行。[①]

特种会报由于出席人员来自党政军各界，人数较多，又非经常集会；年度会报及月度会报则开会时间固定，如遇突发事件，常显得缓不济急。于是侍从室又定期召集各情报机关负责人参加的情报会议，以加强各机关间的沟通和协调，会议通常是由侍二处主任陈布雷或侍一处主任林蔚主持。[②] 蒋介石有时也不定期通过侍从室召集各情报机关负责人在官邸开会，唐纵曾在其日记中留下一些会议讨论的内容，例如 1943 年 2 月 24 日：

> 8 时 30 分，委座召集各情报机关首长开会。……委座对于廖承志案，责备徐恩曾要功，并责备兼交通部次长未发生作用。对于民意调查，不能放送于我有利之空气以影响社会，极为不满！对于政治上贪污无报告，亦不满意！最后嘱我报告主任，最近召集一次会议，照今晚所表示者调整组织与工作。[③]

1945 年 1 月 25 日：

> 上午 11 时在委座官邸举行情报会议……讨论提案由余宣读并说明。委座训示二点：一、各机关分工不清，应详加研究；二、户口调查、身份证调查，应限期完成。[④]

（三）业务分工

为加强各情报机关的沟通与协调，避免恶性竞争，除了召开各种类型的会议，蒋介石另外采取的方法则是经常调整各机构的业务，使其分工明确，并进行混合编组。例如蒋介石有鉴于中统、军统内斗严重，曾于 1941 年调整两机构的业务，指定中统担任党派调查、贪污调查（包括役政舞弊）、民意调查三项任务，军统担任军事情报、策反狙击、经济调查三项任务，并指派徐恩曾、戴笠和康泽成立三人小组，每周举行会报一次，以改善彼此关系。

---

① 沈醉：《我所知道的戴笠》，第 105～106 页。

② 会议的记录通常是由侍二处秘书张令澳担任。参阅张令澳《蒋介石侍从室见闻》，第 82 页。

③ 唐纵：《日记》，1943 年 2 月 24 日。

④ 唐纵：《日记》，1945 年 1 月 25 日。

两机构之间也相互合作，如军统局的特种问题研究所，系由军统、中统联合组成，由张国焘主持；国家总动员会议的经济检查机构及中统局的特种调查处，均为军统、中统混合组成。①

唐纵也曾于 1943 年春向蒋介石建议各情报机构应做如下的分工：

1. 军统局与军令部第二厅，以收集日军事情报为主，其次为收集中共活动的情报；再次为收集其他党派的活动、海外、经济、社会、学运等情报。

2. 中统局以收集中共活动的情报为主，其次为其他党派的活动，文化、教育（包括学运）等情报，再次为社会、经济等情报。

3. 特种情报所以收集苏联方面的情报为主，其次为收集中共活动的情报，再次为一般情报。

4. 国际问题研究所以收集日本方面的情报为主，其次为其他的国际情报及中共活动的情报，再次为一般情报。

5. 宪兵司令部以收集中共活动的情报为主，其次为其他党派的活动、各地社情的情报，再次为一般情报。②

1944 年 9 月，唐纵更依据蒋介石的指示，草拟《情报机关联系办法》，组织谋略会议与行动会议，分别由各情报机关负责人与其重要干部组成。③不过实施与否，由于史料的限制，不得而知。

六 对党政官员的监察工作

（一）对军政官员不法行为的调查

侍从室平日经常会接到各情报机关或个人对于军政官员不法行为的举报。例如军统局对国军军官贪污腐化及私生活等项的密报，一般均用戴笠的名义分类列表，封送给侍一处或侍二处处理。④ 侍从室人员对于此类举报，通常会先进行审核。凡匿名无地址的举报，均不受理，如情节重大者，得交情报机关复查再核。⑤ 各方面举报的资料经过侍从室案核后，定

① 徐远举等：《军统局、保密局、中美合作特种技术合作所内幕》，《文史资料存稿选编 · 特工组织（上）》，第 541 页。

② 郭旭：《我所知道的戴笠》，第 409 ~ 410 页。

③ 唐纵：《日记》，1944 年 9 月 4 日。

④ 秋宗鼎：《蒋介石的侍从室纪实》，全国文史资料委员会编《中国文史资料文库》第 8 卷，中国文史出版社，1996，第 935 页。

⑤ 《侍从室第六组办事规程（1943 年 9 月 23 日）》，侍从室档案，中国第二历史档案馆藏，全宗号 762。

期汇整为《公务人员不法行为调查册》与《各部队不法行为调查册》送呈蒋核阅。[①] 蒋通常则视情节轻重及涉案人员地位高低，或批示分别查办，或直接派侍从室人员密查。

侍从室所经办的军政人员贪污不法案件，均由侍六组负责追踪考核。根据一项统计，侍六组 1944 年度经办军政人员各种贪污不法案件，共有 832 件，违法人员服务机关以前方部队（237 件）为最多，省市县党政机关（140 件）、后方部队（108 件）与中央军事机关（103 件）次之，中央党政机关（75 件）、保甲人员（70 件）与宪警（58 件）又次之，教育机关（19 件）与驻外人员（14 件）最少。违法案件类别则以敲诈受贿（170 件）为最多，盗卖公物（94 件）、兵役舞弊（94 件）、经商营私（92 件）、浮报克扣（79 件）、走私贩毒（63 件）次之，浮征滥派（50 件）、劫财害命（46 件）又次之，粮政舞弊（16 件）最少。如综合观察，前方部队以敲诈受贿问题最为严重，走私贩毒、盗卖公物、经商营私和浮征滥派问题次之；地方党政机关以敲诈受贿问题最为严重，盗卖公物和经商营私问题次之；中央党政机关则以敲诈受贿、盗卖公物和浮报克扣问题较为严重。至于违法案件处理结果，除续查侦讯（156 件）的案件外，大多为查无实据（59 件），只有极少数的案件获行政处分（26 件）和刑事处分（3 件）。

表 9 侍从室第六组 1944 年度经办军政人员贪污不法案件统计表

类别	案数处理＼违法机关	中央军事机关	中央党政机关	省市县党政机关	教育机关	前方部队	后方部队	宪警	驻外人员	保甲人员	其他	合计	已复附注 有结果 刑事处分	已复附注 有结果 行政处分	已复附注 无结果 续查侦讯	已复附注 无结果 查无实据
总计	呈阅	1	1	1		4	3					10	3	26	156	59
	交办 未复	55	24	75	10	125	54	29	6	40	7	425				
	交办 已复 有结果	3	6	4	2	6	2	4	2			29				
	交办 已复 无结果	24	36	33	7	41	26	16	6	25	1	215				
	存查	20	8	27		61	23	9		5		153				
	小计	103	75	140	19	237	108	58	14	70	8	832				

① 《蒋中正电戴笠查办五、六月份公务员及部队不法行为等事（1935 年 7 月 19 日）》，国民政府档案，档号：0510/2770. 01 - 01，缩影号：408/1641 - 1642。

续表

类别	处理＼违法机关＼案数	中央军事机关	中央党政机关	省市县党政机关	教育机关	前方部队	后方部队	宪警	驻外人员	保甲人员	其他	合计	已复附注 有结果 刑事处分	已复附注 有结果 行政处分	已复附注 无结果 续查侦讯	已复附注 无结果 查无实据
兵役舞弊	呈阅											0		1	18	14
	交办 未复			1		3	18			25	4	51				
	交办 已复 有结果						1					1				
	交办 已复 无结果	2				3	11			16		32				
	存查						5	1		4		10				
	小计	2		1		6	35	1		45	4	94				
粮政舞弊	呈阅											0		2	6	
	交办 未复		4	3						1		8				
	交办 已复 有结果		2									2				
	交办 已复 无结果	1	5									6				
	存查											0				
	小计	1	11	3						1		16				
浮报克扣	呈阅		1									1		4	11	2
	交办 未复	14	8	9	5	8	5	3				52				
	交办 已复 有结果		2	1					1			4				
	交办 已复 无结果		2		3	4	3			1		13				
	存查	2				3	4					9				
	小计	16	13	10	8	15	12	3	1	1		79				
盗卖公物	呈阅	1										1	2	1	18	8
	交办 未复	10	7	13		15	4	2		2	1	54				
	交办 已复 有结果	2				1						3				

续表

类别	案数处理 \ 违法机关	中央军事机关	中央党政机关	省市县党政机关	教育机关	前方部队	后方部队	宪警	驻外人员	保甲人员	其他	合计	已复附注：有结果：刑事处分	已复附注：有结果：行政处分	已复附注：无结果：续查侦讯	已复附注：无结果：查无实据
盗卖公物	交办 未复	10	7	13		15	4	2		2	1	54	2	1	18	8
	交办 已复 无结果	5	6	6	1	3	2	1	1		1	26				
	存查		2	3		4		1				10				
	小计	18	15	22	1	23	6	4	1	2	2	94				
敲诈受贿	呈阅			1								1		6	34	7
	交办 未复	9	4	25	1	34	8	12	2	1		96				
	交办 已复 有结果	1		3		1		1				6				
	交办 已复 无结果	3	10	8		8	2	6		4		41				
	存查	2	3	4		11	5	1				26				
	小计	15	17	41	1	54	15	20	2	5		170				
浮征滥派	呈阅											0		2	14	2
	交办 未复	1	1	4		9	2					17				
	交办 已复 有结果						1	1				2				
	交办 已复 无结果		4	5	1	4	1	1				16				
	存查	2		4		7	2					15				
	小计	3	5	13	1	20	6	2				50				
劫财害命	呈阅					3						3			4	3
	交办 未复	1		1		11	2	1		5		21				
	交办 已复 有结果											0				
	交办 已复 无结果	2	1	1		3						7				

续表

类别	违法机关/案数/处理		中央军事机关	中央党政机关	省市县党政机关	教育机关	前方部队	后方部队	宪警	驻外人员	保甲人员	其他	合计	已复附注			
														有结果		无结果	
														刑事处分	行政处分	续查侦讯	查无实据
劫财害命	存查		4		3		8						15			4	3
	小计		7	1	5		25	2	1		5		46				
经商营私	呈阅												0		3	14	10
	交办	未复	7		8	1	11	7	3	3			40				
	交办	已复 有结果		1		1	1						3				
	交办	已复 无结果	2	7	4	2	2	1	1	4	1		24				
	存查		6	2	5		7	3	2				25				
	小计		15	10	17	4	21	11	6	7	1		92				
走私贩毒	呈阅						1	3					4	1	1	11	5
	交办	未复	5		8		8		3		3	1	28				
	交办	已复 有结果		1			1						2				
	交办	已复 无结果	4	1	3		4		2	1	1		16				
	存查		1		2		9		1				13				
	小计		10	2	13		23	3	6	1	4	1	63				
其他	呈阅												0		6	26	8
	交办	未复	8		3	3	26	8	5	1	3	1	58				
	交办	已复 有结果				1	2		2	1			6				
	交办	已复 无结果	5		6		10	6	5		2		34				
	存查		3	1	6		12	4	3		1		30				
	小计		16	1	15	4	50	18	15	2	6	1	128				

注：1. 本表系根据贪污不法案件检查登记簿汇集统计。

2. 本表“案数”系以每一案件为单位，如同一案件，而有数个报告者，仍作一件计，故本表之总计数字，较收文总计数字为小。

3. 凡交各机关查办之案件，尚未据其呈复者，列入“未复”栏，已据其呈复，而有结果者，列入“有结果”栏，又虽已呈复，而无实据，或尚在侦讯中者，列入“无结果”栏。

4. 凡案情不实，或事迹细微者，存查。

5. 本表中未复案件，以 1944 年 11、12 两月份占大半数。

资料来源：侍从室档案，中国第二历史档案馆藏，全宗号 762。

另一项统计资料则指出，侍六组 1945 年度 1～9 月经办贪污不法案件，共有 529 件，违法人员服务机关以前方部队（137 件）和省市县党政机关（125 件）为最多，后方部队（93 件）与中央军事机关（56 件）次之，中央党政机关（28 件）、保甲人员（24 件）与宪警（16 件）又次之，显示机关分布与 1944 年相同。违法案件则以浮报克扣（109 件）与敲诈受贿（91 件）为最多，盗卖公物（58 件）、经商营利（51 件）、浮征滥派（41 件）、劫财害命（38 件）、兵役舞弊（36 件）、走私贩毒（33 件）次之，粮政舞弊（22 件）最少。如做综合观察，前方部队以敲诈受贿（28 件）、浮报克扣（25 件）、劫财害命（24 件）较为严重，浮征滥派（18 件）、走私贩毒（13 件）次之；中央党政机关浮报克扣（12 件）问题较为严重。这显示违法案件的类别与各机关违法案件的类别与 1944 年相较，均无太大的差异。至于违法案件处理结果，除续查侦讯（112 件）的案件外，大多为查无实据（98 件），获得行政处分（48 件）和刑事处分（34 件）案件的数量，虽较 1944 年有所增长，但是在所有案件中所占比例仍低，显示监察的功能似未能充分发挥，而仅能对各机构主管产生警示效果而已。

表 10　侍从室第六组 1945 年度 1～9 月份经办贪污不法案件统计表

区分 \ 案数 \ 类别				兵役舞弊	粮政舞弊	浮报克扣	盗卖公物	敲诈受贿	浮征滥派	劫财害命	经商营利	走私贩毒	其他	合计
总计				36	22	109	58	91	41	38	51	33	50	529
处理	交办	已复	小计	24	14	71	44	42	18	18	22	19	20	292
			刑事处分	5	1	4	8	5		3	2	5	1	34
			行政处分	4	3	16	4	4	2	2	4		9	48
			续查侦讯	10	5	27	23	19	6	9	4	6	3	112
			查无实据	5	5	24	9	14	10	4	12	8	7	98

续表

区分 \ 案数 \ 类别			兵役舞弊	粮政舞弊	浮报克扣	盗卖公物	敲诈受贿	浮征滥派	劫财害命	经商营利	走私贩毒	其他	合计
处理	交办	未复	7	7	30	10	42	14	13	17	7	22	169
	存查		5	1	8	4	7	9	7	12	7	8	68
违法机关	中央党政机关			1	12	3	6			3	2	1	28
	中央军事机关		1		13	13	6	1	1	12	2	7	56
	省市县党政机关		6	16	29	15	21	13	4	13	4	4	125
	前方部队		3	1	25	8	28	18	24	7	13	10	137
	后方部队		19	1	17	10	11	7	5	5	6	12	93
	宪警				2	1	5		1	3	2	2	16
	保甲人员		6	2	2	2	4	1	3	1	2	1	24
	其他		1	1	9	6	10	1		7	2	13	50

注：1. 本表系根据贪污不法检查登记簿，汇集统计。

2. 本表“案数”，系以每一案件为单位，如同一案件，而有数个报告者，仍作一件计，故总计数字，较收文总计数字为小。

3. 交各机关查办之案件，有呈阅后交办者，有径交查办者，其中尚未拨其呈复者以 9 月份较多。

4. 凡案情不实，或事迹细微者，存查。

资料来源：侍从室档案，中国第二历史档案馆藏，全宗号 762。

（二）参事室：监察中的监察

或许是由于中统和军统的贪腐和坐大，令蒋介石忍无可忍，1943 年 6 月，蒋即曾构想成立一“特务之特务”的组织与人选。① 1944 年 1 月 7 日蒋介石手谕侍一处主任林蔚及侍六组组长唐纵：“为加强对各机关监察计，现应设计建立一党政军各机关监察网，以及各对特务与缉私机关之监察机构。所谓特务与缉私机关之监察机构，即指特设一机构（但须简单切实），以考核监察各特务与缉私机关，包括中央与军委会两调统局、宪兵司令部及缉私机关与部队，使其成为监察之监察，希即照此研究具体办法与组织呈报为要。”② 次日，唐纵往见侍二处主任陈布雷，报告此事。陈对于监察之监察工作，表示困难，但蒋一再手令，

① 蒋介石：《日记》，1943 年 6 月 23 日。

② 唐纵：《日记》，1944 年 1 月 8 日，《上星期反省录》。

似又不便推卸。[①] 果然蒋于 17 日又以手令催促：“对于建立监察之监察一案，应迅即依照前令指示之方针策画进行外，希密令俞侍卫长、宣署长、张副司令（镇）参与工作，并会同研拟业务之分工合作办法，于半月内呈报，商讨之初，余可出席指导。”[②] 唐纵以此事恐势在必行，乃草拟方案，拟在主任室设一参事，派视察若干人出外访查，但唐由于怕不能达成蒋的期望，不愿由侍六组主持。[③] 22 日，林蔚约集俞济时、宣铁吾、张镇商讨此案。商议既毕，唐纵乃草拟签呈呈复蒋介石。此组织陈布雷想设于侍六组，唐纵陈明两点困难：（1）因唐与军统局有关系，恐引起其他机关的疑虑；（2）设在侍六组找人不易，设在主任室，较容易物色人选。不料陈布雷不以为然，幸好林蔚谅解此中情形，请侍一处副主任俞济时担任，[④] 获蒋同意。侍一处设立参事室后，俞济时以其亲信张晓崧任主任、项昌权任主任秘书，其余 30 余名视察，也均为其旧部。任务主要为分派至各战区视察中统、军统人员和国军部队主要将领的活动，掌握中共驻渝办事处的活动情况，随时汇整为情报，交由俞济时直接呈送蒋介石。[⑤] 如遇重大贪污舞弊案件或特工人员行动逾矩遭地方投诉事件，蒋介石每多批交参事室签办，因此该室在当时被视为“特工之特工”，[⑥] 或是“监察之监察”。[⑦] 战时侍从室参事室所经办的舞弊案，重要者有程泽润案与军需署舞弊案，兹分别加以讨论。

1. 程泽润案

抗战后期，役政弊端日益严重。1944 年春，陈诚即曾在中央训练团演讲时，公开指责征兵为抓兵，将新兵视为囚犯，克扣兵饷，没有医药，造成新兵大量死亡；送到部队的新兵，均为病兵，如何作战？8 月，兵役署长程泽润被迫辞职，[⑧] 调为军事委员会检校团主任。此时适值四川运输部队第廿九团将新兵送往湖北恩施，交第六战区补充前线部队。部队途经重庆，在朝天门码头等候差船。由于船期不定，只要

---

① 唐纵：《日记》，1944 年 1 月 8 日。
② 唐纵：《日记》，1944 年 1 月 8 日，《上星期反省录》。
③ 唐纵：《日记》，1944 年 1 月 17 日。
④ 唐纵：《日记》，1944 年 1 月 22 日。
⑤ 张令澳：《蒋介石侍从室见闻》，第 245 页；项德颐：《蒋介石在大陆的最后一个侍卫官往事漫忆》，《档案春秋》2005 年第 1 期，第 38～39 页。
⑥ 裘轸：《轨迹寻痕录》，台北：嵊讯杂志社，1993，第 228 页。
⑦ 张令澳：《蒋介石侍从室见闻》，第 245 页；项德颐：《蒋介石在大陆的最后一个侍卫官往事漫忆》，《档案春秋》2005 年第 1 期，第 39 页。
⑧ 刘国铭编《民国人物大辞典》，河北人民出版社，2007，第 2289 页。

接到通知，即须立即上船，否则改调其他军事用途，因此部队不能远离。但是在码头附近，既无兵营，也无庙宇或其他较大的公共场所，只得自行寻找住所，临时借住。小梁子为市区热闹街道，一栋大楼遭日机炸毁后，重新兴建，尚未完全竣工，遂遭部队占用，因怕新兵逃亡，乃将四面守卫，只留一道小门进出，烧火造饭、解大小便均在室内，形同临时牢房。天气正热，臭气熏天。夜间又以私刑毒打逃兵，逃兵惨叫，声闻四邻，且有被打死者，停尸于厕所。事经特勤人员密报侍从室，侍一处参事室张晓崧据以签报蒋介石请求严查彻办。蒋见此签呈，至为震怒，立命侍卫长兼代侍一处主任俞济时亲自前往勘查，回报确有此等事实，停尸尚未收殓。蒋立嘱俞当夜发出紧急通知，召集相关部门负责人于次日至军委会开会。届时蒋突然变更议程，率领与会人员赴小梁子现场视察。①

蒋介石突然而至，该部队毫无准备，只有一个排长值日，仓促集合队伍迎接。屋内粪便堆积，病员哀号，内务杂乱。程泽润上前意图申辩，蒋不等程开口，即举起手杖击程，军政部长和后勤部长俞飞鹏等均惊慌失色。次日，蒋介石又派人传兵役署副署长陈凤韶、何志浩至侍从室讯问，经陈、何二人详细解释，兵役署系中央主管兵役的幕僚机构，主办新兵的征集、拨补、复员等业务，至于部队强占民房、虐待新兵，则罪在部队长官，并非兵役署的直接责任。蒋乃派员点验该团新兵，当场宣布，如有不是依法征集的新兵，应即举手出列。当时大多数新兵纷纷举手喊冤，点验员乃一一记录，叫他们加盖指纹，上报蒋介石，作为惩办程泽润的证据。经军法执行总监何成濬签报，将程解交军法会审，以张治中为审判长，又经代参谋总长程潜加注意见，报蒋批准。经军法会审，程获判有期徒刑 3 年，报蒋批示，蒋批“从严惩办”。此案批下后，张治中等不知所措，只得将原案改判 9 年，但程潜不满原判 3 年忽改为 9 年直视军法为儿戏，乃拒绝盖章，此案形同搁置。程妻此时则四处求人向蒋说情，不过由于求情的人过多，蒋甚至听说有人要找魏德迈讲情，更加生气，于是亲下手令，

① 陈布雷：《日记》，1944 年 8 月 30 日；唐纵：《日记》，1942 年 8 月 30 日；裘轸：《轨迹寻痕录》，第 229 页；徐文山：《国民党兵役署中将署长程沛民之死》，《文史资料存稿选编·军政人物（上）》，第 885 ~ 886 页。值得注意的是，此时的蒋介石正由于与史迪威关系的恶化，面临美方强大的压力，而有辞职的打算。详见王建朗《信任的流失：从蒋介石日记看抗战后期的中美关系》，中国社会科学院近代史研究所编《民国人物与民国政治》，社会科学文献出版社，2009，第 231 ~ 232 页。

枪毙程泽润，并派一少将侍卫官，持其手令，监督立即执行。①

此案发生后不久，蒋介石即令侍从室研究成立征兵密查组和部队经理密查组，侍一处主任林蔚交六组组长唐纵。唐以为侍从室如果无限制扩充，也不是运用组织之道，因此主张利用原有情报机关加强其工作指导，而由第六组主持办理，如果另立系统，将来恐怕治丝愈棼，难收其效。② 9 月 6 日，蒋介石于整军会议中交议设立兵役部问题，除冯玉祥外，其余与会人士多期期以为不可，但是蒋仍决定设立。③ 一般以为蒋此举系在表示对军政部部长何应钦的不满。④

2. 军需署舞弊案

抗战后期，一次国民参政会开会，宁夏省主席马鸿逵上台报告，携来数套军服，当场表现试穿。马身躯硕大，而布质粗劣，一穿便告裂破，他指责军需部内主管应拿出良心办事，衣服此种质量，绝非战时物资缺乏所致，而是有人揩油。当时蒋介石也在场，深感痛心，事后即指示参事室立派专机，分赴重要被服工厂进行突击检查，分别在仓库抽取布匹、成衣作为样品，携回检验。经张晓崧主持检查结果，发现有 1/3 的经纬线遭偷工减料，即一次 500 万套军衣，约有近 200 万套的价值，落入私人腰包；唯军需署长陈良清廉自持，对家属约束，并未引用任何私人，所有厂长、库长，站、所主任，均为某方指名交给他照派。饬查事项虽有若干措施失宜，均为忠于主官而有所偏颇。由于张晓崧在报告中为陈剖白，陈得以在此事件中全身而退，但仍导致军政部的全面改组。⑤

---

① 徐文山：《国民党兵役署中将署长程沛民之死》，第 886 ~ 887 页。根据军法总监何成浚 1944 年 10 月 4 日日记所载："晨奉委座申感四侍秦代电，据报程泽润兼任兵役班主任时，曾派总务组长叶克勋赴涪陵买木材二十万元，建筑该班营房，后因价涨，该署乃以半数木材建筑营房，报销二十万元，其余半数木材，移建该署长私室等情；又申感五侍秦代电：唐仲儒陈诉兵役署人事科科员江接天，利用职权，索取贿赂报告一件，希迅办具报。兵役署前此弊端百出，尽人皆知，军队不能相当补充，民间受其扰害特烈，物议沸腾，当局者殊若听而不闻。今幸委座略有所悉，赫然震怒，实时加以整饬，但事实内幕，委座仍丝毫无从窥见也。电示各件，可见为兴薪中之一叶。"侍从室这两封电报的内容，或许也促成蒋介石做出枪毙程泽润的决定。参阅何成浚《何成浚将军战时日记》，传记文学出版社，1986，第 484 页。

② 唐纵：《日记》，1944 年 9 月 5 日。

③ 唐纵：《日记》，1944 年 9 月 6 日。

④ 方秋苇：《抗战时期的兵役法和兵役署》，《民国档案》1996 年第 1 期，第 13 页。有些学者甚至指出蒋介石扣程当天中午，即告诉何应钦，兵役署须自军政部独立，另成立一兵役部或兵役总监部。何应钦见蒋如此不信任自己，乃萌生辞意。参阅李仲明《何应钦大传》，团结出版社，2008，第 233 页。

⑤ 裘轸：《轨迹寻痕录》，第 185、228 页。

侍一处参事室虽然发挥了一定的监察功能，不过也因此与中统、军统经常发生矛盾，尤其是引起前方将领的不满，认为俞济时的参事室有如明末的宦官监军制度，对上蒙骗最高统帅，对下涣散军心，于是纷纷向蒋介石告状，蒋基于全盘考虑，乃对于参事室的活动加以限制。①

抗战胜利后，侍从室撤销，俞济时被任命为军务局局长，掌握原侍一处业务。1947 年，由于国防部所属机关、部队及各地兵站机构，贪污舞弊事件层出不穷，影响部队军心，俞济时乃重施故伎，向蒋介石建议组织视察组，派赴各地监督检查各机关、部队的工作，规定他们直接向军务局密报，另秘密派遣一批视察官，对军统在各地的分支机构进行调查。②

（三）侍从室经济情报组

为了从经费开支上掌握国民政府高级官员或地方高级将领的政治动向，侍从室第二处第四组（主管财经事务）曾设立经济情报组，利用经济情报，对侍从室视为不甚可靠的军政领袖进行监控。

经济情报组并无固定的编制与人员，由侍二处主任陈布雷指定该处第四组组长陈方负责。其中一般性的经济资料，系由陈方指定第四组 1 ~2 名秘书负责整理；较重要的经济情报，则由陈方、李惟果和陈良（军需署署长）共同分析、研判，最后交由陈布雷审阅。他们在业务上进行分工：军需方面经济情报的分析与研判，由陈良负责；党政方面经济情报的分析与研判，则由陈方、李惟果负责。由于有关经济情报组如何运作的档案史料极为有限，此处仅以对张治中的监控活动为例，加以说明。

1941 年，三民主义青年团中央干事会书记长张治中面嘱陈良，代表物色人选，充任三青团中央团部财务组组长，陈遂将军需署设计委员魏锡熙介绍给张。由于张治中与陈良之间的关系密切（张任中央军校教育长时，曾任陈为该校经理处处长，后来陈又经张的支持，先后担任军政部会计长及军需署署长），因此张对魏锡熙也深信不疑，将所有团部的财务业务，均交魏负责处理。

张治中由于政治态度较为开明，曾多次访问延安，与中共领导人较为接近，因此被陈布雷视为“不放心的人物”，必须加以提防，以免发生不利于蒋介石的行动。1943 年初，魏锡熙经由陈良和李惟果的介绍，与陈布雷见面，接受了从经济上监控张治中的任务。6 月，陈布雷秘密指示魏锡

---

① 张令澳：《蒋介石侍从室见闻》，第 245 页。

② 秋宗鼎：《蒋介石的侍从室纪实》，第 957 页。

熙，要求将张在三青团的政治性经费开支与各项专款和私人机密费等项情报，及时报送经济情报组。魏接受任务后，乃先后将发展三青团组织、建立各级团部及各地青年营、举办各地青年夏令营、召开三青团全国代表大会、成立三青团中央干部学校等经费预算、工作计划、开支情况，与张治中个人的特支费等情报，密送经济情报组，以供陈从经费开支上了解张在三青团的政治动向。

抗战胜利后，侍从室改组，由于经济情报组的工作系由陈布雷所直接经管，不仅人事一仍其旧，业务与活动也一直未曾中断。① 1946 年 3 月，蒋介石任张治中为西北行营主任兼新疆省政府主席，以授其以处理新疆问题的全权。② 魏锡熙不久也被任命为新疆省政府会计长，兼西北行营迪化办公厅第六组（财务）组长。陈布雷密嘱魏一如既往，随时报送有关张治中在新疆的经济情报。魏锡熙乃先后将张治中统一新疆全省币制，拨给伊犁、塔城、阿山三区改善邮电、公路运输的经费，“三区”少数民族军粮饷，召开新疆省参议会经费，视察伊犁及南疆的开支，新疆军垦计划及经费预算，修筑迪（化）哈（密）机场经费，西北民生实业公司资金，西北文化建设协会基金，张治中致赠各少数民族领袖的犒赏，民族运动费，以及张治中个人机密费等，均向经济情报组做了详细的呈报。1947 年，张治中以强硬态度对付“三区”，陈布雷见其行动符合国民政府在新疆统治的利益，才命令魏暂时停止监控工作。魏锡熙自从为侍从室经济情报组工作，由于送缴情报有功，曾先后收到陈布雷以年节津贴名义致赠款项，约合黄金 10 两左右，直至 1948 年陈布雷逝世以后停止。③

七 结论

综前所述，可以得到以下几点结论：

第一，侍从室以极为精简的人力，处理各方送呈的大量情报资料，使其成为有价值的情报，有利于蒋介石及相关机构参考运用，如战前及抗战初期蒋介石对于川局的成功因应，固然有赖于中央的斡旋与妥协，而侍从室情报体系所提供的情报，及侍从室幕僚根据各方情报所做的分析与建

① 魏锡熙：《我通过经济情报活动监视张治中之内幕》，《文史资料选辑》第 81 辑，第 175 ~ 176 页。

② 叶健青编《蒋中正总统档案·事略稿本》第 65 册，第 189 页。

③ 魏锡熙：《我通过经济情报活动监视张治中之内幕》，《文史资料选辑》第 81 辑，第 177 ~ 179 页。

议，有助于蒋介石清楚地全盘掌握川局，制定出妥善的对策，迨无疑问。不过在情报处理的过程中，所牵涉的环节甚多，情报的取得、分析与运用，其中任何一个环节稍有失误，即可能前功尽弃，如西安事变及珍珠港事变前的情报系统失灵，未能事先产生预警作用，均为具体例证。此外，侍从室对于各方举报的材料，能够经由适当的追踪查核，整编成为有用的情报，弥补了正式情报机构的不足，贡献甚大。

第二，侍六组在成立初期，由于唐纵个人的职位低微，面对强势的各大情报机构，实无法做实质有效的管理与考核。不过在戴笠的坐大引起蒋介石的疑忌，而对其做出有效的控制后，唐纵也得以开始建立各种档案及统计数字，以“科学化”的方式，对各情报机关进行考核与管理，不过侍从室考核的盲点，在于不重视各情报机关的反情报能力，以致泄密的情况严重，始终未能改善。①

第三，侍从室试图经由各种会报制度，加强各情报机关之间的沟通与协调，并且扩大了情报的分享范围，同时也减少了恶性竞争。不过其成效似乎与侍从室本身地位的强弱有关。

第四，侍从室对于党政官员贪污不法行为的调查，侵犯了正规司法机关的职权，而且调查结果每多未做进一步的处分，因此其功能如同监察院，未能充分发挥，而只能对机构及个人产生吓阻的作用。

第五，侍从室所建立的一套情报监督管理体制及运作方式，一直延续至战后台湾，侍从室处理情报业务的相关人员，日后也都在战后台湾安全体系中长期扮演重要的角色，② 因此侍从室的重要性，实不容忽视。

① 军统内部的中共地下党活动情况，可参阅马振犊《国民党特务活动史》，九州出版社，2008，第 163～166 页。

② 有关 20 世纪 50 年代台湾情报体系的建立，可参阅刘熙明《蒋中正与蒋经国在戒严时期“不当审判”中的角色》，《台湾史研究》第 6 卷第 2 期，1990 年 10 月，第 146～148 页。

【民国人物】

辛亥革命后袁世凯对民众信仰态度探析

刘　晨[*]　张月荷[**]

提　要　辛亥革命后，新的社会价值观念的演进远远滞后于教育改革和政治变革，造成民众空前的信仰危机。此时日本不断攫取在华利益，威逼袁世凯当局签订“二十一条”，民族矛盾凸显。出于维护伦理道德、稳定社会秩序、巩固统治和抵御外辱等目的，袁世凯对民众信仰问题的态度做出相应调整：政府先是默许各地征用和改造庙产，后又在宗教人士的不断抗争下增强保护力度，但仍以保护之名对传统宗教信仰行限制之实；袁世凯曾同意旧有的秘密结社改组为公开的会社，但在根本上坚定奉行对秘密社会的打压政策；袁氏还推动尊孔崇儒运动以及倡行对关羽、岳飞和爱国英烈的国家祭祀，并且举行了中国最后一次隆重的国家祭天仪式。总体来讲，袁世凯对民众信仰所持有的限制“传统信仰”、打压“民间信仰”、倡行“国家信仰”的态度和政策具有较强的适应性和鲜明的时代性，其背后有着复杂的原因。

关键词　袁世凯　民众信仰　庙产　尊孔崇儒　国家祭祀

综观袁世凯的一生，他既是中国早期现代化的重要推动者，也是民主共和制度的逆反者。具体到民众信仰方面，袁世凯的态度也存在矛盾。一方面袁世凯就任临时大总统后，宣称遵循《中华民国临时约法》中“人民有信教之自由”的规定，[①] 认为宗教信仰自由“民国初更，自应切实仿行”，[②]

*　北京大学历史学系博士生。

**　台湾政治大学宗教研究所硕士生。

①　中国第二历史档案馆编《南京临时政府遗存珍档》（一），凤凰出版社，2011，第98页。

②　《交政治会议保护宗教案》（1913年12月25日），骆宝善、刘路生主编《袁世凯全集》第24卷，河南大学出版社，2013，第527页。

发布“提倡信教自由令”,[①] 对民众之宗教祭祀“苟有不背宪法、不冒公安者，悉听民便，不为禁止”。[②] 同时他还倡行国家信仰，重视儒学和国家祭祀在恢复道德秩序和维护社会稳定方面的作用。另一方面他推行实用主义，赞同“创立中小学堂，得借用寺观、公所”,[③] 执政后默许各地对庙产的侵占改用，侵害了宗教人士的利益。其祀孔和祭天的行为在很大程度上也被认为是复辟帝制的需要。

作为一位在近代中国历史上具有相当政治手腕和时局洞见的国家元首，袁世凯对民众信仰的态度具有鲜明的时代特征，并能在一定程度上反映袁世凯时期的宗教政策和社会政策。但是目前学界关于袁世凯对待“信仰”的态度和政策的专题研究相对较少，已有成果多从相关问题的某一方面展开论述，缺乏系统性，对袁世凯态度背后深层原因的探析不够充分。[④] 民间信仰是相对于官方提倡和保护的传统制度性信仰而言，许效正先生从民间信仰的角度讨论袁世凯的态度，并指出袁世凯对民间信仰的态度由清末的蔑视转变为民初的尊重和保护，这是传统与现代性剧烈冲突的缩影。[⑤] 但是，一方面，民间信仰只是“民众信仰”问题的一部分，不能全面反映袁世凯的“信仰观”，作者仅以“庙产”问题反映袁对民间信仰的态度也不够全面；另一方面，作者视表面现象为实质，忽视了袁世凯对民间信仰的限制和打压。结合相关史实可见，袁世凯对信仰的态度并不存在由清末到民初顿变的时间逻辑关系，而是在经世致用治国理念的指导下存在微调，这就决定了袁氏对民众信仰态度的常态化。本文希望从袁世凯对民众信仰态度的宏观把握入手，分析其政策背后较深层次的原因。另外，袁世凯对基督教的态度更多地体现政府的外交理念和外交政策，且已有专文研究；[⑥] 对

---

① 《提倡信教自由令》(1914 年 2 月 7 日)，骆宝善、刘路生主编《袁世凯全集》第 25 卷，第 246 ~ 247 页。

② 《批内务总长朱启钤呈拟具礼目缮呈鉴核批示文》(1914 年 4 月 8 日)，骆宝善、刘路生主编《袁世凯全集》第 26 卷，第 61 页。

③ 《严禁滋扰寺院分别声明折》(光绪三十一年四月二十八日)，骆宝善、刘路生主编《袁世凯全集》第 13 卷，第 486 页。

④ 相关研究成果参见郭华清《北洋政府的寺庙管理政策评析》，《广州大学学报》(社会科学版) 2005 年第 1 期；许效正、张华腾《袁世凯政府的庙产政策述评》，《历史档案》2010 年第 1 期；许效正《试论清末民初 (1895 ~ 1916) 的佛教寺产所有权问题》，《世界宗教研究》2012 年第 1 期；田海林、李俊领《“忠义”符号：论近代中国历史上的关岳祀典》，《山东师范大学学报》(人文社会科学版) 2012 年第 1 期；郭辉《民国国家仪式研究》，博士学位论文，华中师范大学历史系，2012。

⑤ 参见许效正《试论袁世凯对民间信仰态度的转变》，《宗教学研究》2009 年第 4 期。

⑥ 参见张德明《袁世凯与近代来华基督教》，《史学月刊》2013 年第 8 期。

民族宗教的态度更多地体现政府的民族政策，本文姑且不论。

一　限制“传统信仰”

在中国，宗教分为制度性宗教和分散性宗教。制度性宗教主要表现为普世性宗教，如佛教、道教等。这类宗教信仰被称作“传统信仰”。而分散性宗教分为两类：“一是教派信仰的宗教，如白莲教、一贯道等；一是流传于民间的为普通民众所共同崇信和奉行的宗教戒律、仪式、境界及其多种信仰。”① 分散性宗教依赖制度性宗教提供崇拜的象征、创造仪式和供奉方式，“它包含了诸如祖先崇拜、民间神明以及道德－政治的崇拜仪式”，“对封建王朝长治久安具有重要的伦理政治意义”。② 分散性宗教中的第一种逐渐发展为民国以来众多的会道门组织，而后一种则构成“淫祀”的重要组成部分。

“淫祀”庙宇，即不在官方典祀之中，由百姓集资建立的各类分散性宗教的庙宇。由于庙产问题较多地牵涉到佛、道等传统信仰，且此类民间信仰的场所、仪式和象征仍以传统信仰为根本，所以笔者将其置于传统信仰中论述，通过庙产问题管窥袁世凯对待传统信仰的态度。光绪二十四年（1898），光绪皇帝颁布兴学上谕：“至于民间祠庙，其有不在祀典者，即着由地方官晓谕民间，一律改为学堂，以节靡费而隆教育。”③ 袁世凯后来奏称：“直隶学务，经臣竭力经营，现始稍有规模。但终限于财力，赖有不入祀典之庙宇通融修改，早日告成。其或确载祀典暨僧人手置产业，均不得稍有侵占，俾清界限。”④ 袁世凯主张在保护传统宗教庙产的基础上改建“淫祀”庙宇。光绪三十二年（1906），袁世凯到保定视察，下令将当地所有的土地庙改为警察局，并把土地庙中的神像扔入河中。⑤

民国建立后，袁世凯沿用晚清以来对“淫祀”庙产的征用政策，提出“祈福禳祸及后世所谓护国佑民诸神，徒启国民奢求侥获之心，而无裨于

---

① 侯杰、范丽珠：《世俗与神圣——中国民众宗教意识》，天津人民出版社，2009，第 391 页。

② 参见〔美〕杨庆堃《中国社会中的宗教——宗教的现代社会功能与其历史因素之研究》，范丽珠等译，上海人民出版社，2007，第 269、143 页。

③ （清）朱寿朋：《光绪朝东华录》（三）第 17 册，上海古籍出版社，2008 年影印本，第 51 页上栏。

④ 《严禁滋扰寺院分别声明折》（光绪三十一年四月二十八日），骆宝善、刘路生主编《袁世凯全集》第 13 卷，第 486 页。

⑤ 〔美〕阿瑟·贾德森·布朗：《辛亥革命》，季我努译，解放军出版社，2011，第 219～220 页。

恐惧修省之实，当与淫祀、杂祀一切删除”。[①] 由于各地兴办新政的需要及破除迷信和创办实业风潮的兴起，各省侵占庙产之事较晚清更甚：湖南“拟毁长沙、善化两城隍庙，俾便开办贫民工艺厂”；[②] 安徽都督柏文蔚派军警将“皖垣城厢内外之庙宇庵堂所有土木偶像近日已一律毁灭”。[③] 但在中国传统社会，杂祀、淫祀往往与传统宗教掺杂相生，庙产征用的范围不可避免地波及佛教、道教等传统宗教，如上海“闸北第六区商团事务所向在分水庙内，该庙系由一尼姑住持，近因区董董鲤庭拟在庙内附设小学校一所，嘱令该尼迁让”。[④] 这导致民国成立以来各地庙产纠纷不止，宗教界人士抗争不断，“奉天、吉林、黑龙江、直隶、山东、山西、四川、陕西、新疆、甘肃、两湖、两广、河南、福建、云南、贵州、安徽、江苏、浙江等省，均纷纷攘夺庙产。假以团体名义，毁像逐僧者有之，苛派捐项者有之，勒令还俗者有之，甚至各乡董率领团勇强行威逼，稍有违抗，即行禀报该管官厅严行拘捕”。[⑤]

1912 年 6 月，国务院要求各地方遵照《中华民国临时约法》的精神，清理并发还佛教财产：“该教财产自应仍为该教所保有，军兴各省其因临时占用者，仍应妥为清理，分别发还，俾佛教人民得享约法保障；至未占用各庙产，统由各该管长官按照约法第六条切实保护，如有借端侵占，一经佛教徒提起诉讼，该管官厅应即秉公核断，一律退还，用示民国人民平等之至意。”[⑥] 8 月，道教会也请求“援照佛教会案，通咨各省保护道教公产”。[⑦] 但由于各地大规模征用庙产、兴办新政已成既定事实，地方政府对庙产退还政策反对颇多，袁世凯又对“该教财产为该教所有”之条文进行了调整。10 月 19 日，内务部通饬各省按照官、公、私三种类别对庙产进行分类和清查；[⑧] 11 月 5 日，内务部又公布《保护庙产办法文》：“凡各庙

① 《批内务总长朱启钤呈拟具礼目缮呈鉴核批示文》（1914 年 4 月 8 日），骆宝善、刘路生主编《袁世凯全集》第 26 卷，第 61 页。

② 《湘人反对拆毁城隍庙》，《申报》1913 年 1 月 5 日，第 6 版。

③ 《皖垣毁灭东岳神像之风潮》，《申报》1912 年 11 月 4 日，第 6 版。

④ 《乡民大闹分水庙》，《申报》1913 年 3 月 2 日，第 7 版。

⑤ 《中华佛教总会呈国务院请通令保护佛教财产原文》，《政府公报》第 611 号，1914 年 1 月 19 日。

⑥ 《国务院咨内务部暨各省都督佛教财产为该教所保有如有临时占用之处应清理发还以符约法文》，《政府公报》第 56 号，1912 年 6 月 25 日。

⑦ 《内务部批道教会发起人陈明霦请援案保护财产呈》，《政府公报》第 121 号，1912 年 8 月 29 日。

⑧ 《内务部通咨各省都督民政长调查祠庙及天主耶稣教堂各表式请查照饬遵文》，《政府公报》第 171 号，1912 年 10 月 19 日。

主持僧道等，除由该教祖宗遗产或该僧道自置私产准其自愿处置外，对于官立、公立各庙产均只有管理权，无所有权，不得以个人名义擅自转移及影射抵押。暨已脱离宗教仍旧占据各情，其有曾经典当抵押者，所立契约概作无效，仍勒令该僧道等自行备价偿还。各僧道对于宗教一经脱离，其管理教产即由该管理官厅为之处置。”① 这极大地扩大了庙产的征用范围，使得各地对庙产的侵占行为有增无减，“十五铺商团之占地藏庵，商学补习会之占浙江海运局，参乐业商团之占莲座庵者，比比皆是”。②

1912年2月，中华佛教总会成立，开始设法保护教产，代理各寺庵司法诉讼，“凡会中各寺庵所有财产，无论檀越施助寺僧苦积，外界有欲借端攘夺，本会得据法律实力保护，以固教权”。③ 中华佛教总会曾派员调查海安镇祖师观庙产，向政府上诉：“既经施予之后，该僧等即应有享有之权。虔心按之民法原则、财产取得方法本有赠与之条例，则该庙财产其为私有可知完全。”④ 中华佛教总会还多次发起上书、请愿活动。在宗教界人士的共同努力下，1913年1月，内务部发文明确规定宗教团体为庙产之所有者，同时强调民间庙产既是国家公产，也是宗教公产，不但住持不可私自处置，政府也不可任意将庙产充公。⑤ 同年6月，袁世凯批准了《寺院管理暂行规则》，其中规定国家“以供奉神像见于各宗教之经典者为限”对庙产进行保护，同时强调：“不论何人不得强夺寺院财产”。⑥ 1915年10月，《寺院管理条例》出台，将“其他习惯上现由僧道住守之神庙”纳入保护范围，⑦ 在保护传统制度性宗教庙产的同时，还在一定程度上保护了混合有分散性宗教的庙宇。

经历晚清以来多年的攘夺，各地对庙产的大规模改造已成定局，新征庙产数量较之以前减少很多，加之各宗教团体的坚决斗争，袁世凯最终出台了对传统宗教教产的保护办法。但他同时强调：“从前已经处分者，固不得任意抗违”，⑧ 使得对庙产征用改造的既成事实合法化。此外，袁氏还

① 《内务部通咨各省都督民政长保护庙产办法文》，《政府公报》第188号，1912年11月5日。

② 《给还庙产之波折》，《佛学丛报》1913年第6号，“纪事”，第4页。

③ 《中华佛教总会章程》，《佛学丛报》1912年第1号，“专件一”，第4页。

④ 《佛教总会派员调查海安镇祖师观庙产文》，《佛教月报》1913年第2期，“函电”，第10页。

⑤ 《内务部咨浙江都督覆陈本部对于各项祠庙意见请酌量办理文》，《政府公报》第247号，1913年1月13日。

⑥ 《寺庙管理暂行规则》，《政府公报》第403号，1913年6月20日。

⑦ 《公布管理寺庙条例令》（1915年10月29日），骆宝善、刘路生主编《袁世凯全集》第33卷，第243页。

⑧ 《内务部批第五百七十六号》，《政府公报》第506号，1913年10月1日。

取消了各类寺庙和宗教的特权，《公布管理寺庙条例令》规定：“凡寺庙财产及僧道除本条例有特别规定外，与普通人民受用同等之保护”，“凡寺庙财产须按照现行税则一体纳税”，同时要求所有宗教社团修改章程，在内务部重新登记注册。[①] 之后，中华佛教总会章程几经修改，最终仍未通过，成为非法团体，其代理寺产诉讼的资格也被剥夺。

从地方政府层面看，征用教产往往是政府和士绅的联合举措，他们利用自己的特权和资源，联合商会、农会、教育组织等社团，共同对付宗教人士的反抗，使得维护庙产的政策成为一纸空文；从中央政府角度看，袁世凯的庙产政策是讲求实用的，虽然袁世凯宣称保护民众在传统宗教精神层面的信仰自由，但他对宗教资产的保护力度远远不够，先是默许和放任地方对庙产的征用，后虽然出台了保护政策，但禁止宗教团体对已征用庙产进行申诉和追索。所以，袁世凯对待传统信仰是以保护之名行限制之实，即便是官方提倡和保护的信仰也要在政治权力的约束和监督之下生存，这符合袁世凯维护统治的根本利益。从现代化角度看，袁世凯统治时期，民国肇建，基础建设、各类产业亟待发展，对庙产的征用是资本迅速积累的有效手段，有利于推动工商业和现代教育事业的发展。因此，袁氏的庙产政策有其时代的适应性。

二　打压“民间信仰”

几千年来，民间信仰——以实用为主要目的的非制度化信仰，以其旺盛的生命力盛行于普通民众中。

我们从袁世凯对“淫祀”庙产的政策可以看出，袁氏对以“淫祀”为基础的流行于民间的非制度化信仰持打压的态度。

分散性宗教中的教派信仰，是民间信仰的重要组成部分。它部分运用宗教的自发性和持久性，凝聚众多教徒而形成有组织的团体。其教首借助信众在乱世中对幸福和平安的诉求，糅合传统宗教的义理神通，树立自身的权威形象以达到一定的政治、经济目的。这种诉求一旦背离统治者的政策即被视作异端，从而形成传统社会中众多的秘密教门。

袁世凯深知秘密结社对政权稳定的危害。他在任山东巡抚期间，大力

---

① 《公布管理寺庙条例令》（1915 年 10 月 29 日），骆宝善、刘路生主编《袁世凯全集》第 33 卷，第 243～245 页。

镇压义和团，标榜自己“绥靖地方，清除匪类，化导愚氓”。[①] 1912 年 9 月，袁世凯颁布了《严禁秘密组织会社令》，声称：“结社集会之自由，载在约法。凡我国民权利，但使无妨公益，无害治安，自不能强为限制。惟自由应由法律为范围……若易公开为秘密，阳假结社集会之美名，阴为藏垢纳污之渊薮，国法具在，岂便姑容。”[②] 可见袁氏对秘密结社的严禁态度。

北京政府时期是会道门的流行期，按其体系可分三类：“一是明清秘密教门的延续，算是旧式会道门；二是在民国时期创立或变更名色，并由政府核准立案的新式会道门；三是武装性会道门。”[③] 有学者统计，中国内地在近代百余年间有文献可查的会道门组织计 4532 种，其中会 908 种，道 1601 种，门 366 种，教 358 种，堂 388 种，坛 295 种，社 152 种，学 14 种，杂 450 种。[④] 清末民初的教育改革、政治变动和社会紊乱导致信仰危机，使很多民众追寻精神寄托，从而促进了会道门的发展。袁世凯时期的会道门组织进一步掺杂了经济、政治诉求，信众的多寡成为其博取自身利益的资本。会道门的首领们勾结军阀、官僚，向社会各阶层渗透势力，使会道门的成分趋于复杂，如时任袁世凯政府内务部部长的朱启钤就是同善社信徒，会道门之影响可见一斑。

因会道门在民初的迅速发展使得各类势力盘根错节，加之秘密会社藏身暗处，凭借国家权力查禁秘密结社在短期内难以奏效，于是袁世凯又对秘密结社的政策进行了微调。1912 年 11 月，袁氏颁布《解散秘密结会布告》，允准改组秘密教门：“前因各项秘密结会多有妨害秩序，危及国家情事，业令各都督、各民政长分别解散及按法惩办在案。近闻各省秘密结社之风仍未稍戢，名目繁多、宗旨毫无，并有骗取重资，设会结党，以图暗杀，破坏大局者。凡以前秘密结会，如能知悔，自首解散者，均准不究既往。其有愿改组社会者，但能不背法律，不扰公安，自应在保护之列。”[⑤]

---

① 《复陈办理民教情形折》（光绪二十五年十二月十三日），骆宝善、刘路生主编《袁世凯全集》第 5 卷，第 61 页。

② 《严禁秘密组织会社令》（1912 年 9 月 29 日），骆宝善、刘路生主编《袁世凯全集》第 20 卷，第 448 页。

③ 参见刘平、唐雁超《清末民初秘密教门向会道门的转变——以政府法令为视角的探讨》，《甘肃社会科学》2009 年第 2 期。

④ 《主要反动会道门概述》，赵嘉珠主编《中国会道门史料集成：近百年来会道门的组织与分布》上册，中国社会科学出版社，2004，第 1 页。

⑤ 《解散秘密结会布告》（1912 年 11 月 9 日），骆宝善、刘路生主编《袁世凯全集》第 21 卷，第 51 页。

袁世凯的态度由严禁调整为解散和改组，其目的是使结社易秘密为公开，以便政府约束，这也体现出袁氏对传统国家统治者剿抚兼施、恩威并济之治国方略的继承。

但是招抚之策并不见效。面对风起云涌的白朗起义军，1913 年 10 月，袁世凯再颁解散会匪令，要求各级官员“如有勾结土匪，荡轶范围情事，尤为法律所不容，切勿姑息养奸，致贻隐患”。[①] 1914 年 1 月，又有一件事进一步刺激了袁世凯对秘密结社的敏感神经。直隶都督赵秉钧向袁世凯呈报“有人在石家庄火车站密布入党简章及誓书，查系秘密结社，宗旨悖谬，迹近煽惑”。袁世凯随即下达了厉禁秘密结社的命令，督促各省都督、民政长对秘密结社“一体严密查拿，以遏乱萌”，而其中再无解散和改组之语。[②] 同一天，内务部训令各省民政长查禁不正当教会，同时进一步阐释了“厉禁”令的合法性：“约法所谓信教自由，系指有系统、有经典、有历史之宗教而言，其他如东三省之混元门、在理教、黄天教、哼哼教六门神教种种名称，当然不在其内……除有系统有经典有历史之宗教应加以保护外，其他如以上所指招摇诱惑秘密结社各种，亟当严为查禁，至应加保护各教徒，倘有不守教旨，侵害秩序者，仍由各该地方行政官随时稽查取缔，以防流弊而遏乱源。”[③] 袁氏政府从源流和法理上彻底否定了秘密结社。

然而上述对宗教之“有系统、有经典、有历史”的界定缺乏明确细则，保护与否听凭官方解释，往往成为政府按其所需任意查禁的理由。这时期，被列入“合法”范围的会道门或是历史悠久、根深叶茂、难以查禁的旧式会道门，如一贯道、九宫道、八卦会等；或是宣传儒家伦理道德及迷信思想的团体，如同善社、道德学社、中华理教会等；还有一些则是以传统宗教为依托的慈善团体，如以道教为依托的红卍字会等。而一旦发生像庙产征用等与政府具体利益相关的争端，这些所谓应受保护的会社组织则往往与中华佛教总会一样被查禁。如内务部曾严饬各地查禁万佛共和团：“近年以来，莠民利用信教自由、集会结社自由之约法，纷纷假释道等教之名，集会结社。于是东三省黄天教匪，假佛教嘉会，以行煽惑，宗

① 《解散会匪令》（1913 年 10 月 3 日），骆宝善、刘路生主编《袁世凯全集》第 24 卷，第 9 页。

② 《厉禁秘密结社令》（1914 年 1 月 19 日），骆宝善、刘路生主编《袁世凯全集》第 25 卷，第 139 页。

③ 《内务部训令各省民政长文（查禁不正当教会）》（1914 年 1 月 19 日），《政府公报分类汇编》1915 年第 36 期，“宗教”，第 32～33 页。

社党遂与勾结。近日，山东、江苏、上海又有以万佛共和团名义阴布邪教之事，其他未发现者，尚不知凡几”，内务部认为“此等集会结社，无关政治，最易忽略”。[①]

袁世凯虽然对民间信仰一直保有高度的警惕，但他曾准许秘密结社转型为“公开”、“合法”的社会团体存在。从现实层面看，民国初年，政体的巨大变革和各种力量的洗牌导致民间信仰特别是分散性宗教信仰的大发展，会道门的势力向各个阶层渗透，以致盘根错节难以查禁。从社会层面看，宗教是一把双刃剑，它兼有平治和纷乱的双重功效。慈善类和迷信类团体只要对社会秩序不构成危害，反而可以转移民众对政治、民生问题的注意力，间接起到维护政局稳定的作用；而以儒家学说为内核、宣扬伦理纲常的会道门组织的社会文化诉求，在一定情况下也符合政府维护统治的旨趣。但不可忽视的是，这一政策的实质仍是在对结社强化限制，因为它要保证在政权安定的限度之内施行，“合法”与否的最终解释权也归于政府。当解散和改组的政策微调并未取得预期效果的情况下，“厉禁”政策随即出台。所以，对以秘密结社为组织基础的民间信仰，袁世凯的打压态度是一以贯之的。

三　倡行“国家信仰”

民国建立后，出于稳定社会秩序和集中政治权力的需要，袁世凯企图回归传统的儒家道德体系和等级秩序。由于出身专制王朝的仕宦阶层，袁氏深知礼仪制度对“人治”的重要性，“明令祀天于天坛，祀孔子于文庙，礼之最尊，无愈二者。他如祭有功德者，拟援民国先烈祠典例，仿日本神社之制，分别厘定”。[②] 其中，祭天仪式的核心在于政权合法性的“天命”运作，如帝制时期的“惟我大清，受命于天”。[③] 祭天在一定程度上体现了袁世凯欲行专制的野心，与“天赋人权”、“主权在民”的现代民族国家政体相背离。但是，殉国战士的纪念碑、墓园及纪念仪式等却被人类学家认为是最好地表现了现代民族主义文化，[④] 有利于现代民族国家意识的形成

① 《内务部请转饬各属查禁万佛共和团致山东江苏巡按使咨》（1914 年 6 月 4 日），中国第二历史档案馆编《北洋政府档案》第 121 册，中国档案出版社，2010，第 594～595 页。

② 《批内务总长朱启钤呈拟具礼目缮呈鉴核批示文》（1914 年 4 月 8 日），骆宝善、刘路生主编《袁世凯全集》第 26 卷，第 61 页。

③ 《清宣宗实录》卷 476，“道光三十年正月”，中华书局，1986 年影印本，第 994～995 页。

④ 〔美〕本尼迪克特·安德森：《想象的共同体：民族主义的起源与散布》，吴叡人译，上海人民出版社，2011，第 9 页。

和发展。所以，在中国从君主专制政体向民主共和政体、从传统文化国家向现代民族国家转型的过程中，不能简单地认定袁世凯尊孔崇儒、合祀关岳、祭祀英烈和举行祭天大典的行为完全是背离时代潮流的负面行为，应该探究其政策背后的深层原因。

（一）尊孔崇儒

关于儒学的宗教性，学界争论不一。杨庆堃先生认为儒学具有宗教性，从而能在传统社会环境中发挥有效的功能，“如果没有对民众意识影响至深的儒家道德政治秩序的支持，一个没有大量官员支撑的政府，是不可能在如此广袤的国家保持统一和维持秩序的”。[①] 笔者赞同此说，经过长期的发展，儒学形成了一套从天地到神灵，同时加入道德驯化的价值体系，正如《周易》所言，“观天之神道，而四时不忒，圣人以神道设教，而天下服矣”。[②]

民国初立，社会价值观念的更新远远滞后于政治变革和教育改革。此时儒家学说从政治舞台被骤然抽离，造成国人空前的信仰危机，从而导致社会秩序的混乱。康有为言：“今以人心之败坏，风俗之衰敝，廉耻丧尽，气节靡茶，盖秦、五代之不若，实数千年未有之厉，稍有识者，亦知非崇道德不足以立国矣。”[③] 鉴于儒学对伦理道德和社会秩序的重要性，1912年9月，袁世凯颁布《申诰国人恪循礼法令》，法令宣称“中华立国，以孝、悌、忠、信、礼、义、廉、耻为人道之大经”，此八德“乃人群秩序之常，非帝王专制之规”，“政体虽更，民彝无改”，并且强调儒家学说不是只能奉行于君主专制政体，也适用于建设中华民国之新伦理和新道德。[④] 此举实是为儒家学说在民主共和政体下回归政治舞台铺路。

儒家信仰正统地位的突然丧失确实造成了社会道德的失范和价值取向的混乱，使一些知识分子开始回溯传统道德基石，力图恢复潜藏于普通民众心中的儒家伦理道德观，提升儒学的政治地位，“孔教”运动应运而生。1912～1913年两年间成立的全国性孔教会有6个，大抵宗旨是以孔教救济社会、改良风俗、开启民智。[⑤] 而在地方上，北京孔社、青岛尊孔文社、

① 参见杨庆堃《中国社会中的宗教——宗教的现代社会功能与其历史因素之研究》，第138、225～256页。

② 《周易·观卦·彖传》。

③ 《以孔教为国教配天议》（1913年4月），姜义华、张荣华编校《康有为全集》第10集，中国人民大学出版社，2007，第91页。

④ 《申浩国人恪循礼法令》（1912年9月），骆宝善、刘路生主编《袁世凯全集》第20卷，第420页。

⑤ 《临时政府时期内教会立案一览表》，《内务公报》1914年第5期，“报告”，第1～6页。

扬州尊孔崇道会、镇江尊孔会等相继成立。其中，康有为授意陈焕章、沈曾植、梁鼎芬等在上海成立孔教会，提出“立国之本，在乎道德。道德之准，定于宗教。……共和国以道德为精神，而中国之道德，源本孔教，尤不容有拔本塞源之事”,[①] 康有为颂扬“孔子改制立法，弟子传道四方，实为中国之教主”,[②] 积极推动“孔教”国教化。

总体上看，袁世凯是尊崇儒家学说的，他“以为政体虽取革新，而礼俗要当保守”，必须“服循圣道”。[③] 1913年6月22日，袁世凯发布《重行祀孔典礼令》。9月3日，教育部孔教会在北京国子监举行秋丁祀孔。典礼由众议院议长汤化龙主祭，袁世凯特派梁士诒为代表前往献香，梁启超、陈昭常、王锡蕃、陈焕章及袁世凯的日本顾问有贺长雄等与祭，武昌、曲阜等地也有祀孔活动。10月，《天坛宪法草案》规定：“国民教育，以孔子之道为修身大本。”[④] 11月，袁世凯发布《尊崇孔子令》，之后在政治会议提交祭孔典礼案，颁布《祀孔案审查报告书》。1914年1月，袁世凯向政治会议提出祭天祀孔案，并获通过。同年2月7日，他发布《规复祭孔令》，恢复对孔子的春秋祭祀。2月22日，又发布《崇圣典礼令》。3月，袁世凯派梁士诒赴北京孔庙代行祭孔。同年9月25日，袁世凯下达《举行祀孔典礼令》，并于9月28日亲临祀孔。1915年2月，袁氏主持制定的《特定教育纲要》规定：“中小学校均加读经一科”，并设立经学院和经学会。[⑤] 孔教的国教化议案最终虽未被议会通过，但在袁世凯执政期间，儒学的教育影响力和政治地位确是被极大地提高了。

清朝官宦出身的袁世凯熟稔儒学在中华文化中的地位和对政权统治的作用，其对儒家信仰采取的举措并不盲目，具有一定的合理性。首先，他并不赞成全面读经，仅要求中小学“教科书采辑学案，以明尊孔尚孟之渊源”,[⑥] 以学习儒学核心价值体系为主；其次，他认为尊孔崇儒“绝非提倡

① 《孔教会请定孔教为国教请愿书》，中国科学院近代史研究所中华民国史组编《中华民国史资料丛稿》特刊第2辑，中华书局，1974，第33页。

② 《孔教会序》（1912年10月7日），姜义华、张荣华编校《康有为全集》第9集，第346页。

③ 《举行祀孔典礼令》（1914年9月25日），骆宝善、刘路生主编《袁世凯全集》第28卷，第437页。

④ 郭卫编《中华民国宪法史料》，沈云龙主编《近代中国史料丛刊》（879），台北：文海出版社，1973，第18页。

⑤ 《特定教育纲要》（1915年2月），骆宝善、刘路生主编《袁世凯全集》第30卷，第532、534页。

⑥ 《特定教育纲要》（1915年2月），骆宝善、刘路生主编《袁世凯全集》第30卷，第530页。

宗教可比”,[①] 不赞同孔子学说属于宗教范畴，也不支持孔教的国教化，袁世凯是想通过倡导儒家信仰的道德价值体系，稳定社会秩序，维护政权统治。但是，如 1913 年 6 月 25 日上海《中华民报》发表的题为《袁世凯命令书后》社论所指出：“袁所以如此者，因孔氏力倡尊王之说，欲利用之以恢复人民服从专制之心理。计虽至巧，然明眼人多能辨之。由各方面观之，袁世凯近日之乱命，仍是愚民与防民之故智耳。”[②] 当时很多人认为袁世凯尊孔崇儒，是为恢复传统皇权政治下的等级制度和礼仪规范，加之袁世凯举行了声势浩大的祭天大典，使敏锐者洞察到“这件事意味着袁氏正在趋于僭取帝位”。[③]

（二）国家祭祀

在对天的崇拜方面，袁世凯欲图通过祭天大典为其权力的合法性定义。在“人治”体系之下，权威的树立必须要明确等级、规范礼仪，所以袁世凯着手恢复以“祭天祀孔”为基础的中国传统礼仪制度。1913 年，袁世凯重建“五礼”，以吉礼为首，吉礼以祭天为大。同年年底，袁世凯向政治会议提交了祭天、祀孔咨询案。1914 年 1 月 14 日，政治会议讨论袁氏所交议的祭天、祀孔咨询案，并拟定《祭天案审查报告书》，报告祭天大典的相关内容。2 月 7 日，袁世凯发布的《定祀天为通祭令》称：“本大总统深维，祭天之礼，自古攸隆，有其举之，莫敢或废。至五族人民斋戒懔神明之敬，法制无禁止之条，应准如拟，订为通祭。”[④] 袁世凯还命令由内务总长朱启钤亲自负责祭天大典相关事宜，由政事堂礼制馆制定《祭祀冠服制》、《祭祀冠服图》、《祀天通礼》，具体说明祭服、祭礼和祭品等。1914 年 12 月 20 日，袁世凯发布告令，冬至行祀天典礼，并于 23 日亲自参与祭天大典。

虽然袁世凯对帝制时期的祭天仪式进行了某些修改，比如将原来的“天子”“受福于天”，改称为“代表国民”祭天，[⑤] 故意弱化祭天仪式所

---

① 《举行祀孔典礼令》（1914 年 9 月 25 日），骆宝善、刘路生主编《袁世凯全集》第 28 卷，第 438 页。

② 中国科学院近代史研究所中华民国史组编《中华民国史资料丛稿》大事记第 2 辑，中华书局，1975，第 56 页。

③ 〔美〕保罗·S. 芮恩施：《一个美国外交官使华记》，李抱宏、盛震溯译，文化艺术出版社，2010，第 40 页。

④ 《定祀天为通祭令》（1914 年 2 月 7 日），骆宝善、刘路生主编《袁世凯全集》第 25 卷，第 246 页。

⑤ 《举行冬至祀天典礼令》（1914 年 12 月 24 日），骆宝善、刘路生主编《袁世凯全集》第 29 卷，第 570 页。

体现的维护皇权、巩固帝制的色彩，同时刻意强调祭天的社会性因素："如果废除现在政府已经确定要举行的冬至祭天典礼，而跟着来一个荒年或大歉收，全国农民一定要责难政府的……祭祀并不能一定保证丰收，但无论如何，却可以减轻政府的责任。"① 但是，袁氏的祭天大典"及于官厅，而不普及于人民"，② 孙中山认为这是垄断"天命"的行为，批评袁："祭天祀孔，议及冕旒，司马之心，路人皆见。"③ 而袁世凯最终复辟称帝的行为亦在一定程度上揭露了他祭天祀孔的根本目的。

在英雄崇拜方面，袁世凯任直隶总督时就大力提倡祭祀英烈，他曾上奏光绪帝为聂士成、成肇麐等在庚子国变中的死难者建立专祠："俯准将该故提督生平战功事迹宣付史馆立传，并准于立功省分、死事地方及原籍建立专祠，以彰忠荩而顺舆情"；④ "直隶灵寿县知县成肇麐捐躯殉节……并准在直隶省城添建专祠"，他认为建立祠堂祭祀可以"彰既往而励来者"。⑤ 民国建立后，袁世凯对宣传爱国忠勇的英烈祭祀做出一定调整和规范，他认为昭忠祠并不符合现代民主共和体制下"殉国"的概念，将前清昭忠祠改为民国忠烈祠，"开各地方忠烈祠祭本地方民国阵亡将士及其他因战事效死之人，皆以岁十月十日国庆日由该地方行政长官追祭"。⑥

1914 年 11 月，袁世凯发布大总统令，将"文祀孔子、武祀关岳"推为定制："据陆军、海军部呈称：时方多难，宜右武以崇忠烈。古者以死勤事，以劳定国，皆在祀典。近则欧西各国，范金铸像，日本亦有靖国神社之名。表彰先烈，中外所同。现武成之奠，尚在阙如，崇德报功，必符名实。关壮缪翊赞昭烈，岳武穆独炳精忠，英风亮节，同炳寰区，实足代表吾民族英武壮烈之精神。谨拟关、岳合祀，作为武庙等情"，呼吁"诚以忠武者，国基所以立，民气所以强，当此民国肇兴，要在尚武"，宣布"将历代武功彪炳之名臣、名将及民国开国忠烈将士，酌予从祀"，并强调

① 〔美〕保罗·S. 芮恩施：《一个美国外交官使华记》，李抱宏、盛震溯译，第 41 页。

② 无妄：《闲评一》，《大公报》（天津）1914 年 12 月 3 日，第 6 版。

③ 孙中山：《中华革命军大元帅檄》（1914 年秋），中国社会科学院近代史研究所等合编《孙中山全集》第 3 卷，中华书局，2011，第 130 页。

④ 《死事提督聂士成请立传建祠折》（光绪二十八年二月初八日），骆宝善、刘路生主编《袁世凯全集》第 10 卷，第 134 页。

⑤ 《死事知县成肇麐请优恤折》（光绪二十八年二月十四日），骆宝善、刘路生主编《袁世凯全集》第 10 卷，第 160 页。

⑥ 《昌武将军督理江西军务李纯江西巡按使戚扬呈拟将原建昭忠祠改为忠烈祠以崇祀典而昭划一文并批令》，《政府公报》第 1210 号，1915 年 9 月 19 日。

“凡我国民，皆当知崇厥武祀，实以壮军志而固国维”。[①] 此时正值日本逼签“二十一条”的前夜，袁世凯希望借国家信仰整合社会，宣扬爱国团结，以鼓舞士气，增强民族凝聚力。

在袁世凯时期倡行的国家祭祀中，“祭天”已被历史证实出于袁世凯的帝制野心，并随着他复辟丑剧的失败而告终。至此，隆重的国家祭天仪式退出中国的历史舞台；而袁世凯将关岳合祀推为定制和重视英烈祭祀的政策，则比较符合当时内忧外患的国情，可以促进民族意识的觉醒，从而团结军心、民心，共御外辱。然而，日本在近代的崛起并取得日俄战争的胜利，并不完全归因于靖国神社所带来的民族意识和民族优越心态的激发，所以袁氏对国家祭祀和国家信仰政策的这种简单调整是远远不够的。

四 袁世凯对民众信仰态度探因

根据相关史实可知，袁世凯对民众信仰所持有的态度和所采取的政策讲求实用主义，较多地出于政治、经济等方面的考量，单纯受信仰因素影响微乎其微。袁氏对民众信仰所采取的举措在于倡导传统伦理道德体系和稳定社会秩序，最终达到维护自身政权统治的目的。这也是他经世致用治国理念的体现。影响袁世凯对民众信仰态度的因素可以从主观和客观两个方面进行讨论。

客观上，民国初立，新政府面对的既有晚清遗留的宗教问题，又有政治改革引起的新问题。袁世凯作为经验丰富的政客，从当时的社会现实和国情出发，比较全面、合理地分析时局状况，使得他对民众信仰的政策在实践中有所继承也有所调整。第一，在法律上，《中华民国临时约法》明确规定“人民有言论、著作、刊行及集会结社之自由”，“人民有信教之自由”，在一定程度上袁世凯要遵循约法，其对传统信仰采取了较为宽容的政略。第二，从社会现实角度看，民国初建，百业待兴。出于促进社会教育、经济发展的需要，袁世凯对民众信仰的政策必然向实用主义倾斜，以利于兴办学校、改设公廨、创办产业等实业建设。第三，宗教界人士依照约法组织各类社团，通过上书、请愿、诉讼等方式维护自身权利，同时开办报纸和杂志，创造社会舆论对政府施压，这促成袁世凯政府最终加强对庙产的保护力度。第四，许多信仰问题有着深刻的历史根源，导致各种势

① 《著礼制馆妥议忠烈祀典令》（1914 年 11 月 20 日），骆宝善、刘路生主编《袁世凯全集》第 29 卷，第 382～383 页。

力盘根错节，利益纠纷复杂，各类信仰塑造的现状具有强烈的惯性，袁世凯对此进行了适当的有限度的妥协，比如对秘密结社的改组和解散政策。第五，面对民族危机，袁世凯推行关岳合祀与英烈祭祀等政策，这是出于增强民族凝聚力，提高军队士气，振奋民众精神的需要。

主观上，从袁世凯个人角度看，他虽然没有公开的信仰，但其时代背景及人生经历对他所持关于民众信仰态度的影响不可避免。作为强有力的政治人物，袁世凯对信仰问题的态度又必然会影响到其当政时期的宗教政策和社会政策。第一，袁世凯出身晚清仕宦家族，传统宗族观念根深蒂固，这在他任用亲属、重视血缘和私生活方面均可窥见。第二，作为士绅阶层的一员，他曾接触儒释道三家杂糅学说，熟稔儒家学说在中国官僚体系和社会伦理道德秩序中的作用。第三，袁世凯有强烈的权欲，“平生所好，唯抓权秉政，纵横捭阖，确是个不折不扣的政治动物”，① 而袁氏又在漫长的宦海沉浮和政治斗争中练就了系统的治国方略和权谋之术。第四，袁世凯深具迷信思想，相信算命、方术，他曾言因为“项城老家的坟地，一边是龙，一边是凤。龙凤相配”，“应该出一代帝王”，所以自己应当“应天承运”。②

袁世凯不具公开的信仰，使他对民众信仰的政策较少受信仰本身思想的影响，而是更多地从政治和社会角度衡量，其对庙产、教产问题的处理几乎完全是出于致用的考虑。从权力角逐和社会控制的角度考察，袁世凯决不允许任何信仰，包括官方提倡的传统信仰，与他争夺社会资源或威胁到他的社会管理权，所以出台的保护庙产和改组结社的政策，都只能徒具名义而归于限制或打压。官僚士绅的出身也使袁世凯与孙中山等留洋革命派不同，他转向儒家传统学说和礼仪制度的回归，以此应对民初信仰危机所引发的社会问题。同时，袁氏日益膨胀的权力欲、强烈的宗族观念和迷信思想也促使他出台祭天祀孔政策，并最终选择了复辟帝制的不归之路。

因此，考察袁世凯对民众信仰的态度和政策应该在探求其背后复杂原因的基础上做出评价。我们既不能将袁世凯对庙产的政策视作完全违背宗教信仰自由原则，是对宗教人士利益的侵犯，也不应将其尊孔崇儒、筹办祭天大典等行为完全视作他为复辟帝制寻找合法性理由，并企图恢复帝制时代的等级和礼仪制度。袁世凯对民众信仰问题施行的政策，其中有符合

① 唐德刚：《袁氏当国》，广西师范大学出版社，2004，第 121 页。

② 袁静雪：《我的父亲袁世凯》，吴长翼编《八十三天皇帝梦》，文史资料出版社，1983，第 27 页。

当时社会实际，推动国家建设，有利于现代民族、国家意识觉醒的部分，也应给予中肯的评价。

专家荐语：

刘晨、张月荷所撰《辛亥革命后袁世凯对民众信仰态度探析》一文以辛亥革命后袁世凯政权对民众信仰问题的态度调整为研究对象，进而论证：袁政权对民众信仰所持有的限制“传统信仰”、打压“民间信仰”、倡行“国家信仰”的政策具有较强的适应性和鲜明的时代性，并分析了政策实施的内在历史因由。其所论说的诸多问题此前虽有相关研究，但其另辟蹊径，在选题角度上有新出和提升，具创新价值。该文资料丰富，文章架构具逻辑和历史的统一，文字通顺。论文符合学术规范。荐稿人以为，达到发表水平。

推荐专家：北京大学历史学系教授　郭卫东

孙中山关于政权建设的构想

——兼论国民党政权实施之歧异

欧阳跃峰*

提　要　《建国方略》除现存的三个部分外，孙中山曾计划撰写第四部分“国家建设”，并将其分为八册，其中的“五权宪法”、“地方政府”、“中央政府”三册都是对于设置国民政府的具体规定。《建国方略》之第四部分虽未完成，但孙中山做过题为《五权宪法》的演讲，为国民党“一大”起草了《国民政府建国大纲》，都能够体现其关于政权建设的基本构想。后来的国民党政权尽管遵循了孙中山提出的三个时期、五权分立等原则，但在实行训政和宪政的时间、训政时期的党政关系、中央与地方的关系等方面与孙中山的构想有很大差别，其中的原委值得进行深入的探讨。

关键词　孙中山　《建国方略》　政权建设

孙中山先生不但亲身领导了中国民主革命的实践，而且提出了明确的革命纲领，创立了整套的革命理论，其中，有关政权建设的构想可以说是孙中山思想的核心部分之一。孙中山思想一直是史学研究的重要课题，备受学术界关注。但是，已有的研究主要集中在孙中山的政治思想、三民主义、《建国方略》等方面，[①] 尚未见有直接以孙中山政权建设思想为题的论

---

*　安徽师范大学历史与社会学院教授。

① 诸如：王忍之《孙中山的政治思想》，《教学与研究》1956 年第 12 期；侯外庐《孙中山的哲学思想及其同政治思想的联系》，《历史研究》1957 年第 2 期；虞崇胜《孙中山的政治思想论略》，《武汉大学学报》（哲学社会科学版）1996 年第 5 期；关威《试论孙中山的政治思想》，《河北广播电视大学学报》2013 年第 1 期；胡绳武《孙中山从旧三民主义到新三民主义的转变》，《复旦学报》（人文科学版）1958 年第 1 期；刘培琼、吴恩壮《孙中山从旧三民主义发展到新三民主义的主客观原因》，《学术研究》1981 年第 6 期；韦杰廷《孙中山三民主义历史地位论》，《文史哲》1997 年第 5 期；吴珍《孙中山“三民主义”的理论溯源》，《兰台世界》2013 年第 22 期；常遒荣《〈建国方略〉的思想光辉与历史局限》，《社会科学辑刊》1988 年第 4 期；马立党《从〈建国方略〉看孙中山的现代化思想——兼论孙中山及其“建国方略”的命运》，《实事求是》2012 年第 4 期；等等。

文发表。对于国民党政权，大陆学者一般持否定态度，例如：有学者指出，“南京国民政府从孙中山的‘军政训政宪政’的政治发展战略中演绎出‘以党治国’的政治模式，并在此基础上形成了一党专政的政治体制，它取缔公民的民主权力，关闭了公民参与政治活动的民主通道，在没有公众参与和宪法制约的情形下，强制人民服从统治者的权威。这一体制的主要特征是国民党全面集权，形成了国民党一党独大的政治霸权秩序”，“蒋介石政府的政治现实与孙中山的三民主义的旗帜出现了严重背离的状况”。[①] 揆诸史实，国民党政权确实与孙中山的政权建设构想有诸多不吻合之处，而导致这些差异的具体原因尚值得进行深入的探讨。本文拟在勾勒孙中山先生有关政权建设构想的基础上谈谈自己的看法，以就教于方家。

一 《建国方略》应该包含政权建设的内容

现存之《建国方略》包括“孙文学说——行易知难（心理建设）”、“实业计划（物质建设）”、“民权初步（社会建设）”三个部分，孙中山曾亲笔在该书总目中添加“（四）国家建设（续出）”字样，并初步拟定了该部分的具体内容，惜终未能完成。[②]

后来，孙中山于1924年1月至8月间在广州国立高等师范学校礼堂演讲“三民主义之奥义、五权宪法之要旨为宣传之资”，因需主持大元帅府大本营军政事务，故定于公务之暇“每星期演讲一次，由黄昌谷君笔记之，由邹鲁君读校之”。[③] 3月底，民族主义讲完后，将演讲内容整理成册，印成单行本，孙中山为之作序曰：“自《建国方略》之《心理建设》、《物质建设》、《社会建设》三书出版之后，予乃从事于草作《国家建设》，以完成此帙。《国家建设》一书，较前三书为独大，内涵有《民族主义》、《民权主义》、《民生主义》、《五权宪法》、《地方政府》、《中央政府》、《外交政策》、《国防计划》八册。而《民族主义》一册已经脱稿，《民权主义》、《民生主义》二册亦草就大部。其余各册，于思想之线索、研究之门径亦大略规划就绪，俟有余暇，便可执笔直书，无待思索。方拟全书告竣，乃出而问世。”不料，陈炯明于1922年6月16日发动叛变，“炮击观音山，竟将数年心血所成之各种草稿，并备参考之西籍数百种，悉被毁

① 李敏：《南京国民党政权的合法性危机浅析》，《西安文理学院学报》（社会科学版）2007年第1期。

② 孙中山：《建国方略》，《孙中山选集》，人民出版社，1956，第115页。

③ 孙中山：《三民主义》，《孙中山选集》，第615～616页。

去，殊可痛恨！”[①] 可见，《建国方略》本来是应该包括第四个部分的，孙中山已经将该部分的篇章内容构思成熟，只是未能形成文字。所以说，我们今天所见到的《建国方略》是不完整的。

根据孙中山本人的披露，《国家建设》较之于我们所见到的《建国方略》的其他三个部分，不但篇幅要大得多，而且内容更为重要。其八个分册，从内容上可以分为三大板块：前三册是分别论述三民主义的；中间的“五权宪法”、“地方政府”、“中央政府”三个分册都是关于未来国民政府的结构与职能，亦即关于政权建设的基本设想；后面两册有选择地讲了外交与国防方面的具体政策问题。

笔者以为，关于政权建设的构想应该是《建国方略》中最核心、最关键，因而也是最重要的内容。

一则，革命的首要问题是武装夺取政权，孙中山所领导的中国民主革命也不例外。中国同盟会的“驱除鞑虏，恢复中华，创立民国，平均地权”16 字纲领，前面 12 个字都与政权有关。从中可以清楚地看出，孙中山领导中国革命伊始，即十分明确地将推翻旧政权、颠覆旧制度、建立民主共和政权作为革命的核心目标。同盟会成立后、连年不断地发动武装起义的革命实践也证实了这一点。辛亥革命推翻了清王朝，但政权很快落入以袁世凯为首的北洋军阀手中，孙中山不得不发动“二次革命”、领导护法运动，直到弥留之际，仍留下遗嘱，疾呼：“现在革命尚未成功，凡我同志，务须依照余所著《建国方略》、《建国大纲》、《三民主义》及《第一次全国代表大会宣言》，继续努力，以求贯彻。”[②]《建国方略》现有的三个部分撰写于 1917～1919 年间，未完成的第四部分构思成熟并撰写部分初稿于 1919～1922 年间，其时革命的第一个目标尚未完全实现，孙中山用于指导中国革命的《建国方略》不但不可能忽略政权建设方面的内容，而且理所当然地应该将其置于核心地位。

二则，只有掌握了政权，建立了较为完善的政治制度，才能更好地从事经济建设。《建国方略》的第三个部分“民权初步（社会建设）”最初出版于 1917 年，原名《会议通则》，主要讲的是各种会议的议事规则。孙中山将其比作“兵家之操典，化学之公式”，视为“教吾国人行民权第一步之方法也”，声称：“凡欲负国民之责任者，不可不习此书。凡欲固结吾国之人心、纠合吾国之民力者，不可不熟习此书。而遍传之于国人，使成

---

① 孙中山：《三民主义》，《孙中山选集》，第 615 页。

② 孙中山：《遗嘱》，《孙中山选集》，第 994 页。

为一普通之常识。家族也、社会也、学校也、农团也、工党也、商会也、公司也、国会也、省会也、县会也、国务会议也、军事会议也，皆当以此为法则。”断言：“倘此第一步能行，行之能稳，则逐步前进，民权之发达必有登峰造极之一日。”[①] 由于任何专制政权都不可能给人民以真正的民主权力，所以这部帮助人民养成民主习惯的《会议通则》，只有在真正的民主共和制度建立之后，才有可能普遍实行。《建国方略》的第二部分“实业计划（物质建设）”初稿用英文写成，部分内容于1918年发表，随后由廖仲恺、朱执信、林云陔、马君武等翻译成中文，于1921年出版。该部分是建立在庞大的水陆交通体系之上的比较全面的实业发展规划。不言而喻，实业的全面发展，尤其是完善的交通体系的构建，也必须待国民党掌握全国政权之后才能逐步实现，而无论在腐败的晚清政权统治之下，还是在连年混战的北洋军阀统治时期，都只能是一纸空文。《建国方略》的第一部分“孙文学说——行易知难（心理建设）”初版于1919年，原题为《孙文学说》（卷一“行易知难”），该书原拟之“卷二《三民主义》”、“卷三《五权宪法》”因未能及时补齐，后改列入计划中的《建国方略》第四部分“国家建设”。“孙文学说——行易知难（心理建设）”主要结合孙中山亲身经历的革命实践，论证了“知”与“行”的关系，其寓意在于揭示革命理论与革命实践之间的关系，希望全体国民党员皆能服膺他在学习西方及长期革命实践中得出的革命理论，并以之指导中国革命。而在《建国方略》问世前后，中国革命的当务之急在于夺取政权，建立比较完善的民主共和制度，是以该书不能不包括政权建设方面的内容。也只有在这方面的任务完成之后，《建国方略》的其他部分才有可能付诸实施。

总之，当孙中山领导的民主革命尚在进行之际，政权建设较之于其他三个部分具有更加重要的意义，我们应予以充分的关注。

《建国方略》第四部分虽未完成，但孙中山后来于1921年3月20日到广东省教育会做过题为《五权宪法》的演讲，于1924年1月为中国国民党第一次全国代表大会起草《国民政府建国大纲》，尽管演讲稿文字不够严谨，建国大纲内容过于简略，但基本可以与《建国方略》之“国家建设”部分的有关分册相对应，都足以体现孙中山本人在此方面的真实思想。此外，孙中山在不同时期不同场合曾多次谈及政权建设问题，我们可以窥斑而见豹，借助于它们来探讨孙中山关于政权建设的基本构想。

---

① 孙中山：《建国方略》，《孙中山选集》，第385页。

二 孙中山勾画的民国政权蓝图

孙中山革命思想的形成，是建立在对晚清政府腐朽落后认识的基础之上的。因而，夺取政权一开始便成为其革命思想的核心内容，并进而成为其领导中国革命的首要目标。推翻旧政权之后，应该建立一个什么样的新政权，孙中山很早便开始思考这个问题。

早在1906年，孙中山对未来的革命政权已经有了整体的构思。他在《军政府宣言》中宣称：

> 其措施之次序则分三期：第一期为军法之治。义师既起，各地反正，土地人民新脱满洲之羁绊，其临敌者宜同仇敌忾，内辑族人，外御寇仇，军队与人民同受治于军法之下。军队为人民戮力破敌，人民供军队之需要及不妨其安宁。既破敌者及未破敌者，地方行政，军政府总摄之，以次扫除积弊。政治之害，如政府之压制、官吏之贪婪、差役之勒索、刑罚之残酷、抽捐之横暴、辫发之屈辱，与满洲势力同时斩绝。风俗之害，如奴婢之畜养、缠足之残忍、鸦片之流毒、风水之阻害，亦一切禁止。并施教育，修道路，设警察、卫生之制，兴起农工商实业之利源。每一县以三年为限，其未及三年已有成效者，皆解军法，布约法。第二期为约法之治。每一县既解军法之后，军政府以地方自治权归之其地之人民，地方议会议员及地方行政官皆由人民选举。凡军政府对于人民之权利义务，及人民对于军政府之权利义务，悉规定于约法，军政府与地方议会及人民各循守之，有违法者，负其责任。以天下平定后六年为限，始解约法，布宪法。第三期为宪法之治。全国行约法六年后，制定宪法，军政府解兵权、行政权，国民公举大总统及公举议员以组织国会。一国之政事，依于宪法行之。此三期，第一期为军政府督率国民扫除旧污之时代；第二期为军政府授地方自治权于人民，而自总揽国事之时代；第三期为军政府解除权柄，宪法上国家机关分掌国事之时代。俾我国民循序以进，养成自由平等之资格，中华民国之根本胥于是乎在焉。[①]

除将即将建立的革命政权分为军法之治、约法之治、宪法之治三个时期外，还提出了各个时期所应完成的任务和将要达到的目的，并原则上规

① 孙中山：《军政府宣言》，《孙中山选集》，第78～79页。

定：军法之治的期限为三年，约法之治的期限为六年。

同年12月，孙中山在《民报》创刊一周年庆祝大会上的演说中又明确提出了“五权分立”的构想。他认为，英、美等西方立宪国家所实行的行政、立法、司法三权分立制度，仍不够完善。为了弥补西方民主政治体制上的缺陷，他主张：“将来中华民国的宪法是要创一种新主义，叫做‘五权分立’。”并且非常自豪地宣称：“这不但是各国制度上所未有，便是学说上也不多见，可谓破天荒的政体。”①

除行政、立法、司法三权外，还有哪两权应该独立呢？

一是“考选权”。由于革命政权中的“官吏不是君主的私人，是国民的公仆，必须十分称职，方可任用”。而检验官吏是否有才能的最好方法便是考试。“考选本是中国始创的，可惜那制度不好，却被外国学去，改良之后成了美制”。但西方国家只是将考选“用于下级官吏，并且考选之权仍然在行政部之下”，导致行政部门权力过大，“流弊反多”。为了防患于未然，“将来中华民国宪法，必要设独立机关，专掌考选权。大小官吏必须考试，定了他的资格，无论那官吏是由选举的抑或由委任的，必须合格之人，方得有效。这法可以除却盲从滥举及任用私人的流弊”。②

二是“纠察权”。执掌此项权力的机构“专管监督弹劾的事”，“是无论何国皆必有的”。但是，“现在立宪各国，没有不是立法机关兼有监督的权限，那权限虽然有强有弱，总是不能独立，因此生出无数弊病”。他举例说：“比方美国纠察权归议院掌握，往往擅用此权，挟制行政机关，使他不得不頫首总命，因此常常成为议院专制。”为了预防这些弊端，将来的“中华民国宪法，这机关定要独立”。况且，按照常理而言，“裁判人民的机关（指司法机关——引者注）已经独立，裁判官吏的机关却仍在别的机关之下，这也是论理上说不（过）去的”。③

辛亥革命后，经过担任南京临时政府临时大总统的实际历练，在总结经验、汲取教训的基础上，孙中山的政权建设思想较前有了长足的发展。

1914年7月，孙中山在其手书的《中华革命党总章》中进一步提出：“本党进行秩序分作三时期：一、军政时期，此期以积极武力，扫除一切障碍，而奠定民国基础。二、训政时期，此期以文明治理，督率国民建设

① 孙中山：《在东京〈民报〉创刊周年庆祝大会的演说》，《孙中山选集》，第87、89页。
② 孙中山：《在东京〈民报〉创刊周年庆祝大会的演说》，《孙中山选集》，第87~88页。
③ 孙中山：《在东京〈民报〉创刊周年庆祝大会的演说》，《孙中山选集》，第88页。

地方自治。三、宪政时期，此期俟地方自治完备之后，乃由国民选举代表，组织宪法委员会，创制宪法；宪法颁布之日，即为革命成功之时。”① 这标志着他将国民党政权划分为军政、训政、宪政三个时期的思想已经基本成形。

1919 年出版的《孙文学说》卷一“行易知难”（即《建国方略》第一部分），对于军政、训政、宪政三个时期的划分做了更为具体的阐释。

> 予之于革命建设也，本世界进化之潮流，循各国已行之先例，鉴其利弊得失，思之稔熟，筹之有素，而后订为革命方略，规定革命进行之时期为三：第一、军政时期，第二、训政时期，第三、宪政时期。
>
> 第一为破坏时期，拟在此时期内施行军法，以革命军担任打破满清之专制、扫除官僚之腐败、改革风俗之恶习、解脱奴婢之不平、洗净鸦片之流毒、破灭风水之迷信、废去厘卡之阻碍等事。
>
> 第二为过渡时期，拟在此时期内施行约法（非现行者），建设地方自治，促进民权发达。以一县为自治单位，县之下再分为乡村区域，而统于县。每县于敌兵驱除、战事停止之日，立颁布约法，以之规定人民之权利义务与革命政府之统治权。以三年为限，三年期满，则由人民选举其县官。或于三年之内，该县自治局已能将其县之积弊扫除如上所述者，及能得过半数人民能了解三民主义而归顺民国者，能将人口清查、户籍厘定、警察、卫生、教育、道路各事照约法所定之低限程度而充分办就者，亦可立行自选其县官，而成完全之自治团体。革命政府之对于此自治团体，只能照约法所规定而行其训政之权。俟全国平定之后六年，各县之已达完全自治者，皆得选举代表一人，组织国民大会，以制定五权宪法。以五院制为中央政府：一曰行政院，二曰立法院，三曰司法院，四曰考试院，五曰监察院。宪法制定之后，由各县人民投票选举总统以组织行政院，选举代议士以组织立法院，其余三院之院长由总统得立法院之同意而委任之，但不对总统、（立）法院负责，而五院皆对于国民大会负责。各院人员失职，由监察院向国民大会弹劾之；而监察院人员失职，则国民大会自行弹劾而罢黜之。国民大会职权，专司宪法之修改，及制裁公仆之失职。

① 徐矛：《中华民国政治制度史》，上海人民出版社，1992，第 204 页。

国民大会及五院职员，与夫全国大小官吏，其资格皆由考试院定之。此五权宪法也。宪法制定，总统、议员举出后，革命政府当归政于民选之总统，而训政时期于以告终。

第三为建设完成时期，拟在此时期始施行宪政，此时一县之自治团体，当实行直接民权。人民对于本县之政治，当有普通选举之权、创制之权、复决之权、罢官之权；而对于一国政治，除选举权之外，其余之同等权则付托于国民大会之代表以行之。此宪政时期，即建设告竣之时，而革命收功之日。①

1921 年 3 月 20 日，孙中山在广东省教育会专门做了题为《五权宪法》的演讲。

孙中山首先交代了五权宪法思想形成的背景："兄弟倡革命已三十余年，自在广东举事失败后，兄弟出亡海外；但革命虽遭一次失败未成，而革命底事情仍是要向前做去。奔走余暇，兄弟便从事研究各国政治得失源流，为日后革命成功建设张本。故兄弟亡命各国底时候，尤注重研究各国底宪法，研究所得，创出这个五权宪法。所以五权宪法可谓是我兄弟独创的。"②

孙中山公开宣布，自己主张实行的是"五权宪法，分立法、司法、行政、弹劾、考试五权，各个独立"。他认为，宪法"就是调和自由与统治的机器"；"五权宪法如一部大的机器。譬如你想日走千里路，就要坐自动车；你想飞天，就要驾飞机；你想潜海，就要乘潜艇；你想治国，就要用这个治国机关的机器"。③

孙中山十分重视人民是否真正享有权利，声称："除宪法上规定五权分立外，最要的就是县治，行使直接民权。直接民权才是真正的民权。直接民权凡四种：一选举权，一罢官权，一创制权，一复决权。五权宪法如一部大机器，直接民权又是机器的制扣。"④

孙中山在这次演讲中还展示了一份五院制国民政府的具体方案（见图 1），虽然比较简略，却已经相当规范。这标志着他的五权分立思想已经有了实行的基础。

1924 年 1 月，孙中山为中国国民党第一次全国代表大会起草了《国民

① 孙中山：《建国方略》，《孙中山选集》，第 165～167 页。
② 孙中山：《五权宪法》，《孙中山选集》，第 485～486 页。
③ 孙中山：《五权宪法》，《孙中山选集》，第 494、493、496 页。
④ 孙中山：《五权宪法》，《孙中山选集》，第 497～498 页。

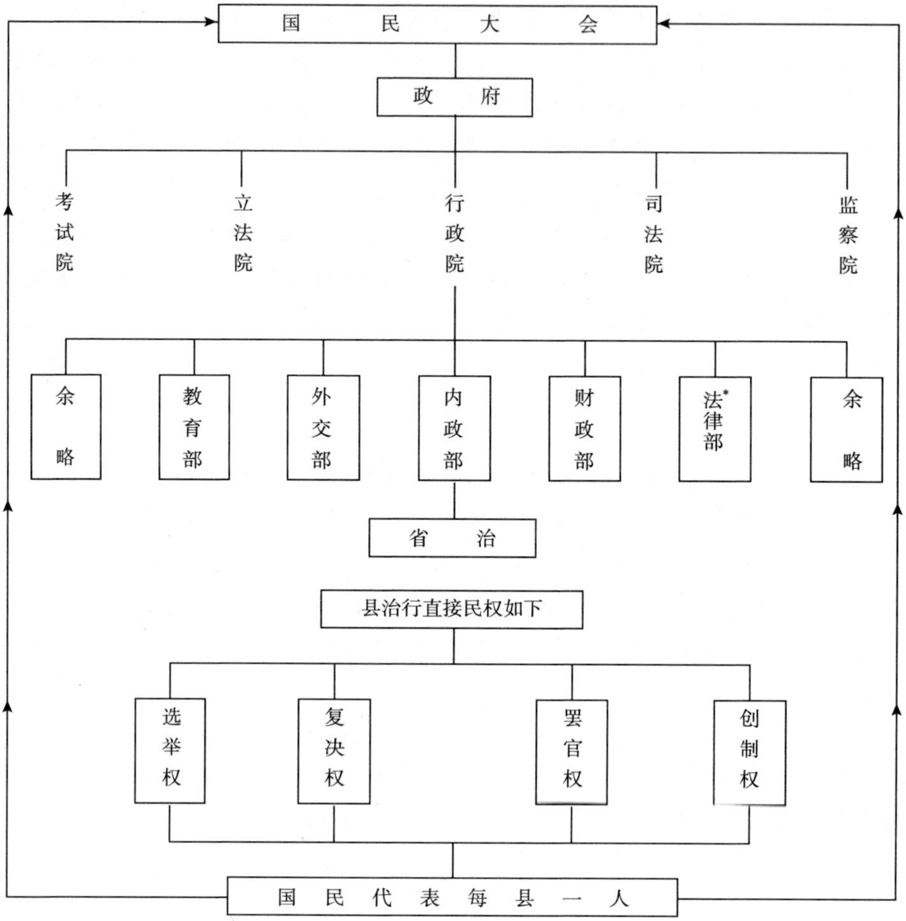

图 1 治国机关

* 根据黄昌谷编《孙中山先生演说集》（上海民智书局，1926），此处另作“军政部”。

政府建国大纲》，与《中国国民党第一次全国代表大会宣言》一起提交大会，于 23 日并案审议通过。

《国民政府建国大纲》开宗明义地宣布：“国民政府本革命之三民主义、五权宪法，以建设中华民国。”明确表示：“对于人民之政治知识能力，政府当训导之，以行使其选举权，行使其罢官权，行使其创制权，行使其复决权。”① 并对军政、训政、宪政三个时期各项权力的行使及中央与地方权力的划分都做了相应的规定。

关于军政时期，规定如下：

① 孙中山：《国民政府建国大纲》，《孙中山选集》，第 601 页。

在军政时期，一切制度悉隶于军政之下。政府一面用兵力以扫除国内之障碍，一面宣传主义以开化全国之人心，而促进国家之统一。

凡一省完全底定之日，则为训政开始之时，而军政停止之日。①

关于训政时期，规定如下：

在训政时期，政府当派曾经训练考试合格之员，到各县协助人民筹备自治。其程度以全县人口调查清楚，全县土地测量完竣，全县警卫办理妥善，四境纵横之道路修筑成功，而其人民曾受四权使用之训练，而完毕其国民之义务，誓行革命之主义者，得选举县官以执行一县之政事，得选举议员以议立一县之法律，始成为一完全自治之县。

一完全自治之县，其国民有直接选举官员之权，有直接罢免官员之权，有直接创制法律之权，有直接复决法律之权。

每县地方自治政府成立之后，得选国民代表一员，以组织代表会，参预中央政事。②

关于训政向宪政过渡，规定如下：

凡一省全数之县皆达完全自治者，则为宪政开始时期。国民代表会得选举省长，为本省自治之监督；至于该省内之国家行政，则省长受中央之指挥。

在此时期，中央与省之权限采均权制度。凡事务有全国一致之性质者，划归中央；有因地制宜之性质者，划归地方。不偏于中央集权或地方分权。

县为自治之单位，省立于中央与县之间，以收联络之效。

在宪政开始时期，中央政府当完成设立五院，以试行五院之治。其序列如下：曰行政院；曰立法院；曰司法院；曰考试院；曰监察院。

宪法未颁布以前，各院长皆归总统任免而督率之。

宪法草案当本于建国大纲及训政、宪政两时期之成绩，由立法院议订，随时宣传于民众，以备到时采择施行。③

---

① 孙中山：《国民政府建国大纲》，《孙中山选集》，第 601、602 页。

② 孙中山：《国民政府建国大纲》，《孙中山选集》，第 602～603 页。

③ 孙中山：《国民政府建国大纲》，《孙中山选集》，第 603 页。

关于宪政时期，规定如下：

> 全国有过半数省份达至宪政开始时期，即全省之地方自治完全成立时期，则开国民大会，决定宪法而颁布之。
>
> 宪法颁布之后，中央统治权则归于国民大会行使之，即国民大会对于中央政府官员有选举权、有罢免权，对于中央法律有创制权、有复决权。
>
> 宪法颁布之日，即为宪政告成之时，而全国国民则依宪法行全国大选举。国民政府则于选举完毕之后三个月解职，而授权于民选之政府，是为建国之大功告成。①

《国民政府建国大纲》所体现的孙中山的政权建设思想，虽然仍有不甚成熟、不够完善之处，却代表了孙中山生前在政权建设方面所能达到的最高认识水平。

三　国民党政权与孙中山构想的差异

孙中山为构想政权建设问题而花费了许多精力，尽管现存的《建国方略》中不包含其本应具有的有关政权建设的内容，但我们不难从其他文献中勾勒出孙中山为国民党政权设计的基本方案。尤其是他亲自起草的《国民政府建国大纲》，经中国国民党第一次全国代表大会审议通过，在国民党内具备了"法"的效力，理应为全体国民党员所遵循。但后来的国民党政权尽管以遵循孙中山提出的军政、训政、宪政三个时期与五权分立原则相标榜，事实上在许多方面都与孙中山有关政权建设的构想存在较大的差异。

上述差异大致可以分为以下三种情形：

其一，对孙中山政权建设构想的不完善或疏漏之处加以相应的"弥补"。

早先，孙中山以为只要推翻了帝制，就可以立即实行宪政了。"二次革命"失败后，他感到民众的知识水平与宪政的要求尚存在较大差距，于是形成"以党建国"、"以党治国"思想，主张在军政与训政时期，"一切军国庶政，悉归本党负完全责任"，非党员"不得有公民资格"，② 却一直

① 孙中山：《国民政府建国大纲》，《孙中山选集》，第 603 ~604 页。

② 徐矛：《中华民国政治制度史》，第 205 页。

没有就如何协调国民党与国民政府之间的关系做出明确的规定。1928 年 6 月北伐军占领平、津后，国民党舆论机关宣称："此即结束军政，开始训政之时也。"[①] 10 月初，国民党中央常务委员会通过的《训政纲领》（后经国民党"三大"确认）宣布：训政期间由国民党全国代表大会代行全国国民大会职权，国民党全国代表大会闭会期间，将政权付托给国民党中央执行委员会；将行政、立法、司法、考试、监察五项"治权""付托给国民政府总揽而执行之"；"指导监督国民政府重大国务之施行，由中国国民党中央执行委员会政治会议行之"。[②] 当月下旬制定的中政会[③]组织条例规定："政治会议讨论及决议之事项以下列者为限：（甲）建国纲领；（乙）立法原则；（丙）施政方针；（丁）军事大计；（戊）国民政府委员，各院院长、副院长及委员，各部部长，各委员会委员长，各省政府委员、主席及厅长，各特别市市长，驻外大使、公使及特任特派官吏之人选。"[④] 以中政会作为专门指挥政府的国民党中央机构，沟通"以党建国"、"以党治国"的渠道，原本是无可厚非的。但是，按照孙中山的设想，训政时期"各院长皆归总统任免而督率之"，宪法草案"由立法院议订"，即总统[⑤]享有最高人事权，立法权归于立法院，现在这些权力统统由中政会掌握。中政会的权力远远超出了孙中山设想的范围，难怪有人会指责国民党"一党专制"了。

孙中山的一个严重疏漏是完全没有提到军事机构与政府之间的关系。或许孙中山认为军队隶属于政府是理所当然的，但在军阀混战的年代，他对军人干政的可能与危害应该有更清醒的认识。军政时期虽然短暂，却是国民党"打天下"的关键时期，没有足够强大的军队推翻旧政权，就根本不会有后来的训政、宪政时期。建立在军事力量基础之上的国民党政权，若军事首脑与政府首脑由一人兼任，很容易导致个人独裁的结局；即使分人而任，亦难免会出现军人干政的局面。北伐时期，蒋介石以国民革命军总司令兼任军事委员会主席，不但"统辖陆、海、空各军并对国民党中央与国民政府在军事上负完全责任"，而且"凡国民政府所属军、民、财、政各机关，均受总司令指挥"。[⑥] 所以后来敢于先后在南昌、南京另立中

① 徐矛：《中华民国政治制度史》，第 204 页。

② 徐矛：《中华民国政治制度史》，第 211 页。

③ 1924 年 7 月孙中山设立中央政治委员会，作为咨询机构。孙死后，政治委员会改隶于国民党中央执行委员会，成为代表国民党指导国民政府行政的机构。1926 年 7 月至 1935 年 12 月改称政治会议。简称"中政会"。

④ 徐矛：《中华民国政治制度史》，第 212 页。

⑤ 训政时期国民党政权未设总统，而代之以国民政府主席。

⑥ 徐矛：《中华民国政治制度史》，第 185～186 页。

央。抗战期间，蒋介石身兼国民党总裁、军事委员会委员长、陆海空军大元帅、国防最高会议主席、国防最高委员会委员长数职，集党政军大权于一身，形成了事实上的个人独裁。

其二，由于孙中山的有些想法不太合理而无法照原样实施。

在《军政府宣言》中，孙中山宣布“军法之治”的期限为三年，“约法之治”的期限为六年。在《国民政府建国大纲》中，孙中山又规定：“凡一省完全底定之日，则为训政开始之时”；“全国有过半数省份达至宪政开始时期，即全省之地方自治完全成立时期，则开国民大会，决定宪法而颁布之”，“宪法颁布之日，即为宪政告成之时”。一则，即便军政、训政、宪政三个时期的划分是合理的，亦不应预定期限，而应根据实际情况来决定。因为“一省完全底定”是否需要三年或三年是否能完成，六年训政期限内能否统一全国或“半数省份”，事先皆难以确定。二则，各省“完全底定”肯定有先有后，则各省开始、结束训政的时间亦前后不一，此省行军政，彼省行训政，还有数省行宪政，中央政府制定与实施政策会有诸多不便。相对而言，国民党政权于北伐完成、全国基本统一后开始实施训政，比孙中山的设想更为合理。但训政期限长达 20 年，尽管有许多客观原因，仍未免有故意拖延之嫌。

孙中山非常重视公务员的素质与人才的选拔，不但主张设立考试院，独立行使考试权，而且一再强调：“以后国家用人行政，凡是我们的公仆都要经过考试，不能随便乱用的”；[①]“凡候选及任命官员，无论中央与地方，皆须经中央考试铨定资格者乃可”。[②] 事实上，在国民党政权成立初期，要求所有的政府官员都必须经过考试才能任用，是不切实际的。像蒋介石、汪精卫、胡汉民这样的人由谁来考，考什么，怎样才算合格，不合格怎么办？这些问题基本上是无法解决的。南京国民政府 1935 年公布的《考试法》对考试对象未作限定，似乎所有的公职人员都应经过考试选拔，但《考试法施行细则》与《考试及格人员分发规程》却将应参加考试的公务员限定为荐任职以下的事务官，客观地说这是比较实事求是的。当然，若高级官员的选拔与任用因缺乏相应的妥善规定而带有很大的随意性，便很容易在国民党内部形成一个特权阶层。

其三，因孙中山的有些规定不符合其自身利益而不愿遵照执行。

中央与地方的关系，是历代统治者都感到头痛的重要问题之一。任何

① 孙中山：《五权宪法》，《孙中山选集》，第 495 页。

② 孙中山：《国民政府建国大纲》，《孙中山选集》，第 603 页。

革命政权都必须对之加以妥善处理，才能彻底改变旧政权的专制形象。按照孙中山的设想，在训政时期，“中央与省之权限采均权制度。凡事务有全国一致之性质者，划归中央；有因地制宜之性质者，划归地方。不偏于中央集权或地方分权”。但后来的国民党政权在长达20年的训政时期基本上都是大权独揽于中央的，并未切实贯彻孙中山的设想，实行中央与地方均权制度。

能不能真正给人民以权力，是区分专制制度与民主制度的根本标准。即便是在一些以民主相标榜的国家，实行的也只是间接民权。孙中山则主张实行直接民权。他明确提出：在训政时期，人民接受了行使民主权力的训练之后，“得选举县官以执行一县之政事，得选举议员以议立一县之法律”，使之“成为一完全自治之县”；而在完全自治之县里，“其国民有直接选举官员之权，有直接罢免官员之权，有直接创制法律之权，有直接复决法律之权”；并“得选国民代表一员，以组织代表会，参预中央政事”。由训政向宪政过渡期间，在开始实行宪政的省份，“国民代表会得选举省长，为本省自治之监督”。后来，国民党政权并未实行省、县自治，亦未进行过省长、县官的选举，更未曾让人民直接行使选举权、罢免权、创制权、复决权。在此方面，更是明显地违背了孙中山的意愿。

国民党在政权建设领域与孙中山的教导大相径庭之处远不止上述几点，导致这种现象的原因是多方面的，有些甚至是相当复杂的。深入地探讨其中的原委是十分必要的，却不是本文所能完成的任务了。

一个保守绅士的乱世生存逻辑

——以抗战时期的刘大鹏为例

周山仁* 马 恒**

提　要　抗战时期，面对日本侵略军的蹂躏，一个保守绅士如何应对从未遭遇过的生存境遇？本文以1937年至1942年的《退想斋日记》为史料，以保守绅士刘大鹏的生存逻辑为研究视角，揭示抗战时期农村真实的生存状态——刘大鹏眼中的“红羊大劫”下的扭曲生存：用泛伦理的概念来解释战乱困苦；通过占卜、望气、谣言和灵异事件来平衡内心的惶恐；在“君子”与“乡愿”之间摇摆；作为一个绅士对乡村社会的守护和失落。

关键词　刘大鹏　抗日战争　《退想斋日记》　绅士

抗战生活史、生存史是近几年抗战史研究的重点之一。2012年在南京举行的“抗战时期都市民众日常生活国际学术研讨会”，标志着抗战生活史研究进入一个高潮。通过学术界近几年的努力，抗战生活史在不少领域取得了不错的成果。如对大后方女性的研究，① 对根据地特定群体的研究，② 对文人群体的研究，③ 当然还有对城市民众生活史的研究，等等。但学术界对抗战时期的个体生存研究还嫌不足，尤其是对抗战时期日趋没落的“绅士”阶层的个体生存的研究还比较薄弱。作为保守绅士代表的刘大鹏，其生存的最后几年恰值抗战时期。传统的“三纲五常”的伦理观与“华夷之防”的纠结，在匮乏的物质生活与强大的精神压力之下的“君子”

*　山西大学历史文化学院讲师。

**　华东师范大学历史系博士研究生。

① 吴楠：《女性与抗战：试论大后方话剧中的女性生存》，《艺术广角》2009年第5期。

② 郑立柱：《华北抗日根据地抗属的生存状况与地方政府应对》，《抗日战争研究》2013年第2期。

③ 刘顺文：《西南联大文人群生活文化之研究》，台湾政治大学硕士学位论文，2007年。

与“乡愿”之间的角色游移，使得刘大鹏的抗战生存充满着矛盾和吊诡。因为刘大鹏《退想斋日记》资料的丰富性，近几年对于刘大鹏的研究也是学术界的一个热点。如海外学者沈艾娣（Henrietta Harrison）的《中国农村的报纸和民族主义 1890 ~ 1929》、《梦醒子：一位华北村庄士绅的平生，1857 ~ 1942》。[①] 因为沈艾娣的中文水平以及刘大鹏晚年日记本身的潦草，沈艾娣对文本的理解多有失误。[②] 郝平的《〈退想斋日记〉所见抗战时期的民众生活——以太原为中心》，[③] 与本文的研究有相似之处，但郝文所依据的资料主要为乔志强先生标点的《退想斋日记》，在史料方面还有很多不足，本文则以山西省图书馆所藏全部《退想斋日记》胶片为史料依据，[④] 而且本文与郝文在视角和对象方面也有很多不同。本文拟以一个乡村——赤桥村的抗战生存为研究对象，以一个保守绅士——刘大鹏的生存逻辑为研究视角，揭示抗战时期农村生活的困苦、民众为抗战做出的巨大牺牲以及一个保守绅士艰难的心理历程。

一　在“华夷之辨”与“借倭复统”之间摇摆：抗战之前刘大鹏的日本观

刘大鹏（1857 ~ 1942），太原县（现属太原市晋源区）赤桥村人。字友凤，号卧虎山人，别号梦醒子。太原县地处太原府首县阳曲和晋商汇聚之榆次县之间，商业氛围浓厚。刘氏即出生于亦农亦商的家庭，自小接受科举教育，1878 年（清光绪四年）进县学，1894 年（清光绪二十年）中山西甲午科乡试举人，之后几次参加会试未售。到 1905 年科举制度废除，刘氏科举之梦破灭。因刘举人出身又对地方事务急公好义，1909 年被地方推为山西谘议

① Henrietta Harrison, Newspaper and Nationalism in Rural CHINA 1890 - 1929, *Past and Present*, Feb, 2002；沈艾娣：《梦醒子：一位华北村庄士绅的平生，1857 ~ 1942》，北京大学出版社，2013。

② 刘大鹏抗战生活见沈艾娣所著《梦醒子》一书之“尾声”。但沈著刘大鹏的抗战生活细节与《退想斋日记》多有不太相符处，笔者以为当是沈艾娣之中文水平与日记手稿之模糊所致。更关键的是，沈著将刘大鹏抗战时期跋前踬后的矛盾行为解读为亡国奴的“妥协”（见沈著第 135 页）——缺乏对一个保守绅士的学术思想的解读——似属皮相之见。

③ 郝平：《〈退想斋日记〉所见抗战时期的民众生活——以太原为中心》，《史林》2005 年第 4 期。

④ 《退想斋日记》手稿胶片现存山西省图书馆。《退想斋日记》从 1891 年开始记载，一直持续到 1942 年 8 月 25 日即刘氏去世前 5 日，共计 51 年时间，毅力不可谓不强，颇见刘氏理学之修省功夫。早年受过严格科举训练的刘大鹏，能写一手比较漂亮的“馆阁体”小楷。但在抗战期间所写日记，笔迹潦草，模糊之处甚多，这可能和刘大鹏的身体逐渐衰弱有很大关系。

局议员；辛亥革命后，刘大鹏以在地方经商（开煤矿）、教书和务农为生。

刘大鹏是一个学识有限但内心坚定的理学家。因为太原县深处内陆，为应对“千年未有之大变局”而滥觞于沿海、长江流域的新知识、新思想还到不了这里。由于缺乏与外界的沟通，刘大鹏青壮年时代一直致力于八股科考，所读书目相当狭窄。

按刘大鹏自己的记载，刘氏除没有通读《十三经》外，“至于二十四史，得读者亦未有半”，“所有诸子百家寓目者寥寥”，“天文算学未曾入门”，中年的刘大鹏以此为自己一生的“四大遗憾”。[①] 刘大鹏的理学知识，除了他熟读的儒家经典外，主要得自朱熹的《小学》，刘大鹏亲浸其中沦肌浃髓，自然也就“与之同化”了。

基于刘大鹏的理学思想，刘氏在政治方面非常保守。刘氏高度认同伦理纲常，认为“伦理纲常为治天下之大经大法，一日不可离者”。[②] 他认为大清之灭亡就在于蔑弃纲常伦理，“自光绪庚子变乱以来，遂不讲伦理纲常，纷纷扰扰，酿成革命之祸。我清社稷沦胥以亡，改变为不知父子有亲，君臣有义，夫妻有别，长幼有序，朋友有信之世界，号为中华民国”。[③] 民国建立，废除君主制，刘大鹏以为“蔑弃君主”废弃君臣之纲，成“无君之国”，造成社会动乱。终其一生，刘大鹏都是一个皇权主义者。

进入民国之后，刘大鹏一直以胜国“遗老”自居。刘大鹏认可的以纲常伦理为主要内容的中华文化正统是已经灭亡的大清——但宣统皇帝还在紫禁城，这就给了刘大鹏复辟的无限遐想。因为科举考试的需要，刘大鹏熟读《左氏春秋》，对“春秋笔法”应该烂熟于胸。《春秋》讲正统，表现之一就是纪年。《退想斋日记》现存最早的他的民国日记，当为 1913 年癸丑日记。刘氏日记纪年为“大清宣统五年　岁次癸丑　春　正月　甲寅”，[④] 即奉退居大内的溥仪为正朔。而且《退想斋日记》纪月日都采用中国传统之农历，对民国政府用阳历纪年，多次表示不屑。[⑤]

---

① 刘大鹏：《退想斋日记》，民国 4 年八月廿四日。

② 刘大鹏：《退想斋日记》，民国 5 年七月初三日。

③ 刘大鹏：《退想斋日记》，民国 5 年三月廿八日。

④ 刘大鹏：《退想斋日记》，民国 2 年一月一日。

⑤ 与刘大鹏形成鲜明对比的是，身为清末权贵的那桐。在《那桐日记》中绝少见《退想斋日记》中的那些悲观情绪，如对胜朝的依恋，对于民国的愤懑与诅咒。1912 年为中国民国元年，那桐日记书曰“新正月”，并在初一日记载“此后遵照临时大总统通告，改书阳历”（《那桐日记》，新华出版社，2006，第 709 页）。身为权贵的那桐竟然对胜朝的感情远逊乡下村儒刘大鹏，殊可惊骇。究其原因还得推之于传统理学之濡染，虽然那桐亦是举人出身，但满人之功名获得容易，更谈不到理学之修养了。

因为废帝溥仪的存在，刘大鹏一直对清王朝复辟抱有幻想。1917 年张勋复辟，刘大鹏欢欣鼓舞。他在 1917 年 7 月 4 日看到了前两天的《顺天时报》，得知溥仪复辟，感到“中国庶可治安”。[①] 当天太原县普降甘霖，刘大鹏将此解读为“天意”——皇上收回大权，“上合天心，下慰民望”。又称赞扶持溥仪复辟的张勋为“千古第一伟人，名正言顺扶植纲常”，“义举炳若日星，史宬载笔必大书特书”。[②] 看刘大鹏复辟这几天的日记，大多轻快活泼，充满乐观情绪。到 7 月 18 日刘大鹏得知复辟失败，感叹“天不佑清”，“张公谋划遂莫能周”。自此日记中绝少议论复辟之事。从 1918 年开始，《退想斋日记》中的纪年开始发生变化，如 1918 年农历正月初一之日记纪年“大清宣统十年岁次戊午，民国七年二月冯国璋代理大总统”，这是刘氏日记第一次出现民国纪年，但字小一号，以示民国的非正统性。1924 年第二次直奉战争后，溥仪被冯玉祥驱除出故宫。刘大鹏痛心疾首，大清复辟的希望更加渺茫，他的日记纪年又开始发生变化，如 1926 年正月初一的日记纪年为“宣统十八年帝困于天津，民国十五年段祺瑞执政”。遗民刘大鹏开始无可奈何地认可民国政权。南京国民政府统一中国之后，刘大鹏的日记纪年又开始发生变化，他称南京国民政府为“党国”，如 1930 年农历正月初一的纪年“清宣统二十二年帝困于天津，民国十九年党国第三年”，国民政府以南京为首都，刘大鹏不屑民国的行政区划，仍沿用清代的行政区划“江宁府”，以示“党国”“得国之不正”。

1931 年九一八事变爆发，第二年日本扶持傀儡溥仪建立“满洲国”，刘大鹏内心的复辟情结再次被激发。刘大鹏在 1932 年 3 月 24 日的日记中记载：

> 报章言：日本侵占关东三省已经半年，今日匡扶宣统帝复大清，名曰执政，年号大同，先在沈阳做都，近又移都长春。郑孝胥、臧式毅、熙洽、张景惠等为之赞助，马占山亦往投焉。天意有在，自可假借日人之力铲除党人，恢复清祚也。[③]

刘氏希望借助日本人的力量，推翻南京国民政府，重新恢复大清正统。于是很纠结的一个问题出现了：以儒家卫道士自居的刘大鹏如何看待

---

① 刘大鹏：《退想斋日记》，民国 6 年五月十六日。

② 刘大鹏：《退想斋日记》，民国 6 年五月十九日。

③ 刘大鹏：《退想斋日记》，民国 21 年二月十八日。

日军入侵中国？这可是儒家讲到的“蛮夷猾夏”[①] 的大事，士大夫乌可袖手旁观！称日本为“倭奴”，但又希望“倭奴”能一匡正统的刘大鹏陷入了自欺欺人的幻想，他希望“后清必命倭人铲除革党，诛灭群魔，俾后奄有中华，而外洋各国均来享来王”，之后“日本国内乱突起，自顾不暇，非但不能压制后清，势必来请后清往平其国之难”。[②] 刘大鹏自己也知道这是痴心妄想，因此深受理学熏陶的刘氏一直在“华夷之辨”与“借倭复统”的矛盾中纠结。这也体现在他的日记纪年中，如 1936 年农历正月初一的纪年“中华民国二十五年党国九年，后清宣和三年宣统帝都关东长春，党国政府都金陵”，[③] 刘氏以伪满洲国为“后清”，已然认为伪满洲国为偏安政权，而且纪年格式先提中华民国，说明刘氏开始不得不承认中华民国为中国正统，虽然这种认可包含有很大的不情愿。

1937 年的卢沟桥事变使得年已耄耋的刘大鹏被迫卷入了一场关乎中华民族存亡的大战中。刘大鹏以一个被时代抛弃的遗老身份，亲身经历了这场战争。在一个保守绅士眼中的乡村抗战生存场景，有民众的苦难，有日军的蹂躏，有伪政权的跋扈，有土匪的横行，还有一个保守绅士对苦难的解释，对民众昏聩的斥责，在无助下的求神问卦，还有谣言、征兆，还有为生存所做的在“君子”和“乡愿”之间的挣扎。

二 1937～1941 年《退想斋日记》所记载的赤桥村抗战生活

刘大鹏乡居村落赤桥村位于太原县城以南数里，紧靠省会名胜晋祠。从赤桥村到省会太原大概 50 里路，从太原出发向西南，有一条通往临汾的官道，[④] 通过太原县城、赤桥村和晋祠。从赤桥村到周围数县，如交城、徐沟、清源、太谷、祁县，都没有多远距离。如刘大鹏祖传万义生木店，就在太谷县。赤桥村西边即为山区，所谓“西山九峪”，日军侵占太原后，

---

① “蛮夷猾夏”出自《尚书·舜典》，中国传统士大夫以“蛮夷猾夏”为耻。如曾国藩在“致诸弟”信中说：“故其为忧也，以不如舜不如周公为忧，以德不修学不讲为忧；是故顽民梗化则忧之，蛮夷猾夏则忧之，小人在位贤人否闭则忧之，匹夫匹妇不被己泽则忧之……此君子之所忧也。”《曾文正公全集·家书》卷二，页三。

② 刘大鹏：《退想斋日记》，民国 23 年二月初一日。

③ 此时伪满溥仪的年号为“康德”，刘大鹏误为“宣和”，推想应是东北与山西悬远，信息不畅所致。

④ 山西省政协《晋商史料全览》编辑委员会：《晋商史料全览·太原卷》，山西人民出版社，第 331 页。

赤桥村及周围村落民众多往西山避寇。刘大鹏乡居院落紧靠太原往临汾的官道，所以抗战时期一切行为，包括日军到来之前的难民潮、溃兵，还有日军军事行动，刘大鹏都能知晓。

抗战时期，赤桥村有 180 余户人家，① 外来造草纸的工人更多，这些客籍最多的是“山西五台人和河南省怀庆府河内县人”。② 赤桥村人刘姓最多，分为三族，即北刘、南刘和中刘。③ 到 1937 年日本全面侵华时，刘大鹏已经是一个年过八十的老人。刘大鹏一共育有五子两女。日军入侵，刘大鹏几乎被日军飞机炸死，所以刘氏给自己取别号曰“再生”。刘氏年过耄耋而常年持耒劳作，就是他家庭困窘的表现。每过严冬，因为家穷不能购买煤炭，刘大鹏则每日在田野中捡柴火，自嘲为“樵夫”。日记中也常有无米下锅而向邻居和亲戚借米的记录。刘大鹏晚年最大的收入则是其父留下的太谷县的万义生木店的赢利，1942 年 2 月木店余利有 340 元之多。④

赤桥村村民职业，“作草纸者十分之七八，务农之家十分之二三”。⑤ 赤桥村部分土地，可以被晋水灌溉。村内胜景有兰若寺、兴化洞、风洞，都有固定的祭祀节日。赤桥村地近太原县的商业和风景重镇晋祠，因而各种集会、社火和祭祀活动非常多。

下文将 1937 ~ 1941 年刘大鹏《退想斋日记》所记载的赤桥村民众战时生活，分条缕述。

1. 抗战初期刘大鹏个人及家庭的逃难生活

1937 年卢沟桥事变爆发，乡居的刘大鹏对此茫然无知，他还评价当时“大局尚平安无乱，只是经济困难。公家常向百姓要钱，晋人莫不盼其（阎锡山）身死”。⑥ 到 7 月 13 日，刘大鹏才在报章中得知“有日寇围攻北平京城，又在卢沟桥与官兵激战”。⑦ 自此，赤桥村一带开始紧张，先是出现由省城逃出的逃难人群，最早在 7 月 19 日的日记中有记载：“里西汽车自省出来源源不断。”⑧ 之后难民连绵不断地涌来。8 月 17 日，日军飞机三

---

① 刘大鹏：《退想斋日记》，民国 28 年十二月三十日。

② 怀庆府府治为河内县，为清代河南地方区划。民国 2 年废府存县，并改河内县为沁阳县。刘大鹏或者不知道民国初年的这次区划变化，或者不认可民国的行政区划。刘大鹏：《退想斋日记》，民国 29 年六月初五日。

③ 刘大鹏：《退想斋日记》，民国 31 年正月十三日。

④ 刘大鹏：《退想斋日记》，民国 31 年正月廿十日。

⑤ 刘大鹏：《退想斋日记》，民国 31 年七月初九日。

⑥ 刘大鹏：《退想斋日记》，民国 26 年六月初一日。

⑦ 刘大鹏：《退想斋日记》，民国 26 年六月初六日。

⑧ 刘大鹏：《退想斋日记》，民国 26 年六月十二日。

架飞临省城太原抛掷炸弹，省城人莫不惊慌。[①] 9 月 13 日大同沦陷，山西全省震动。从太原省城涌出的难民连续不断："汽车路上自省逃出的男女向南而行，接踵不断，且有搂抱幼童之妇女徒步南行，其单身徒步之妇亦多。"[②] 逃难人群之多，致使拉人的东洋车脚价比平时高了数十倍。[③]

为应对即将到来的战争，源源不断的军队开始驻扎晋祠附近，政府征用民工到南堰镇、阳曲县、郑村、黄陵村等处挑挖战壕。[④] 同时，日军飞机在太原附近"放机关枪，恐吓人民，令众颤栗"。紧接着，溃兵涌入晋祠赤桥等村。附近村落民众为避乱兵、日军，开始相继往西山避难。留下的看门的，都把门户全部封闭，以防溃兵进入。11 月 6 日，刘大鹏开始安排家人逃难："凌晨三男唤众收拾一切，俾其妻及四媳奉其继母入明仙峪避难。孙媳子昨朝被其父招去入其朱环村避之。四孙吉忠随其嫂入柳峪，长孙亦于昨日引导四男之两女先入明仙峪，到瓦窑村赁屋而居，为阖家避难之所。"[⑤] 家中只剩下刘大鹏和疯癫的二子刘瑄。到 11 月 8 日，三天之内，刘大鹏家被三次骚扰，另外还有三次骚扰未遂。

11 月 8 日下午，日军开始进村，"有枪炮声自东北来，一入吾村放了几声，即往晋祠。系敌军开路，恐村有官军埋伏以邀击"。[⑥] 11 月 10 日，太原县城升起日军旗帜，赤桥村无溃兵乱窜，街上开始有人行走，互相问答。躲避在山里的开始派人下山，探访家中是否受害。[⑦] 之后，随着天气的寒冷和乡村秩序的相对安定，另外还担心日军入山"清剿红军"躲避在山中的民众开始逐渐返回村子。到 1937 年 12 月 2 日，在明仙峪躲避日军的刘大鹏家人都返回赤桥村。[⑧]

2. 日军对乡村的侵扰和破坏

日军在 11 月 8 日进入赤桥村，第二天上午"号声大作"，邻居告诉刘大鹏这是日军坦克车由村西公路向南进击国军，"见兵立毙，幸不杀民，明仙峪汽车桥上坐一妇女未曾杀害"，刘氏对日军一开始还抱有幻想。但很快，日军的野蛮本性就表现出来。11 月 19 日，又有日军住宿村中，"在各家民宅烧火做饭，村人支应一切"，"日军将各家木器作火柴造饭，吾之

---

① 刘大鹏：《退想斋日记》，民国 26 年七月十四日。
② 刘大鹏：《退想斋日记》，民国 26 年八月十七日。
③ 刘大鹏：《退想斋日记》，民国 26 年八月廿九日。
④ 刘大鹏：《退想斋日记》，民国 26 年九月初二、初七、廿一日。
⑤ 刘大鹏：《退想斋日记》，民国 26 年十月初四日。
⑥ 刘大鹏：《退想斋日记》，民国 26 年十月初六日。
⑦ 刘大鹏：《退想斋日记》，民国 26 年十月初八日。
⑧ 刘大鹏：《退想斋日记》，民国 26 年十月三十日。

桌椅板凳几尽，村庄被牵去毛驴两头”，刘大鹏狠狠地骂道：“日军不啻贼也！”[①] 之后日军对于乡村的骚扰不断，如向南城角村要猪数十头，向小站营要藕根数百斤等等。这些记载不绝于书。而且刘大鹏本人很快就受到了野蛮日军的骚扰。1938 年 3 月 14 日，20 余日军闯入刘大鹏家中，毁坏物件，翻箱倒柜搜索财物，刘氏感叹：“（日军）概无纪律，兵等贼匪，开战必死于枪炮者。”[②] 当天晚上，刘大鹏为村公所厨房担水，一日军不许，将年过八十的刘氏推倒在地。幸亏有另外一兵“发慈悲之心用手扶起，受日军之害多，兵即贼也”。1940 年 9 月 6 日，日军在柳子峪窑头村，掠夺晋丰公司煤场的财物，强行取走煤油两桶，汽灯一盏，将大洋票、纸币剪碎。并把账房先生绑票，最后用款才赎回去。[③] 同年 12 月 10 日，驻晋祠日军向晋丰公司要一万大洋为饷，驻清源的日军则向晋丰公司勒饷三千大洋。[④]

日军兽性的另一个表现就是强奸。1938 年 3 月 27 日记载：“传日军奸淫牛家口村牛禄之三女。牛禄被打死。”3 月 28 日记载：“人言日军肆行，前三日在西邵城村轮奸幼女两名。日军一见妇女即行轮奸，人亦无可奈何。不止三处五处，恶亦甚矣！”[⑤] 1938 年 4 月 8 日记载：“晋祠南堡数十名日军不守纪律，每日肆行入民宅调戏妇女，掠夺财物，伤人命。今天又枪击平民。镇公所报告日军队长，以受伤之人身穿灰色衣服为借口，遂不追究。”[⑥]

以上只是日军的骚扰，更严重的是日军对乡村社会的破坏和对村民的屠杀。

如 1937 年 12 月 15 日记载：“围剿红军，未闻剿一红军而三峪之山村均被焚”，“日军围剿红军，把口儿村房屋，放火延烧，莫管有人与否。到窑头村烧房屋几尽，又烧数个山村……予闻是言痛彻于心。”第二日，继续围剿红军，风峪山村多被放火焚烧，八村烧了六村，枪决死人不知多少。[⑦] 1938 年 8 月 2 日记载，日军焚毁孙家寨之庙，死伤四五十人。即使在日常生活中，日军也经常滥杀无辜。1940 年 4 月 12 日，日军汽车无故碾死一赶驴驮煤之瓦窑堡村 20 余岁青年，刘大鹏骂道：“观日军残杀华民，谓为贼寇，谁曰不宜！”[⑧] 到 1942 年日军为防止八路军袭击，在西山各山口修建炮楼，“将山中人民催逼下山，将山中之财物（掠夺），又焚房

① 刘大鹏：《退想斋日记》，民国 26 年十月十七日。
② 刘大鹏：《退想斋日记》，民国 27 年二月十三日。
③ 刘大鹏：《退想斋日记》，民国 29 年八月初十日。
④ 刘大鹏：《退想斋日记》，民国 29 年十一月十二日。
⑤ 刘大鹏：《退想斋日记》，民国 27 年二月廿七日。
⑥ 刘大鹏：《退想斋日记》，民国 27 年三月初八日。
⑦ 刘大鹏：《退想斋日记》，民国 26 年十一月十五日。
⑧ 刘大鹏：《退想斋日记》，民国 29 年三月初五日。

舍。山人多下山来避日军之搗乱，明仙峪人迁移居我赤桥村者纷纷”。[①]

3. 日伪政权的建立以及对民众的剥削

1937 年 11 月 8 日太原陷落，当时太原县“大小官吏全行逃遁，不知到于何处！”[②] 当时乡村处于无政府状态，刘大鹏的朋友薛乐善以为日军以“安民为要”，与正避在晋祠的管狱员商量，准备迎降日本，并要刘大鹏“拟一迎降表文”，刘大鹏满口应承。这是刘大鹏等地方绅士准备善后的初步举措。11 月 13 日，刘大鹏携张宝三、王景元“进县查看城人情形，组织一临时地方维持会议”。[③] 县城关帝庙已经有县城绅士 10 名，开会谈论善后问题。当天没有决议——斯时县政府人员全部逃匿，日军也没有组织政府，城中秩序由四街长暂时维持。到 11 月下旬二三百名日军入太原县驻扎，县人供给饮食，县城成立临时维持联合会，“在城人民入会者多”，并召集阖县各村村长到县开会。[④] 这应该是最早的太原县伪政府。而山西省和太原县的伪政府的建立，则在 1937 年的 12 月了。[⑤]

1938 年元旦，太原县文庙举行伪政府成立大会，新县长为武元恭。[⑥] 晋祠镇设立伪镇长，镇长为孙恕。[⑦] 为增强对民众的控制，1939 年 2 月 2 日，伪政府在晋祠设立第四区区长。为防备八路军偷袭，晋南南堡驻有百十来名日军，并成立所谓“宣抚班”，[⑧] 驻在“各商号以及家户，共 7 处”。[⑨]

日伪政权的建立，最主要的目的就是抢夺民众财富，实现日军“以战养战”的目的。太原县维持会建立之初，刘大鹏就担心日伪组织“对地方非徒无益而且有害”，结果很快就言中。在 1938 年春节，刘大鹏就对新县长充满了失望：“县长未越半月即出征收税务之布告，县民见此布告莫不怨恨武元恭。”[⑩]

当时民众的负担，一是劳役，为日军修筑公路或者炮楼；二是繁重的赋税和摊派；三是管制经济。

1938 年 6 月 5 日《退想斋日记》记载：“村公所起夫修筑汽路，各村

① 刘大鹏：《退想斋日记》，民国 31 年三月初一日。

② 刘大鹏：《退想斋日记》，民国 26 年十月初七日。

③ 刘大鹏：《退想斋日记》，民国 26 年十月十一日。

④ 刘大鹏：《退想斋日记》，民国 26 年十一月初一日。

⑤ 刘泽民等主编《山西通史大事编年》（下），山西古籍出版社，1997，第 1586 页。

⑥ 刘大鹏：《退想斋日记》，民国 26 年十一月三十日。

⑦ 刘大鹏：《退想斋日记》，民国 27 年二月二十日。

⑧ 所谓宣抚班，就是日军的特务进行奴化教育的机构。山西省政协文史资料编辑室：《山西文史资料》第 56 辑，第 4 页。

⑨ 刘大鹏：《退想斋日记》，民国 26 年十二月初一日。

⑩ 刘大鹏：《退想斋日记》，民国 27 年元月初一日。

各修各界。”[①] 6 月 29 日：“日军令起夫修路，本村起夫前后 300 名。”[②] 1939 年 3 月 19 日，村里鸣锣改赤桥村村中街道为马路。[③] 1940 年 6 月 8 日，日军在小店召集各村长开会，系在小店镇汾河上建立汽车桥，令各村出民夫和木料。[④] 为入山“围剿”八路军，日军还经常强迫村中劳动力充当差役，给日军扛各种军用物资。随着晋祠日军和山中八路军形成对峙，从 1940 年起，晋祠镇附近村落村民的主要劳役就是修建炮台。刘氏日记中有关日伪拉夫劳役的记录甚多，以晋祠镇为例：“晋祠镇堡自大乱以来，日本设立宣抚班及部队，平时修葺房屋均为民产。凡动工均向各村要夫前往做工，每日三五十名，八九十名不等。南堡院宇占了大半，中堡尚少，北堡未占。于今五年，无一日不动工，即无一日不起夫。竟向各村轮流摊派支应夫卯之饭费。……人人皆畏日军之威，如狼似虎，莫敢一撄其锋。各村人民无一户不受日军之骚扰，甚至向各村摊派，谁敢违抗！”[⑤]

赋税是日伪政权掠夺民众财富的另外一种手段。为顺利搜刮民财，村公所经常鸣锣示众赶紧缴纳，过期则加重处罚。[⑥] 1939 年 4 月 3 日，太原县政府贴出公告征收钱粮，每一两征收 3 元大洋。[⑦] 到 1942 年，每两钱粮征收增加为 7 元 8 角。[⑧] 1940 年 8 月 13 日，村公所给各户送来派单，刘大鹏一家负担，计有庆祝会花费、保卫团费、高等科费、祭瘟疫费、修汾河桥木料建筑费，共合大洋 1 元 4 角。限两日内送到。

日伪掠夺财富的另一个手段就是统制经济。刘氏日记中最早出现的统制经济机构是稻米合作社，1940 年 9 月 17 日，刘大鹏在日记中写道：“刈稻之家均受窘困，由合作社要把稻米入社购买，不准农家自主。”[⑨] 1941 年秋季太原市场米价为一小斗 7 元，合作社只给农家 3 元。[⑩] 另外，日伪控制下的三晋公司在晋祠开设分处，将赤桥村、纸坊村制作的草纸由其统制购买，村民不得自由买卖。[⑪] 1941 年 9 月 23 日，日军统制一切食物。同

① 刘大鹏：《退想斋日记》，民国 27 年五月初八。
② 刘大鹏：《退想斋日记》，民国 27 年六月初二。
③ 刘大鹏：《退想斋日记》，民国 28 年元月二十九日。
④ 刘大鹏：《退想斋日记》，民国 29 年五月初三日。
⑤ 刘大鹏：《退想斋日记》，民国 30 年三月二十八日。
⑥ 刘大鹏：《退想斋日记》，民国 27 年六月初六日。
⑦ 刘大鹏：《退想斋日记》，民国 27 年二月十四日。
⑧ 刘大鹏：《退想斋日记》，民国 31 年七月初一日。
⑨ 刘大鹏：《退想斋日记》，民国 29 年八月十六日。
⑩ 刘大鹏：《退想斋日记》，民国 30 年十月初十日。
⑪ 刘大鹏：《退想斋日记》，民国 30 年二月二十二日。

年的 11 月 14 日，刘氏日记又记载，西山成立煤炭组合社，一切煤窑均不能自由开采。请一日本人为组合社顾问，每月月薪 600 大洋。[①]

4. 各种日伪协会和奴化教育

在日伪政权建立的同时，各种日伪扶持下的协会和组织纷纷成立，以便麻痹和奴化人民。

1938 年 5 月 13 日，伪太原县署邀请刘大鹏做顾问，参加是日下午两点在太原县文庙举行的男女青年会成立仪式，“抽暇互讨中日文学之精奥”。[②] 1938 年 12 月 11 日，太原县伪政府召开反共救国敬老会，邀请刘大鹏参加。刘大鹏获得寿衣衣料一件，最后到文庙明伦堂聚餐。[③] 1940 年 4 月 26 日，晋祠日军也举行敬老会，赏给每一位老人纸烟四枚，给敬老会条。为奴化妇女，晋祠还多次召开妇女会，1940 年初，就有三次妇女会召开。[④]

日军之奴化教育之另一重点对象就是学校的学生。1938 年 6 月 19 日，日本人在晋祠召开运动会，召集各村学生表演体操，由在场的日本人经办。[⑤] 1938 年 7 月 15 日，伪太原县署召集各村小学教员到县训练一周，训练员为日人，以日文为主，中文次之。报名费 3 元。显然这是日伪对小学教师进行的奴化教育训练。[⑥] 据刘氏记载，这种训练多次进行。日军还在小学生中间建立少年团，以腐蚀儿童，[⑦] 并选 15 ~25 岁青年到晋祠训练，组织青年团，以便对抗八路军。1940 年初，刘大鹏目睹在晋祠训练的青年有百名之多。[⑧]

另外日军还不时召开拥护大会、庆祝大会，以奴化民众。1938 年 8 月 24 日，驻扎在晋祠的日军召开反蒋反战拥护促进大会，召集邻近各村民众以及小学男女学生四五百人。[⑨] 同年 10 月 30 日，晋祠日军召开庆祝占领汉口大会，到会者学生为多，男丁为少。[⑩] 每年 7 月 7 日，日军都要举行卢沟桥事变纪念会，要求各村社火到晋祠去闹红火。[⑪] 1939 年 10 月 30 日，日军在晋祠为战死在太谷的日军举行纪念会，各村小学生到场参加。[⑫]

① 刘大鹏：《退想斋日记》，民国 30 年九月二十六日。
② 刘大鹏：《退想斋日记》，民国 27 年四月十六日。
③ 刘大鹏：《退想斋日记》，民国 27 年十月二十日。
④ 刘大鹏：《退想斋日记》，民国 28 年十二月十三日。
⑤ 刘大鹏：《退想斋日记》，民国 27 年五月廿二日。
⑥ 刘大鹏：《退想斋日记》，民国 27 年六月廿五日。
⑦ 刘大鹏：《退想斋日记》，民国 28 年十月三十日。
⑧ 刘大鹏：《退想斋日记》，民国 28 年十二月初一日。
⑨ 刘大鹏：《退想斋日记》，民国 27 年七月廿九日。
⑩ 刘大鹏：《退想斋日记》，民国 27 年九月初八日。
⑪ 刘大鹏：《退想斋日记》，民国 27 年七月廿九日。
⑫ 刘大鹏：《退想斋日记》，民国 28 年九月初八日。

为收买人心，日军还不时搞一些慈善事业。如 1939 年 6 月，晋祠一带痢疾流行，27 日 20 余名日军在赤桥村观音堂为患痢疾者治疗，免费给医药，并给每户一斤机器面。[①] 1941 年 5 月 21 日，日军在晋祠设立防疫会，到晋祠高小为校长、教员、小学生打防疫针。[②]

抗战期间，在民间社会中，一贯道大肆发展。1940 年一贯道头目张光璧被日伪政权聘任为"外交部"顾问，由此在日伪庇护下更加肆无忌惮。[③] 1937 年 12 月 13 日，有阳曲县关姓者劝刘大鹏加入一贯道，刘大鹏以"守孔门之道，攻乎异端"为由拒绝。1941 年 6 月 1 日，刘大鹏老友郝景星家开一贯道会，刘大鹏妻子史竹楼偕邻居妇女参加。[④]

三　一个保守绅士的乱世生存逻辑

当抗战爆发时，刘大鹏已经年过八十，科举时代训练出来的传统思想与当时社会格格不入，世间的战乱使得刘大鹏内心悲苦异常，儒家"修齐治平"的责任感和对现实的无力，使他精神高度紧张。他数次通过梦来缓释自己的情绪，有两次梦到自己参加会试，第二次竟然梦到他中了第四名传胪。[⑤] 还曾梦到自己组织一个团体，帮助人民解决善后工作。[⑥] 他用伦理纲常的紊乱来解释当下的困境；在对现实软弱无力时，他通过望气、征兆和占卜，还有乡间的灵异事件和谣言来安慰自己；刘大鹏一直强调自己的"良心"未泯，品德高洁，然而面对现实，他曾多次妥协；他一直以地方绅士的身份认同自我，希望能做一些"兴利除弊"之事，而且他也经常这么做，但随着乡村政治的逐渐官僚化，刘大鹏的努力往往无疾而终。

1. 用伦理纲常的紊乱来解释抗战与纷乱

儒家的历史观是"法先王"，容易向后看，得出"今不如昔"的感叹。整部《退想斋日记》都充满了这种悲情的格调。刘大鹏觉得晚清光景，按照他父亲的说法，不如道、咸时期；民国又次于晚清；到了抗战时期，那更不及民国初年了。而导致这些问题产生的终极原因就是"蔑视纲常伦理"。如他在 1937 年 12 月 11 日的日记中说：

---

① 刘大鹏：《退想斋日记》，民国 28 年五月十一日。
② 刘大鹏：《退想斋日记》，民国 30 年四月廿六日。
③ 山西公安厅：《山西一贯道》（内部资料），1991，第 4 页。
④ 刘大鹏：《退想斋日记》，民国 30 年五月初七日。
⑤ 刘大鹏：《退想斋日记》，民国 30 年七月初一日。
⑥ 刘大鹏：《退想斋日记》，民国 27 年六月十二日。

> 自民国以来伦理纲常全行破坏，孝弟忠信，学校不讲，礼义廉耻，竟皆打倒。平等自由毫无秩序，男女混杂，父母无恩。①

这是刘大鹏对于战乱发生的经典表述，在日记中不止一次出现。如1940 年所记："民众受二军之苛虐，其无故欤？盖由民国二十六年秋冬受过一大兵燹祸患，仍皆昧昧昏昏不自觉罪孽深重，依然不孝不弟，不忠不信，无理无义，寡鲜廉耻，竟在黑海暗海中过活，迷魂阵里治生。"刘大鹏以"孝弟忠信礼义廉耻"为八字真言，民国是个"忘八"的社会，要想救世，必须从八字真言做起。

更令人感到残酷的是，刘大鹏对于在战乱中不幸死亡者的看法：

> 晋省大乱为日颇久，人民死伤已经不少，大约皆是破坏伦理纲常之徒，肆意妄为而无孝弟忠信礼义廉耻者也。若夫本心克正，贤良方正，不汲汲于富贵，不戚戚于贫贱之君子，天必佑之。②

儒家的这种"反求诸己"的认识论，固然对于个人修养大有益处，但苛求别人则显残酷，用于救世，则为迂腐。晚年的刘大鹏年老多病，如1940 年 9 月，刘浑身瘙痒，往晋祠求狐仙给药。但当天晚上瘙痒大发，为染病以来最厉害的一次。刘以为是大仙神术扫除此病的副作用，或者是疾病加重，他反思疾病加重的原因是"因为未曾做一件善事，罪恶浩大乎?"

2. 望气、征兆、占卜和灵异事件、民间谣言——弱者对于强权的无力反抗

记日记是理学家进行自我反省的重要途径。《退想斋日记》的前数年，基本上是刘大鹏躬身反思、反求诸己的理学语录杂烩。阎锡山总结日记的题材时，说日记有纪理有纪事，阎氏以自己日记纪理而自诩。但随着刘氏对于世事的失望，《退想斋日记》中纪事的成分便多了起来。但理学的味道，还不时地在日常生活中酝酿发酵。

刘氏是一个学识并不深的乡村理学家，他的知识非常庞杂甚至可疑。虽然他自诩自己坚守孔孟之道，而且"攻乎异端"，但他和天龙山寺庙的住持是好朋友，天龙山举行佛教仪式，他要赶过去参加。而这些都是佛教的东西，作为理学家的刘大鹏并不排斥。

"望气"几乎是刘大鹏每天的"功课"。只要身体允许，刘大鹏每天

① 刘大鹏：《退想斋日记》，民国 26 年十一月初九日。

② 刘大鹏：《退想斋日记》，民国 26 年十月廿四日。

“昧爽”即起，登高望气，[①] 而天气的好坏则直接影响到他的情绪。如1937年4月12日刘氏日记：

> 风号不一，通宵达旦，令人不安。今朝风仍大号，下了几点雨，霾雾纷纭尚是黑暗世界。高瞻远望，令人闷闷不乐，致生忧世忧民之念，徒唤奈何！[②]

但当天朗气清时，哪怕是世事再艰难，刘大鹏的情绪也会非常高涨。如1940年2月9日刘氏日记：

> 崇朝天清气朗，余对光辉耿耿存心，殊觉兴会淋漓，有眼空四大，念□千秋之态度。浑忘自己为忘国奴已数年矣。[③]

除天气外，刘大鹏非常注意节气和时令的关系。在他看来，春暖、夏溽、秋凉、冬寒是正常气候，如果出现意外，则以《礼记·月令篇》为依据，进行猜测。如他在1937年4月12日的日记中记道，《礼记·月令篇》云：季春行冬令则寒气时发，草木皆肃，国有大恐；行夏令则民多疾病，时雨不降，山陵不收；行秋令则天多沉阴，淫雨早降，兵革并起。写此日记时，太原地区阴雨连绵，甚至有降雪，刘氏以为这是“季春行冬令”，要发生叛乱，大为惊恐。

刘氏的“望气”和通过气候占卜，很不符合宋明以来理学家的修养和习惯。这些“妖妄”的东西更像两汉儒家的“谶纬”观念。他似乎非常执着于“天人感应”之类的今文经学的东西，他读过《公羊春秋》，1882年曾在太原府崇修书院读过书，当时山西闻喜的今文经学大师杨深秀曾做过他的老师，这估计是刘大鹏望气和占卜的思想渊源。但今文经学的“变通”思想，刘氏没有学到；他一生都诋毁康梁和他的老师杨深秀开创的维新事业，刘氏学到的只是今文经学的糟粕。刘氏的“谶纬”观念，使他深信征兆之说。

当个体面对战乱时，往往软弱无力。传统文人于此时只好借助扶乩、占卜来缓解心中的紧张和无奈。《退想斋日记》数次记载刘大鹏的占卜活

---

① 刘大鹏于1942年8月30日去世，8月25日他记了最后一篇日记，当天阴雨连绵，刘氏当然不能出门。前一天即8月24日，刘氏还“登高远望”，可见望气已经深入刘氏骨髓。刘大鹏：《退想斋日记》，民国31年七月十三日。

② 刘大鹏：《退想斋日记》，民国26年三月初二日。

③ 刘大鹏：《退想斋日记》，民国29年元月初二日。

动。1937 年 11 月，局势日益紧张，刘大鹏入县城找县长未果，到老友陈寅庵家中，“占卦问吾县日军扰乱否?”得山天大畜卦，批曰：“世持鬼爻安静，心上忧愁。但鬼之原神入墓，鬼不得生我处。定无损害。”但 11 月 8 日，日军即攻陷太原。刘大鹏在 1939 年 1 月 9 日读到 1939 年元旦的《新民报》，上载有汪精卫与日本和谈的消息。[①] 刘大为兴奋，以为只要和谈成功，日军就可撤军。于是在 1 月 12 日，刘氏到晋祠朝阳洞吕祖前拈香抽签，“问两国和谈与否？予意盼和谈甚切，欲救两国之性命”。占得“坎为火”卦，“光明美丽之象也”。[②]

刘氏非常热衷占卜，尤其对吕祖庙擎签非常虔诚。在他的日记中还保留着几张吕祖卦签。从效果上看，刘氏的占卜多归于无效。但可能占卜本身就是一种心理安慰，弱势群体面对暴政，也只能如此自我安慰了。

在《退想斋日记》中还有很多灵异事件和谣言值得注意。如 1941 年 11 月 2 日刘氏日记记载，新民会会长在旧县署中被神鬼播弄，将日人“头栽于地足上顶天，昏迷不醒。又听人说，警备队先占西街隆恩寺，开正殿取足踏小车，见殿中卧一大蛇，长有三丈，粗有水桶。该队拜跪祷祝，蛇忽不见。于是警备队移出城，占晋祠晋恒造纸厂。”[③]

现实的日军蹂躏，民众无可奈何，灵异事件中的鬼神捉弄日军，符合一般群众的心理。

另外日记中还有很多谣言。如 1938 年 4 月，有童谣曰：“日军及早赶快走，尚有娘子关一口；若仍在晋乱横行，决定死在红军手。”当时日军在中国奸淫掳掠，民众痛恨至极，有此童谣之流传。灵异事件和谣言之所以能够传播，是因为一般都符合民众彼时的心理需求。面对残暴的日军，民众只能逆来顺受，他们只有寄希望于鬼神和童谣，希望日军早日失败，自己早日恢复正常生活。

3. 在“君子”和“乡愿”之间

刘大鹏一直以“君子”自期，在日记中，刘大鹏一直说自己内心尚存一颗“良心”未泯，以此可以上质苍天，下对父母。但面对残酷的现实，刘大鹏为生存往往只能做“乡愿”，以图苟且偷生。

以君子自期的刘大鹏，痛恨汉奸，但自己的很多行为几乎踩在汉奸的

---

① 刘大鹏：《退想斋日记》，民国 27 年十一月十九日。

② 刘大鹏：《退想斋日记》，民国 27 年十一月廿二日。

③ 刘大鹏：《退想斋日记》，民国 30 年九月十四日。

红线上。如日军攻陷太原不久，刘大鹏就往县城参加维持会议，虽然没有成功。1939 年元旦，日伪太原县署成立，刘大鹏赴县城参加庆祝仪式。① 1938 年元月初二日，日伪政府聘请刘大鹏做自治委员会县民代表，刘亦答应。对日军恨之入骨，但参加了日军组织的“反共救国敬老大会”，并津津乐道他获得的奖品。刘大鹏对日伪太原县知事武元恭非常不满意，但当武元恭六十寿诞时，虽然刘“大费踌躇，不愿为之”，但还是写了祝寿词，还参加了寿宴。② 对日伪政府公务员的腐败深恶痛绝，但又让自己的四子参加伪省署的“训练佐治班”，③ 后来其四子在文水县署和太原县署为日伪政府工作。对村公所的贪污行为一直不屑，但有机会到村公所揩油时，刘也不推辞。在 1938 年 7 月 18 日的日记中，刘大鹏承认自己是“乡愿”。

1940 年刘大鹏家乡流行瘟疫，6 月 27 日村公所祭祀瘟神，并请刘大鹏与祭。刘大鹏在日记中写道：“村公所祭祀瘟神，延僧诵经，雇乐工鼓吹，一切费用皆公款。村人请予与祭，早午到村公所用餐。村中之吃庙贼亦是村中之蠹也。老而不死为贼，岂虚语哉！”④ 刘大鹏以蠹虫和贼自责，一方面是儒家所谓的“天良”未泯，另一方面也反映出他的两难处境。

刘大鹏一直蔑视名利之徒，但清夜自问，还是跳不出名利圈，他自道：“予今年八十有四，虽系再生于世，率不能摆脱名利两端。夙与夜仍在争名夺利中过活，愚昧孰甚焉！”⑤

刘大鹏曾著《晋祠志》，对晋祠文物最为熟稔。所以经常有日伪官员来赤桥村询问，刘大鹏一般都积极给予帮助，在日记中不下数处有类似的记载。但 1940 年 4 月 13 日，有日人来访晋祠古迹，刘大鹏躲避日人，“家人答予不在家”，显得颇有气节。⑥ 但另外一件事情就令人啼笑皆非了，1940 年 8 月 14 日刘大鹏与晋祠区公所伪区长发生争执。之前伪区长要求刘大鹏带《晋祠志》见他，刘大鹏以病推托。8 月 14 日中午，伪区长派区警请刘大鹏带《晋祠志》去见他。刘大鹏无奈，但在区公所等了两个小时才得见面，刘认为是屈辱，居然以日军都对他恭谦来自抬身价。最后，伪区长亲自将刘大鹏扶上驴车，这才作罢。之后山西省日伪政府两次祭祀赤桥村附近的风洞，刘大鹏都积极参与。

---

① 刘大鹏：《退想斋日记》，民国 26 年十一月三十日。
② 刘大鹏：《退想斋日记》，民国 28 年元月三十日。
③ 刘大鹏：《退想斋日记》，民国 28 年四月廿三日。
④ 刘大鹏：《退想斋日记》，民国 29 年五月廿二日。
⑤ 刘大鹏：《退想斋日记》，民国 29 年六月十四日。
⑥ 刘大鹏：《退想斋日记》，民国 29 年三月初七日。

4. 逐渐褪色的乡村绅士角色

刘大鹏是中国乡村社会的维护者，是民众拥戴的“绅士”。在《退想斋日记》中，我们很容易发现乡村社会对刘大鹏的尊重，譬如乡村红白喜事、附近寺庙道观法事、村落祭祀社火，都离不开他的参与。而深受儒家理学熏陶的刘大鹏也以“兴利除弊”、“救万民于水火”自诩。他以他的乡村利益为重，只要是有害于乡村的事情，刘大鹏都要呼吁发声。但自阎锡山的村政建设之后，国家政权逐渐渗透进了乡村，村公所的建立进一步挤压了绅士的权威空间。村公所是村落执行村务的行政机关，是山西省政令得以在乡村贯彻的保证。阎锡山非常重视这一机构，他说：“村公所不健全，村本政治等于空谈。”① 刘大鹏讨厌阎锡山政治的一个重要原因，就在于此。

1937 年初，山西省准备在生产草纸的赤桥村和纸坊村之间建立新华、晋恒机器造纸厂。刘大鹏以为如果造纸厂建立，则肯定要影响到两村的手工造纸业。② 于是到纸坊村联络众人，共谋抵抗之策。刘大鹏甚至将控告信寄往南京国民政府，被国民政府又转给山西省政府，当时山西省政府主席赵戴文专门给刘的上控信以批示，③ 但最终未能阻拦造纸厂之建设。

日伪政府成立后，刘大鹏以绅士之身份，还是可以自由出入县署，谒见县知事。1938 年 4 月 22 日，刘大鹏入县城谒见县知事武元恭，建议“释放关押罪轻之犯，以‘罪疑为轻，功疑为重，与其杀不辜，宁失不经’古训言之”。结果“县长不以予为重”。④ 之后刘大鹏感叹“近年来风靡俗坏，鄙弃老成”。1938 年 6 月 12 日，刘大鹏赴县署参加绅士会议，绅士到会者十五六人。县公费不足，“众议不准向民筹款，由商会暂借 1500 大洋救急”。⑤ 绅士代表民众利益，为当权者不喜。1941 年 5 月 13 日，太原县新任崔知事召集绅士会议，“可称绅士者无几”。会议讨论修建塌毁的县署，刘大鹏以当下世局民贫财拙，制止之。“众皆不听，只是建议修建费向民筹款，大拂予意。”⑥

在阎锡山时代，刘大鹏就以绅士身份参加太原县的“古物保存会”，

① 《阎司令长官手谕》，《村本政治》半月刊，第 1 卷第 5 期，1924。

② 刘大鹏：《退想斋日记》，民国 26 年三月初四、初五日。

③ 刘大鹏：《退想斋日记》，民国 26 年五月初二日。

④ 刘大鹏：《退想斋日记》，民国 27 年三月廿二日。

⑤ 刘大鹏：《退想斋日记》，民国 27 年五月十五日。

⑥ 刘大鹏：《退想斋日记》，民国 30 年四月初七日。

参与保护天龙山石窟、编撰县志等工作。1941年5月11日，太原县日伪县署成立“古物保存会”，以刘大鹏为会长。[①] 这个组织有新民会次长、县公署顾问两个日本人为会员，每月给刘大鹏车费5元。刘大鹏推辞不受。通过古物保存会，刘大鹏主持修复了县城孔庙大成殿，印县志书；[②] 要求县政府保护风洞，并参与风洞祭祀。另外最大的举措，就如上文所提，保护晋祠的古树和文物避免被日军破坏。

四 结语

刘大鹏生活在一个“礼乐崩毁”的时代，他的理学修养和世界观与当时的社会格格不入。他诅咒民国的政治，尤其是阎锡山的政治。因为阎锡山的“村本政治”严重压榨其在乡村作为绅士的生存空间。1937年全面抗战的爆发，将刘大鹏推向另外一种困境：一个保守绅士如何面对一场突如其来的民族灾难，而这个灾难的制造者一直是他复辟前朝的希望所在。刘大鹏身后留下的《退想斋日记》为我们观察刘大鹏的抗战生存和当时的乡村实景，提供了最丰厚和真实的资料。在日军蹂躏之下，民众生活困苦；刘大鹏用他泛伦理的认识论来解释战乱和周边的一切；在无能为力时，他通过占卜、望气、灵异事件和童谣来纾解内心的紧张；为生存，他游移在“君子”和“乡愿”之间；儒家的“修齐治平”思想让他成为乡村社会的代表，作为绅士的他一直想兴利除弊，但近代以来，国家政权日益深入乡村，刘大鹏处处碰壁。尤其在日占区，作为“亡国奴”的刘氏更得小心翼翼地生存，他能够做的的确非常有限。

在阅读资料的过程中，笔者发现了一个很有意思的现象。《退想斋日记》有数处批语，以1938年二月初二、初四和初六为例，批语在日记的空白处。分别是：（1）“此老不仅是地主，还兼商业买卖。”（2）“傅作义部队远在黄河边，此地主之幻想也。”（3）“有何民族观念。”还有一处批语，直指刘大鹏为汉奸。这些批语皆为繁体字，当是新中国成立之后历次政治审查的批语。按此批语，刘大鹏阶级身份为地主，《退想斋日记》中他雇用工人的证据很多。但刘大鹏以80多岁高龄，持锄荷担，亲自劳作，一方面是他家的子孙多在外边做教员，另一方面是因为刘氏家庭经济的困顿。日记中多处记载刘家借米，亦是刘氏经济状况的体现。刘大鹏地主身

① 刘大鹏：《退想斋日记》，民国30年四月初五日。
② 刘大鹏：《退想斋日记》，民国30年四月初七日。

份与他的经济状况不相符合。另外一个值得注意的问题，即刘大鹏是否为汉奸？刘确实准备参与组织临时维持会，但没有成功。之后刘大鹏参与的组织，多属社会性质，通过古物保存会，刘氏还做了不少好事。在那个战火纷飞的年代，后人似乎应该对先人存一些理解和敬意，就是陈寅恪所言的“同情之理解”吧。

《申报》里的钱锺书文献稽考

刘桂秋*

提　要　本文根据《申报》中对民国时期有关钱锺书先生的报道，参照其他相关史料文献，对以往钱锺书生平史研究中的一些空白或疑而未明之处，如钱锺书考取庚款留英生前往英国留学、参加世界青年大会、被聘为上海市中学教师暑期讲习会讲师并作讲习、就美军侮辱女生案参与发表书面意见、参加联合国教科文组织远东区基本教育研究会议、参加赴台文物展及与乔大壮唱和等事，进行了比勘研究，发现了一些迄今未经人道及的钱锺书生平史迹，并对其他文献资料中的一些讹误之处进行了辨订。

关键词　《申报》　钱锺书　生平研究

近二三十年以来，有关钱锺书研究的论著甚夥，其间还出版刊行了多种钱锺书传记。但因为史料欠缺等多种因素，对于钱锺书先生个人生平史、学术史的研究，迄今仍有不少空白或疑而未明之处。近时，笔者利用《申报》全文数据库，对其中涉及民国时期有关钱锺书先生的报道，参照其他相关的史料文献，进行了仔细的比勘研究，发现里面有不少内容，或可以填补以往研究的某些空白，或可以据此来订正以往钱锺书传记及其他相关论著的一些讹误之处。爰草成《〈申报〉里的钱锺书文献稽考》一文，全文分六节，每节先列《申报》中的相关报道，再继之以笔者的考订文字。

一　钱锺书考取庚款留英生、前往英国留学

《申报》关于钱锺书考取庚款留英生、前往英国留学的相关报道主要有如下几则：

---

*　江南大学人文学院副教授。

（南京二十三日电）中央庚款会三届留英公费生考试，已于月初在京、平两地举行。当由校试委员王世杰、丁文江、沈刚伯、李圣五等五十人，赶将试卷评阅完竣，嗣于二十二日在该会事务所召集考试委员会议。该会董事长朱家骅，亦出席参加讨论，将应考人分数详加审核，按照及格标准，录取二十四人：一、英国文学一名：钱锺书（清华）……闻此次录取标准，因各考生一般成绩较前两届尤优，特将总平均及格分数提高。又据该会负责人云，定七月中召集录取人在京谈话，八月初启程放洋。①

（南京八日电）中英庚款会录取之第三届公费留英学生，八月初放洋出国。旅费服装费，业已决定，计川资为八十镑，服装费二十四镑，共一百零四镑（约华币一千五百元）。②

中英庚款董事会考试录取之第三届留英公费学生，定七月二十二日前须赴南京报到，在京请名流学者作短期之演讲会后，于八月六日离沪放洋。已分别通知各生遵照办理矣。③

（南京二十四日电）朱家骅二十三日晚，欢宴中英庚款留学生。席间朱报告中英庚款，经中央决定分配办法及分配经过，与该会管理情形。次请戴传贤演说，颇多勖勉，词极恳挚，各生深为感动。④

……又本届由中英庚款项下补助留英学生二十四人，已定今日搭英邮凯森号启程赴英。该会特于昨日下午四时，假座霞飞路一九二五号威尔金逊氏住宅，举行欢送会。参加者除该会董事朱家骅、宋子良、曾镕浦、陈蔼士、刘瑞恒等外，并请市长吴铁城、驻沪英总领事白利南及英总商会会长马锡尔等多人。由朱家骅、吴铁城分别致词，学生代表答词，至七时许散会。⑤

中英庚款董事会考选录取之第三届留英公费学生，于上月集中南

① 《英庚款留英生三届录取二十四人》，《申报》1935 年 4 月 24 日，第 13 版。
② 《中英庚款会公费留英生八月放洋》，《申报》1935 年 6 月 9 日，第 19 版。
③ 《中英庚款会三届留英生限期报到》，《申报》1935 年 7 月 6 日，第 14 版。
④ 《朱家骅宴庚款留英生》，《申报》1935 年 7 月 25 日，第 13 版。
⑤ 《中英庚款董事会通过导淮及粤汉借款》，《申报》1935 年 8 月 6 日，第 10 版。

京作短期之演讲后，即行来沪办理出国手续。现定今日在沪乘凯森号轮赴英。闻每人川资、服装费等需一千五百国币云。[①]

庚子赔款英国退还部分所派留学英国之中国学生二十三人，已于今日抵此，暂寓中华学社附近之某旅馆，以待分入牛津、伦敦、爱汀堡、孟却斯德、里资、东玛抹等大学及农科专校肄业，而无一入剑桥大学者。虽有数人提出申请，惜为时已迟，未经容纳。英伦中国学生会各大学小组委员会等机关现拟开会欢迎。[②]

关于钱锺书考取第三届庚款留英生的情况，吴学昭著《听杨绛谈往事》一书中有如下的记载："1935 年春假，钱锺书没有北来与阿季（引者按：指杨绛）相聚。他教书将满两年，已有资格参加中英庚款留英考试。本届招收留英学生二十余人，英国文学专业只有一个名额。许多人听说钱锺书本年报考，便不再报名。吴宓在清华研究院指导的研究生吴仲贤成绩很好，中英文俱佳，原来也准备考庚款学文学；吴宓得知钱锺书已报名，便劝他报考别的专业。吴仲贤于是改报畜牧……钱锺书以高分考上了庚款留英，他是本届唯一被录取专攻英国文学的学生。中英庚款董事会董事长朱家骅参加了主考，对钱锺书成绩印象深刻，很赏识。"[③]

而我们则可以根据上引《申报》的相关报道，进一步了解到钱锺书和其他二十余位第三届庚款留英生从被录取到"放洋"前这期间的有关情况和行踪：录取后不久，定下每位留英生的旅费为 80 镑，服装费为 24 镑，共 104 镑，约当国币 1500 元；当时有关管理部门要求所有留英生于 1935 年 7 月 23 日前赴南京报到，请在南京的名流学者给他们做短期演讲；7 月 23 日晚，由中英庚款董事会董事长朱家骅宴请留英生，席间由朱家骅"报告中英庚款，经中央决定分配办法及分配经过，与该会管理情形"，并由戴传贤（字季陶）演讲；8 月 5 日下午 4 时，假座上海霞飞路 1925 号威尔金逊氏住宅，举行欢送会，由朱家骅和上海市市长吴铁城分别致辞，学生代表答辞。

《听杨绛谈往事》一书又载："阿季和锺书是 1935 年 8 月 13 日乘 P&O 公司的邮轮离开上海远航的……邮轮在海上行驶三星期，于 1935 年 9 月初抵英国。……阿季和锺书没有直奔牛津，而留在伦敦小驻观光……。"[④] 但

① 《中英庚款会考选留英生今日放洋》，《申报》1935 年 8 月 6 日，第 14 版。

② 《我留英学生抵伦敦》，《申报》1935 年 9 月 14 日，第 11 版。

③ 吴学昭：《听杨绛谈往事》，生活·读书·新知三联书店，2008，第 94 ~ 95 页。

④ 吴学昭：《听杨绛谈往事》，第 102 ~ 103 页。

现在根据《申报》当时的“实时报道”，钱锺书等人离开上海赴英的日期是 8 月 6 日，而非 8 月 13 日，乘坐的英国邮轮名叫“凯森号”；抵达英国伦敦的日期是 9 月 13 日，而非 9 月初。这或是杨绛在多年以后回忆往事时，在记忆上出现的误差。

二　钱锺书参加世界青年大会

关于 1936 年的世界青年大会，《申报》曾有这样一则报道：

> 日内瓦国联同志会总会，为谋鼓励国际青年合作，促进世界和平，于本月初在日内瓦举办世界青年大会，聘定各国权威学者多人，莅会演讲，及领导青年。分三组讨论：（一）国联组织问题；（二）世界经济与社会制度之改进；（三）如何从各方面促进和平。我国国联同志会派定留欧学生钱锺书等组代表团，团员在三十人左右，均系我留学欧洲各地之优秀青年。该团已行抵日内瓦，正式出席大会。各国代表及新闻界对我代表阵容之整齐，备致赞扬。七日该会举行全体大会，闻我代表团将提出请各国注意远东形势，遵重条约，制裁侵略国等项提案。（六日中央社电）①

以上一则，报道的是 1936 年 9 月，中国组成代表团，参加第一届世界青年大会。钱锺书以留欧学生的身份，和妻子杨绛一起，成为中国代表团的成员。

1936 年 8 月底至 9 月初，由国际联盟同志总会召开的第一届世界青年大会在瑞士日内瓦举行，中国留学生组成代表团参加了这次大会。巴黎中国书报社《中国代表团参加世界青年大会报告书》中记：“中国代表团出席大会的共 20 人：由法国赴会者有王海镜、徐寿轩、朱伯奇、何德鹤、刘汀业、王檠、王静如、陈柱天；由英国赴会者有胡秋原、侯雨民、钱锺书、钱清廉、伍启元、杨季康（女）；由中国直接赴会者有陶行知、陆璀（女）；由美国赴会者有蔡葵（女）；由瑞士赴会者有谢劲健、潘济南、王冷樵。团长王海镜，法文秘书朱伯奇，英文秘书钱清廉，中文秘书陆璀。”②

---

① 《国联同志会举办世界青年大会开幕》，《申报》1936 年 9 月 7 日，第 7 版。

② 《中国代表团参加世界青年大会报告书》的部分内容，后来以《中国代表团参加世界青年大会》为题，收入《陶行知文集》第 12 卷（四川教育出版社，2002）的附录中，本文引述的内容即出自该书，见该书第 472～473 页。

对于钱锺书、杨绛夫妇参加此次世界青年大会的情形，杨绛后来在她的著作和与吴学昭的谈话中，有较为详尽的回忆。如《我们仨》中记：

……巴黎的同学更多。不记得是在伦敦还是在巴黎，锺书接到政府当局打来的电报，派他做 1936 年“世界青年大会”的代表，到瑞士日内瓦开会。代表共三人，锺书和其他二人不熟。我们在巴黎时，不记得经何人介绍，一位住在巴黎的中国共产党员王海经（引者按：“经”应为“镜”，下同）请我们吃中国馆子。他请我当“世界青年大会”的共产党代表。我很得意。我和锺书同到瑞士去，有我自己的身分，不是跟去的。

锺书和我随着一群共产党的代表一起行动。我们开会前夕，乘夜车到日内瓦。我们俩和陶行知同一个车厢，三人一夜谈到天亮。陶行知还带我走出车厢，在火车过道里，对着车外的天空，教我怎样用科学方法，指点天上的星星。

“世界青年大会”开会期间，我们两位大代表遇到可溜的会，一概逃会。……重要的会，我们并不溜。例如中国青年向世界青年致辞的会，我们都到会。上台发言的，是共产党方面的代表；英文的讲稿，是钱锺书写的。发言的反映还不错。[①]

又《听杨绛谈往事》一书中记：

……到巴黎，中国同学更多，阿季和锺书还没来得及和老同学、朋友们畅快交流，就匆匆一起去瑞士日内瓦参加 1936 年 7 月召开的第一届世界青年大会了。锺书当代表，是政府当局由国内拍电报来指派的；阿季呢，是经友人介绍而认识的一位在巴黎的中共党员，邀请她当中共方面的青年代表。他俩随共产党的代表一起活动。开会前夕，同乘夜车赴日内瓦，他俩和陶行知一个车厢，三人一夜聊到天亮。

开会期间，重要的会议，阿季和锺书都参加。按理，大会代表中国青年发言的，该是国家特派的代表，但锺书不爱做这类事，正好共产党代表要争取讲，锺书就把他写的中国青年向世界青年的英文致辞交她上台去念。[②]

杨绛在回忆这段往事时，对于一些细节，仍然有一些“记忆上的误

① 杨绛：《我们仨》，生活·读书·新知三联书店，2003，第 82～83 页。

② 吴学昭：《听杨绛谈往事》，第 121～122 页。

差”。虽然上引《申报》的报道很简略，没有提供更多的信息，但我们可以根据其他相关的史料文献，对这些“记忆上的误差”略作考辨订正。

1.《听杨绛谈往事》说第一届世界青年大会是于“1936 年 7 月召开”，但据中国代表团成员陆璀、伍启元等人写的文章，当时国内报刊媒体的报道及其他许多史料文献的记载，这次会议的召开日期是从 1936 年 8 月 31 日到 9 月 6 日。而上引的一则《申报》的报道中说“（九月）七日该会举行全体大会”，可能是因为辗转抄发电讯的缘故，在日期上也有问题，“七日”当是“一日”之误，因为第一届世界青年大会 9 月 6 日即已闭幕了。

2.《我们仨》和《听杨绛谈往事》两书都提到中国青年向世界青年的英文致辞，是钱锺书写的。《听杨绛谈往事》更是交代，这一英文致辞是钱锺书写好后，交由一女性代表（“她”）上台去念的。

《中国代表团参加世界青年大会报告书》曾叙及，在本次大会的整个过程中，中国代表做发言的，主要有以下几次：

一是“9 月 1 日上午第一轮大会，听取各国代表报告各该国青年运动之现况。陆璀代表中国向大会作五分钟的报告”。

二是“9 月 2 日下午第一组讨论如何加强国联使成为更有效的国际和平组织时，中国代表王海镜发言……”。

三是“9 月 3 日下午徐寿轩在第二组作了‘中国最近经济及社会的动态’的发言”。

四是 9 月 6 日“大会闭幕时，王海镜登台代表亚洲青年发言”。

此外，“中国代表团除参加世界青年大会的统一活动外，还在 9 月 4 日下午四时，假中国驻国联代办处招请各国代表茶会，王海镜、陆璀均有演说”。①

细味《我们仨》和《听杨绛谈往事》的文意，“中国青年向世界青年的英文致辞”，应该是指 9 月 1 日上午第一轮大会上“陆璀代表中国向大会作五分钟的报告”。因为中国代表在会议期间的几次发言，除了闭幕式上的发言之外，只有这一次是在全体大会上的发言，其余的都是小组会上的发言或茶话会上的演说，恐怕也只有这一次才能称得上是向“世界青年”的致辞。另外，在上述的几次发言者或演说者中，只有陆璀是女性，杨绛说由“她”上台去念致辞，那只能是指陆璀。

陆璀在第一轮全体大会上发言的题目是《中国青年为保卫祖国独立与

① 《中国代表团参加世界青年大会》，《陶行知文集》第 12 卷，473 页。

世界和平而奋斗》，这个发言的中文稿曾全文刊载于1936年9月10日的巴黎《救国时报》（中文报纸）上。1995年，陆璀编订自己历年文稿为《晨星集》出版，其中有一篇文章的题目是《“一二·九”运动走向了世界》，文中有一节是“世界青年大会”，记叙作者参会的情况；而《中国青年为保卫祖国独立与世界和平而奋斗》作为“附件一”附于此文之后。对于这个发言稿的起草，各家也有一些角度不一的记述。

一是陆璀在为《晨星集》中收录这个发言稿时所做的“几点说明”的第一点中说：“这个发言稿是中国代表团共同拟定的。”①

二是《救国时报》1936年9月25日刊载了一篇《为祖国而奋斗的中国青年并为世界和平而奋斗——日内瓦通讯》，文中说：“关于大会的发言及提案，都事先经过代表团全体讨论通过后始得执行……”②

三是代表团成员之一伍启元，后来在《参加世界青年大会的观感（伦敦通讯）》一文中说：9月1日上午会议上“我国代表团之演讲稿由钱清廉起草，由陆璀宣读。”③

参照以上诸说，并揆诸事理，我们可以基本了解这个发言稿的形成过程：它经代表团成员共同讨论，由钱清廉执笔起草（钱清廉是中国代表团的英文秘书，由他来执笔起草英文稿，也是很顺理成章的事情），最后由陆璀在大会上宣读。在讨论和起草的过程中，钱锺书可能对发言稿有所贡献，但如说这份发言稿都是由钱锺书一人所写的，则恐怕不够确切。

3.《我们仨》说：“上台发言的，是共产党方面的代表”；《听杨绛谈往事》中也说：“按理，大会代表中国青年发言的，该是国家特派的代表，但锺书不爱做这类事，正好共产党代表要争取讲，锺书就把他写的中国青年向世界青年的英文致辞交她上台去念。”据《晨星集》一书所附的“陆璀简历”，1936年5月全国学生救国联合会在上海成立，陆璀担任宣传部部长；1936年6月她加入共青团，同年10月转为中共党员。也就是说，1936年9月上旬世界青年大会召开时，陆璀还不是中共党员。另外，陆璀自己在《“一二·九”运动走向了世界》一文的“世界青年大会”一节中说：“世界学联几次给我们来信，力劝和敦促我们务必派代表前去出席。

① 陆璀：《晨星集》，人民日报出版社，1995，第40页。

② 《为祖国而奋斗的中国青年并为世界和平而奋斗——日内瓦通讯》，共青团中央青运史工作指导委员会等编《中国青年运动历史资料》第13集，中国青年出版社，1996，第287～288页。

③ 伍启元：《参加世界青年大会的观感（伦敦通讯）》，《中国国际联盟同志会月刊》第1卷第7期。

认识到这件事的重要性，全国学联决定派代表去。但是学联没有钱，只能派一个人。于是学联开会决定，派我作代表去参加。”① 也很清楚地说明她是以中国学联代表的身份而不是以“共产党方面的代表”的身份参加这次大会的。同一篇文章中又说：“由于我是唯一参加了‘一二·九’运动并直接从国内派出来的学生代表，所以，就公推我代表中国青年在大会上发言。”这说明她代表中国青年发言，同样也不是以共产党代表的身份。

三 钱锺书被聘为上海市中学教师暑期讲习会讲师并授课

《申报》关于上海市中学教师暑期讲习会的报道较多，与钱锺书相关的有如下几则：

> （本报讯）上海市中学教师暑期讲习会，昨日（八日）为第一日，到学员一百余人，分四个教室讲习。各讲师精神饱满，讲解浅显动听，各学员且听且记，个个尽兴而归。兹将各科讲习纲要，探志如下：（数学）华罗庚讲《数论中之著名问题》……（国文）蒋竹庄讲《中国学术变迁大势》……（英文）钱锺书讲《英国文学之政治与哲学背景》。（化学）周铭讲《原子学说概论》。（地理）王成组讲《地理学之见解》……②

> （本报讯）本市教育局主办之上海市中学教师暑期讲习会，学员研究兴趣极高。兹将第二、三日讲习纲要，探志于下：
>
> （数学）华罗庚讲：数的几何学，并介绍明古斯基的数的几何学。陈省身讲：几何学的发展，并说明非欧几何学，与投影几何学。……（英文）钱锺书讲：幽默与古西洋心理学。……（地理）王成组讲：地理学之资料。③

> （本报讯）本市中学教员暑假讲习会第六、七两日（十三、四日）讲习纲要如下：（数学）周炜良讲；近世几何学的新发展……（历史）钱穆讲：（一）历史教育之任务，（二）中国近代史学界之概况。（国文）钱穆讲：（一）国文教学之旨趣，（二）如何欣赏文学？（英文）

① 陆璀：《晨星集》，第 28 页。

② 《中教暑期讲习会昨第一日讲习》，《申报》1946 年 8 月 9 日，第 6 版。

③ 《中教暑期讲习会第二、三日讲习纲要》，《申报》1946 年 8 月 11 日，第 6 版。

孙贵定讲：英语教学法的研究……①

（本报讯）上海市教育局主办之中学教师暑期讲习会，第八、九两日（十五、六日）讲习纲要如下：（数学）朱公瑾讲：Plateau 问题对于最近解析数学之影响。（物理）许国保讲：近世物理概况。（化学）曹梁厦讲：中学化学实验上之问题。（国文）钱穆讲：关于字句篇章背景作意种种教授法之实际举例。（历史）钱穆讲：中国史之新评价。（地理）王成组讲：地图相片等之应用……②

1946 年 8 月，为“促进中学指派教师进修，提高中学教育效能起见”，上海市教育局举办了中学教师暑期讲习班。讲习班假座上海交通大学校内进行，于 8 月 7 日上午举行始业式，8 月 8 日正式开班，8 月 18 日全部课程讲习完毕，8 月 19 日下午举行结业式。在此期间，《申报》第 6 版作为教育专版，对这次讲习活动的全程都有较为详尽的报道。

据《申报》报道，讲习班原拟分作国文、英文、数学、生物、化学、物理、历史、地理、劳作、图画、音乐、体育等 12 科；后劳作、图画、音乐、体育 4 科，因人数不足而未开班。这次讲习班于各科讲习的内容，都同时包含两个方面：一是本学科的专业知识及研究动态，二是本学科的教学讨论与教法研究。所聘请的讲习教师，都是当时国内大学里各专业的知名学者，其时已为暨南大学教授的钱锺书也在被聘请之列。

1946 年，抗战时期内迁福建建阳的国立暨南大学又迁回上海。《申报》1946 年 8 月 7 日 6 版有一篇报道，叙暨南大学开始招生，并已聘定包括钱锺书在内的一批教授。而据上引的《申报》报道，已被聘为暨南大学外文系教授、但因暑期尚未正式开课的钱锺书，也被聘为这次暑期讲习班的英文科的讲习教师，并于第一日讲授了《英国文学之政治与哲学背景》，第二、三日讲授了《幽默与古西洋心理学》。

值得注意的是，据上引《申报》的后两则报道可知：另一位无锡籍的现代学术大家钱穆，也被聘为这次暑期讲习会历史、国文两科的讲师，并前后做了四场讲习。前两次是在 8 月 13 日和 14 日，为中学历史教师讲“历史教育之任务”及“中国近代史学界之概况”，又为中学国文教师讲“国文教学之旨趣”及“如何欣赏文学”；后两次是在 8 月 15 日和 16 日，

① 《中教讲习会六、七两日讲习纲要》，《申报》1946 年 8 月 16 日，第 6 版。
② 《中教讲习会八、九两日讲习纲要》，《申报》1946 年 8 月 17 日，第 6 版。

为中学国文教师讲《关于字句篇章背景作意种种教授法之实际举例》，又为中学历史教师讲《中国史之新评价》。

据钱穆《师友杂忆》中记，“及抗战胜利，余因病体弱，仍留（成都）华西坝一年。又不敢乘长途汽车，经剑阁由陆路归，遂于 1946 年夏乘飞机赴重庆，再乘飞机直达南京转苏州”。不久，于忠义在云南昆明创立五华书院，邀请钱穆前往，“遂欣然允诺，于 1946 年秋，只身前往”。[①] 而钱穆应邀担任上海中学教师暑期讲习班国文科及历史科的讲习教师，应该就是在他回到苏州而尚未去昆明期间。

据笔者所知，钱锺书和钱穆分别应邀担任上海中学教师暑期讲习班讲习教师并作多次讲习一事，在此之前，从来未见过任何钱穆、钱锺书的传记及研究论著道及。因此，笔者所发现的当年《申报》中的这些报道，正可以弥补以前钱穆研究及钱锺书研究之未备。

非唯如此，《申报》中的这些报道，或许还可以用来解开钱锺书与钱穆交往中的一桩悬案。

钱穆在他晚年写的回忆录《师友杂忆》的第七节“无锡江苏省立第三师范”中，曾有这样的一段记载：

> 抗战胜利后之某年暑期，余赴常熟出席一讲学会。适子泉、锺书父子俱在，同住一旅馆中，朝夕得相聚。余告子泉，国难尚未已，国共思想斗争，学校风波仍将迭起。余此下决意不再在北平天津南京上海四处任教。暂避至较僻处，俾可一意教学，避免此外之许多麻烦。子泉即转面告锺书，汝听宾四叔言如何。江浙钱氏同以五代吴越武肃王为始祖，皆通谱。无锡钱氏在惠山有同一宗祠，然余与子泉不同支。年长则称叔，遇高年则称老长辈。故余称子泉为叔，锺书亦称余为叔。时子泉决意仍返湖北，而锺书则改在上海任教，两人对时局意态不同。[②]

在同书的第十四节“昆明五华书院及无锡江南大学”中，作者再一次提及此事：

> ……（余）曾被邀赴常熟作讲演，钱子泉、锺书父子亦被邀，同住一旅馆中，讨论及此。适沪上各学校争欲招聘，子泉力赞余意，锺

① 钱穆：《八十忆双亲 师友杂忆》，生活·读书·新知三联书店，1998，第 258、260 页。
② 钱穆：《八十忆双亲 师友杂忆》，第 133 页。

书则深盼余留沪。即彼父子两人，子泉仍返湖北，而锺书则终留上海。[①]

对于《师友杂忆》中所记此事，后来钱锺书有过不止一次的回应：

一是钱锺书夫人杨绛在《车过古战场——追忆与钱穆先生同行赴京》一文中曾记："读报得知钱穆先生以九十六高龄在台北逝世的消息，默存和我不免想到往日和他的一些接触，并谈起他《忆双亲》一书里讲他和默存父亲交谊的专章。那章里有一节讲默存，但是记事都错了"。[②]

二是现代史学家汪荣祖在他的《史家陈寅恪传》一书的某一处的注文中提及，钱穆的"自记多有不实，如在《杂忆》中说，曾在常熟见到钱锺书，但锺书先生语我，其生平尚未到过常熟"。[③]

上引的两段文字，一处说钱穆《师友杂忆》中提及钱锺书的地方"记事都错了"，却并没有说错在哪里；另一处叙及钱锺书对汪荣祖说自己"生平尚未到过常熟"，却也没有说"抗战胜利后之某年暑期"两人有无在"讲学会"上见面之事。那么，这件事情是否发生过呢？这似乎成了一桩悬案。而《申报》中这些报道的发现，或许正可以使这桩悬案借此得到一个较为合理的解释。

钱穆在写《师友杂忆》的时候，已是一个八十多岁的老人。他自己在该书的序中说："古人以三十年为一世，以今思昔，皆已恍如隔世。而况忧患迭经，体况日衰，记忆锐退，一人名，一地名，平常自谓常在心中，但一临下笔，即渺不可寻。有时忽现脑际，未即写下，随又忘之，苦搜冥索，终不复来。而又无人可问。"[④] 因此，在回忆往事时，出现一些如人名、地名、时间等细节上的误差是难免的。但他在《师友杂忆》中先后两次提到自己曾与钱基博、钱锺书父子见面，并且对见面交谈的具体内容都有较为翔实的记忆，而非一个模模糊糊的印象，按常理推测，见面之事当不会是凭空的误记。如果再将钱穆的回忆与《申报》当年的"即时报道"做一比较，可以发现有三点是非常吻合的：一是在"抗战胜利后"，二是"某年暑假"，三是"讲学会（讲习班）"。所以，钱穆所说的，很有可能是与钱锺书在这次上海中学教师暑期讲习班期间的见面交流，只不过他晚

① 钱穆：《八十忆双亲　师友杂忆》，第260页。

② 杨绛：《车过古战场——追忆与钱穆先生同行赴京》，《杂忆与杂写》，生活·读书·新知三联书店，1994，第88页。

③ 汪荣祖：《史家陈寅恪传》，北京大学出版社，2005，第158页。

④ 钱穆：《八十忆双亲　师友杂忆》，第43页。

年回忆此事，把“上海”误记成了“常熟”。

四　钱锺书就美军侮辱女生案参与发表书面意见

1947 年 1 月 6 日《申报》的一则报道与钱锺书有关，内容如下：

> 本市暨南、圣约翰两大学教授刘大杰、高君珊、张耀翔、沈有乾、俞庆棠、王国秀、刘咸、钱锺书、孙贵定、陈选善、王成组、余楠秋、陈科美、黄嘉德、胡祖荫、左任侠、蒋载华、黄嘉音等，对美军奸污北大女生事，发表书面意见称：这一次北平美兵强奸中国女生的案件，实在是一种无可原谅的暴行，凡是中国人民，对于这一种非礼的行动，没有不表示悲愤与抗议。美军在抗战期中所给与中国的援助与同情，我们固然表示感谢，但由于这一类美军的行为，无疑的要丧失中国人民对于美国的好感。在中美人民合作的精神上，不能不说是一种严重的损失。我们要求政府向美国负责当局提出严重抗议，在最近期内，公布事实的真相，严惩凶手，赔偿损失，公开道歉，更重要的是要政府方面采取最有效的方法，预防这一类暴行的重演。同时我们要求美军的负责人，在这群情愤激之中，用最公正的态度，最迅速的方法，处理这一案件，而且要设法来挽回这一次中国人民对于美军所丧失的同情。①

1946 年 12 月 24 日晚上，圣诞节的前夕，北京女学生沈崇路过东单时，被两个美国兵拦截并拖到路旁的练兵场小树林里强暴，是为“沈崇事件”。事件发生后，上海各高校的学生进行了声势浩大的游行示威活动抗议美军士兵的暴行，其中暨南大学的学生是这次上海高校学生抗暴行动中行动最快、反应最强烈的，以致国民党情报机关在给南京教育部的一份“机密情报”中说：“据报，上海各大学学生近日之反美运动，以暨南大学学生行动最强烈……”②

与学生的抗暴运动相呼应，上海各大学的许多教授也纷纷发表声明，对美军士兵的暴行表示抗议。当时规模较大的、由多位大学教授联署的抗议书有两份：一份是 1947 年的 1 月 1 日，上海大学教授联谊会发表了以教授个人联合署名的抗议书，刊登于《群众》杂志第 14 卷第 1 期，在抗议书上

---

① 《美军污辱女生案，暨大、约大教授发表书面意见》，《申报》1947 年 1 月 6 日，第 5 版。

② 国民政府教育部档案，中国第二历史档案馆藏，转引自周孝中《暨南爱国民主运动史话》，暨南大学华侨研究所编《华侨教育》第 1 辑，第 88 页。

署名的计有方令孺、洪深、张明养、沈体兰、陈子展、楚图南、吴泽、殷葆瑹、杨岂深、邱汉生、郭绍虞、漆琪生、吴剑岚、章靳以、郑太朴、余遂辛、盛叙功、赵纪彬、吴文祺、曹亨闻、潘震亚、周予同、曹未风、刘佛年、周谷城、张志让、蔡尚思、周伯棣、张孟闻、蔡仪、马寅初、张伯箴、卢于道、马宗融、孙泽瀛、萧乾、胡文淑、张定夫等38位教授;[①] 另一份则是上引的刊载于《申报》的由钱锺书等暨南大学和圣约翰大学的18位教授联署的抗议书，此抗议书又刊载于1946年1月6日的《文汇报》上。

钱锺书就美军侮辱女生案参与发表书面意见一事，迄今尚未见钱锺书传记及相关研究论著道及。

五 钱锺书参加联合国教科文组织远东区基本教育研究会议

《申报》关于钱锺书参加联合国教科文组织远东区基本教育研究会议的报道如下:

> (本报南京廿八日电) 教部廿八日正式发表出席远东区基本教育研究会议中国代表团名单如下：总代表杭立武，副代表吴贻芳、瞿菊农，顾问朱经农、杨公达、庄泽宣、艾伟、陈雪屏、黄钰生、阮毅成、程时煃、程其保、吴研因、英千里、陈东原，专门委员黎锦熙、俞庆棠、熊芷、陈友松、王承绪、查良钊、张天麟、徐侍峰、钱锺书、赵冕，秘书韩庆濂（秘书长)、邝自修、宋铭锺、李惟远、王章树、孙硕人。[②]

1946年11月，联合国教科文组织在巴黎召开会议，一致决定第一次远东区基本教育研究会议于1947年9月在中国南京举行。当时的国民政府鉴于基本教育之重要，接受此项决定，自1947年4月开始，会同联合国教科文组织进行筹备。被邀请参会的国家及地区，除中国外，还有澳大利亚、缅甸、不丹、锡兰、香港、印度、韩国、马来亚联邦、尼泊尔、新西兰、巴基斯坦、菲律宾、沙捞越、暹罗、新加坡等。大会于9月3日上午开幕，9月12日下午闭幕。

---

① 参见中国上海市委党史教研室编著《上海教师运动史 (1919~1949)》，中共党史出版社，2007，第229~230页。

② 《教部昨发表基教会议我代表团名单》,《申报》1947年8月29日，第6版。

就像上引《申报》所报道的那样，1947 年 8 月 28 日国民政府教育部公布了出席会议的中国代表团成员名单，钱锺书为其中的“专门委员”之一。在本次会议期间及前后，《申报》有连续的、颇为详尽的报道。但除了上引的一则报道外，其他报道中皆未提及钱锺书个人参会的具体情况。会议结束后不久，国民政府教育部国际文化教育事业处编辑了《南京基本教育研究会议报告》，作为《教育部国际文教丛书》之一出版。据该书记载，本次大会期间，设立了几个分组委员会：A 组委员会，负责审查关于基本教育行政各问题；B 组委员会，负责审查关于方法与技术问题；C 组委员会，负责审查关于内容与资料问题。又据该书中的“会议记录·C 组委员会报告”，C 组委员会委员除了缅甸、沙捞越、印度、香港、新加坡、马来亚、纽西兰（即新西兰）、澳大利亚等国家和地区的代表外，中国籍委员有艾伟、吴研因、查良钊、张天麟、陈东原、赵冕、熊芷、钱锺书和瞿菊农；[①] 但在“C 组委员会报告”中，也没有专门提及钱锺书参与该组活动的情况。

钱锺书参加联合国教科文组织远东区基本教育研究会议一事，迄今为止，亦未见任何钱锺书传记及研究论著道及。

六 钱锺书参加赴台文物展及与乔大壮唱和

《申报》关于钱锺书参加赴台文物展及其与乔大壮唱和的报道有两则，分别如下：

> （本报台北廿二日电）教部在台举办文物展览会，全部展品六百余件，分装二十大箱，已于十八日由中兴轮运抵基隆。台教厅派员押运，径至台北。此项展品，系由中央图书馆、中央博物院、故宫博物院及上海私家所供给。工作人员二十二人同时到台，计中央图书馆蒋复璁等三人，中央博物院向达等四人，故宫传物院庄尚严一人，教育部严庆炤等三人，上海方面来人计有孙邦瑞、蒋谷孙、俞子才、钱锺书、张守成等十一人。全部展品，已在台北博物馆布置就绪，定廿四日上午揭幕。届时将由教部田次长培林莅临主持。[②]
>
> 客舍银镫照桁衣，远游芙芰是耶非？世传豪士吴中赋，风送轻装海上归。独立千人原小异，摩天六翮许低飞。欲从石室紬书去，白首

① 国民政府教育部国际文化教育事业处：《南京基本教育研究会议报告》，1948，第 17 页。
② 《台文物展明晨揭幕》，《申报》1948 年 3 月 23 日，第 6 版。

相望事恐违。

此诗于六月二十七日在南京付邮，距乔先生自杀才六日，恐为最后一首矣。诗后并有“初试名墨，惜纸小劣”八字。——编者[①]

1948年1月，当时的国民政府教育部部长朱家骅视察台湾。朱家骅由台湾返回大陆后，“拟于短期内，由教育部主持在台湾举行‘本国文物展览会’，聘请名家前往讲演，俾台省同胞，对本国文化，能有更深刻之认识。”[②] 至该年3月下旬，即由中央图书馆、中央博物院、故宫博物院酌配历代文物及善本图书，并邀上海市藏家参加，赴台举办文物展览会，参展文物的品类有瓷器、陶器、铜器、银器、俑及善本图书等，计661件。展览会于3月24日在台北市省博物馆、图书馆开幕，共为期三周。

对于这次赴台文物展，《申报》也有连续的报道。而上引的一则报道，则叙及这次随文物展览会赴台的专家及工作人员共有22人，其中钱锺书等11人是作为“上海方面来人”而参与其中的。

在钱锺书自己的著述中，对赴台一事留有些许记录痕迹的，是他的一首七律《草山宾馆作》：

空明丈室面修廊，睡起凭栏送夕阳。
花气侵身风入帐，松声通梦海掀床。
放慵渐乐青山静，无事方贪白日长。
佳处留庵天倘许，打钟扫地亦清凉。[③]

诗题中的“草山宾馆”是钱锺书等人访台时的下榻之地。但一般读者读后，由于没有其他相关的背景材料来比照互参，对诗中所涉及的“无事”仍然是不明其意。所以早期的一些钱锺书传记，如孔庆茂《钱锺书传》、张文江《营造巴比塔的智者——钱锺书传》等，都没有叙及钱锺书赴台一事。直到20世纪90年代中期，台北中研院学者林耀椿根据当年台湾《自立晚报》等报刊上的报道，写成《钱锺书在台湾演讲》一文，刊载于《钱锺书评论》卷一，才第一次对钱锺书访台及在台湾大学法学院作题

① 乔大壮：《次韵报钱默存》，《申报》1948年7月11日，第8版。
② 《视察台湾教育完毕　朱部长昨返抵沪》，《申报》1948年1月26日，第6版。
③ 钱锺书：《草山宾馆作》，《槐聚诗存》，生活·读书·新知三联书店，2001，第90页。大约是在1980年，钱锺书在给一位台湾友人的复信中，曾回忆起当年的往事：“台湾为弟旧游之地，尝寓草山一月……”见林耀椿《钱锺书在台湾演讲》，《钱锺书评论》卷一，社会科学文献出版社，1996，第30页。

为《中国诗与中国画》的演讲等事进行了较为详尽的记载。

本节所引的第二则《申报》中的文字是乔大壮的七律《次韵报钱默存》，诗后并有《申报》编辑简短的按语。乔大壮作这首诗，也与钱锺书赴台有关。乔大壮（1892～1948）是现代学者、词学家，1947 年，此前在中央大学任教的乔大壮因台湾大学文学院中文系主任许寿裳之荐，去台北任台湾大学中文系教授；1948 年 2 月许寿裳在台北被害，乔大壮继任台大中文系主任。同年 3 月，钱锺书赴台后，去拜访过乔大壮，并作七律《赠乔大壮先生》一首：

一楼波外许抠衣，适野宁关吾道非。
春水方生宜欲去，青天难上苦思归。
耽吟应惜拈髭断，得酒何求食肉飞。
着处行窝且安隐，传经心事本相违。[①]

这首诗后来收录于《槐聚诗存》中，诗后并有作者自注云："先生思归蜀，美髯善饮。"这首诗与上引乔大壮《次韵报钱默存》诗，押的都是非、归、飞、违韵，可以确信《次韵报钱默存》是对《赠乔大壮先生》的依韵奉和之作。再看钱诗中说"春水方生宜欲去，青天难上苦思归"，并在注文中说乔"思归蜀"，乔诗中也说"远游芙芰是耶非"，都透露出乔大壮后悔"远游"至台大教书，有思归之心。由此也可以基本推定，这一唱一和的两首诗，都应该是写于 1948 年 3、4 月间钱锺书赴台期间，当时乔大壮仍在台大中文系任教。至于为什么乔大壮要到 6 月 27 日才在南京将此诗付邮，寄给《申报》，然后《申报》于 7 月 11 日将此诗刊出，按情理推测，应该是《申报》编辑向乔大壮约稿，乔乃将数月前的诗作录以付之。

乔大壮于 1948 年 5 月间由台湾回到大陆，[②] 7 月 3 日，乔大壮自沉于苏州平门外梅村桥下，所以《申报》的编者按说《次韵报钱默存》一诗于 6 月 27 日在南京付邮，"距乔先生自杀才六日"。关于乔大壮自沉的原因，各家的说法不尽一致，此为另题，不赘。

---

① 钱锺书：《赠乔大壮先生》，《槐聚诗存》，第 90 页。

② 关于乔大壮由台湾回大陆的时间，她的女儿乔无疆后来在《父亲乔大壮》（见《双流县文史资料选辑》第 2 辑）一文中说："……到期末，台湾大学奉命竟以不发下半年聘书相迫。父亲有骨气，收拾箱笼于 1948 年 6 月回来，先住在南京门生峻斋所，后移住在上海我家里，准备另寻生活出路"，但郑振铎在该年 5 月 29 日的日记中记："十二时许，至玄伯宅午餐。有乔大壮、马慕轩、默存、起潜等"（见陈福康整理《郑振铎日记全编》，山西古籍出版社，2006，第 371 页），可见至迟在 5 月 29 日之前，乔大壮已经回到大陆了。

【民国边政】

南京国民政府前期武装护渔政策初探[*]

刘利民[**]

提　要　南京国民政府建立后，日本对华侵渔活动猖獗。在社会各界的呼吁下，南京国民政府采取了颇为积极的应对政策，制定了一系列制止日人侵渔的措施，武装护渔就是其中重要内容之一。南京国民政府的武装护渔政策起到了一定积极作用，在一定程度上对日本入侵渔轮有一定威慑效果。但是，单纯的武装护渔政策并不能从根本上解决外人侵渔问题。总体而言，由于多种原因的存在，武装护渔成效有限，日本渔轮仍不断在中国沿海侵渔，有时甚至非常猖獗。南京国民政府前期武装护渔政策的失败说明，渔权的维护需要强大的海军，缺乏这一条件的近代中国难以有效保护本国渔业。

关键词　日本侵渔　南京国民政府　武装护渔　领海

日本对华侵渔始于清末，此后侵渔活动日益频繁。民国北京政府虽然亦采取了一定措施，但未能有效制止日轮侵渔活动，到南京国民政府统治前期，不管是侵渔范围，还是侵渔程度，都达到了前所未有的程度。南京国民政府建立后，在民众的呼吁下，采取了划定领海界线、禁止日本渔轮进口、抵制日鱼倾销、武装护渔等一系列措施，希望制止日本侵渔，其中武装护渔一度被寄予厚望。

---

*　本文系国家社科基金重大项目“近代中外条约关系通史”（14ZDB045）、2012年湖南师范大学青年优秀人才培养计划项目“民国时期恢复领水主权史研究”、2014年湖南省社科基金百人工程项目“近代中国维护领海渔业权的斗争研究”阶段性成果，根据中国社会科学院近代史研究所博士后出站报告部分内容修改而成。

**　湖南师范大学历史文化学院教授。

日本对华侵渔问题，学界已有一定研究，[①] 但有关南京国民政府时期的武装护渔政策，学界研究颇为薄弱，缺乏专门研究成果。本文试图对此做一定考察，以期抛砖引玉。

一 日轮侵渔活动猖獗与中国社会呼吁武装护渔常规化

中国政府以武装护渔始于1924年渤海舰队派舰驱逐侵渔日轮。此后，海军亦常派舰巡护中国沿海渔场。但是，由于种种原因，民国北京政府时期海军护渔效果欠佳。南京国民政府建立之初，海军实力有限，未将护渔作为重要工作。直至20世纪30年代，由于日本渔轮侵渔猖獗，在渔民一再呼吁之下，国民政府才正式考虑武装将护渔常规化。“往昔日人攫夺领海捕鱼权，近来我国已从事巡弋保护”。[②] 派舰游弋防止外人侵渔表明国民政府护渔的主动性增强。

南京国民政府建立的最初几年，日本渔轮不仅公然侵捕于中国沿海，而且十分横行，常常反客为主。“日本渔船，垂涎我国领海渔利，时至我国吴淞口外浙江洋面，擅行捕鱼，业由渔业团体，迭电中央制止在案。无如日人对我国阻止置若罔闻，依然结帮成群，入我领海，横行无忌。近日又有日本大批渔船，从东洋开到浙江洋面至舟山、定海、沈家门一带捕鱼，反将我国渔船肆力排除，喧宾夺主，莫此为甚。”[③] 日本渔轮甚且采取种种手段欺压中国渔民。[④] 例如，1929年1月29日，日渔轮姬岛丸在浙江温州沿海侵渔，将中国渔民朱顺发的渔船撞沉。3月，该轮又在定海侵渔，定海县渔户朱阿根“以其侵犯我领海，上前交涉”，结果“日渔船仗其船身较大，向朱阿根船猛撞……而（朱阿根）全船没入海内，损失至巨”。[⑤] 类似的惨剧经常出现。

---

① 参见刘利民《日本越界侵渔与民国北京政府的应对（1924～1927）》（《抗日战争研究》2013年第3期）所做综述。

② 《青岛之渔业概况往昔日人攫夺领海捕鱼权近来我国已从事巡弋保护》，《中央夜报》1933年9月12日，第1版。

③ 《浙省府抗议日渔轮来浙捕鱼深入领海侵我主权抗议禁止速离浙洋》，《中央日报》1931年2月3日，第2张第3版。

④ 参见刘利民《不平等条约与中国近代领水主权问题研究》，湖南人民出版社，2010，第247～248页。

⑤ 《日渔船撞沉中国渔船五九五三之旧恨未消越海肆暴之新祸又启》，《申报》1931年3月6日，第4张第13版。

日本渔轮之所以如此猖獗，一是因为日本渔轮比中国渔船先进，且多置备武装，有恃无恐。如 1930 年 5 月，“我国沿海一带，每至鱼汛时期，日本渔夫往往大施其侵略渔业政策，将其渔船设置小炮，在我国领海布置铜丝网，以作一网打尽之计。我国渔夫既无渔捞利器，所布之网，有时被日本网所破，比至报告官府，而日人早已满载而归”。① 1930 年 12 月 25 日，广东琼崖县县长黄鸣亚报告：“有日本电船九艘，带同帆船，装置枪炮及捕鱼捞物，驶来榆林外港牙笼港等处捕鱼，我国渔船驶近，即举枪威吓等情。”② 可见，日本渔轮是有计划地武装侵渔，中国渔船无法与之抗衡。二是因为日本渔轮背后有日本政府的支持。为了保护侵渔日轮，日本政府甚至动用军舰。“近数年来，外轮侵渔之事实，时有所闻。其中尤以日本渔轮侵犯我海权为尤甚，尽［仅］日轮侵渔为有计划与有组织之行动，自明治三十八年建造木壳拖网渔轮海光丸以来，迄今二十余年，每年在我国沿海分春秋二季调查我国渔业，恃其海军为后盾，几无日不思犯我领海，侵捕鱼类。”③ 1931 年日本大批渔船到浙江洋面舟山、定海、沈家门一带捕鱼，“并闻海军部亦已派遣通济舰赶赴沈家门定海各洋面禁阻矣。惟日本渔民，心目中已早视我国领海为其自由捕鱼之区，自得悉我国派舰往阻，各日本渔船，亦即电该国在闽海出巡之浦风舰到定海，阳为游历，阴则示威”。④

日轮侵渔猖獗，横行无忌，中国渔民经常遭殃，损失惨重。中国渔民对日轮恨之入骨，但毫无办法，唯有寻求政府帮助。对于日轮武装侵渔，国民政府亦有明确认识，正如农矿部与海军部会商相关事宜时指出：“浙东海面及江苏东海县临洪口暨山东青岛之间，自今年以来，各有千艘以上之日本渔船，自由弋捕，甚至借该国派出之兵舰为护符，既夺我渔航之权，复任意蹂躏渔民，蔑视主权，莫此为甚。”⑤ 因此，一旦接到渔民报告，海军一般会派舰艇巡护。例如，1930 年 5 月，由于日轮频频侵渔，“如烟台、蓬莱、成山头及青岛一带领海，往往为此发生纠葛。今东北海

① 《日本渔夫与土匪扰害我国沿海渔业日本渔船侵略我渔业纠葛已少土匪出没无常各舰队筹固海防》，《中央日报》1930 年 5 月 23 日，第 2 张第 1 版。

② 《琼岛附近日船偷渔粤省派舰驱逐妨渔业侵海权明目张胆欺人太甚》，《中央日报》1931 年 1 月 30 日，第 2 张第 3 版。

③ 朱中良：《建设中国渔业经济之根本方案》，《复兴月刊》第 4 卷第 9 期，1936 年 5 月 1 日，第 5 页。

④ 《浙省府抗议日渔轮来浙捕鱼深入领海侵我主权抗议禁止速离浙洋》，《中央日报》1931 年 2 月 3 日，第 2 张第 3 版。

⑤ 《领海界线亟须确定海农两部共商办法》，《中央日报》1930 年 8 月 13 日，第 1 张第 3 版。

军舰队每至鱼汛，分处游弋，以防日人侵略渔业，纠葛亦因之减少”。[①] 琼崖县县长黄鸣亚接到渔民报告，有日本渔船武装驶到榆林外港牙龙港等处捕鱼，黄鸣亚转报省府，陈铭枢接到报告后，特咨请海军第四舰队司令陈策派舰驱逐，“以维渔业而全海权”。[②] 但在 1931 年以前，海军巡护多是应地方政府之邀的结果。

国民政府武装护渔政策常规化始于 1931 年。1930 年 8 月，海军部就意识到“究竟领海所在，全凭猎舰常川梭巡，为确定界线，否则徒法不能自行，而事后即控诉其越界弋捕，又全无证据可凭”。[③] 因此，海军部一方面与各部积极商讨领海界线问题，另一方面开始考虑派舰常川梭巡。此时，民间团体亦在呼吁建立常规的武装护渔制度。11 月 7 日，上海市商会会员金楚湘针对外人侵渔、海盗滋扰等问题拟具救济办法，请求上海市商会转呈工商部。上海市商会在转电时就提出请求海军巡视的设想，要求“于渔［鱼］汛时酌派军舰常川巡视，如有越界日轮，即予驱逐”。[④] 接到这一电报后，国民政府相关部会颇为重视。1931 年 1 月 10 日，实业部召集内政、财政、外交、海军等部召开五部会议，商讨划定领海界限制止日本侵渔，会议决议五条，其中第四条关于海盗及保渔问题，会议决定由实业部咨请海军部拟定具体办法。[⑤]

此后，国民政府加大了护渔力度。[⑥] 1 月 23 日，海军部通令所属各舰队：“江浙闽粤沿海，屡次发现日本渔轮，侵入我国领海捕鱼，及盗采海产，致本国渔业，日益衰落，影响沿海居民生计，至深且巨。为此通令所属各舰艇，出洋巡弋时，严密侦察日本渔轮之行动，随时加以阻止，以维

① 《日本渔夫与土匪扰害我国沿海渔业日本渔船侵略我渔业纠葛已少土匪出没无常各舰队筹固海防》，《中央日报》1930 年 5 月 23 日，第 2 张第 1 版。

② 《琼岛附近日船偷渔粤省派舰驱逐妨渔业侵海权明目张胆欺人太甚》，《中央日报》1931 年 1 月 30 日，第 2 张第 3 版。

③ 《领海界线亟须确定海农两部共商办法》，《中央日报》1930 年 8 月 13 日，第 1 张第 3 版。

④ 《上海市商会快邮代电：据会员金楚湘函称江浙闽粤等省沿海数千万渔民为近年被外国渔业侵略海盗猖獗缉私勒索种种影响渔民损失不赀特分别拟具救济办法特请鉴核予令饬施行由》（1930 年 11 月 7 日），台北中研院近代史研究所档案馆藏，实业部全宗，渔牧司系列，渔业保护宗，保护渔业规划领海界线案册，档案号：17－27－036－04，第 8 页。

⑤ 《实业等五部昨会领海界限问题沿海岸水落处所为起点计算三海里为领海区域》，《中央日报》1931 年 1 月 11 日，第 1 张第 4 版。

⑥ 除日轮侵渔外，海盗亦一直是渔民的威胁，故护渔不仅仅是针对日轮侵渔。3 月 31 日，实业部、海军部、财政部讨论，“咸以近来江浙两省沿海海匪猖獗，现届渔汛旺盛，渔民放洋捕捞之际，保护机关未便一日中断，应仍继续办理，以保数千渔船之生命财产”。《海军部会呈第七五号：呈行政院呈复交议保护渔业办法祈鉴核备案由》（1931 年 4 月 24 日），《海军公报》第 23 期，1931 年 5 月，“公牍：呈”，第 207 页。

我国之渔权云云。”① 对于日轮侵渔最频繁的江浙沿海，海军部还专门划定巡护范围。“江浙闽粤沿海，屡次发现日本渔船，侵入我国领海以内，渔猎海产，致本国渔业，日益衰落，沿海居民，生计大受影响。海部顾念国内民生经济，除一面咨请财政部，电饬海关，查明该渔船艘数，鱼类数量，及进口日期外，一面通令所属各舰艇，严密侦察日本渔船之行动，以为交涉之根据。并暂时将以前曾经依法划定之江浙两省领海范围，通饬各舰艇遵照。计江苏领海所占水面以佘山向外推出三英里，为东经一百二十二度十八分十秒，北纬三十一度二十五分二十秒为起点，由此循海面南经大檝向外推出三海里之点，为东经一百二十二度十五分五十秒，北纬二十度四十六分五十五秒，东园马鞍山群岛，各由陆岛自身向外推算，凡在三海里内海面为领海，南下经过各处，西折舟山群岛，以至菲山亦同，此划定向南经潭头山，绕三门湾群岛，台州岛，推而至温州湾群岛，西折北极山，经南极岛，凡系海臂均用两极主义，将地之两极划线相接为之，封锁以内，均属领海。又凡两界推出之后，所至之线，其中在一英里半以下，亦一并圆为领海，此为江浙领海界线之划定方法。”②

实业部亦于2月份咨请各部协助，“我国沿海渔业，外受日本渔船之侵入，内受沿海盗匪之抢劫，加以水警缉私，以巡查偷漏为名，亦常有欺压之事端发生。实业部有鉴于此，除一面咨请海军部派巡军舰队，在我国领海内加意防护，使日本渔船，不再侵入外，并于昨日分咨财政部及苏省府，令缉私营及水警，务须设法保护云”。③ 沿海地方政府亦积极派水上警察进行巡护。“浙外海水上警察局，鉴于浙东温台甬三属渔船，值此春汛大队放洋打渔之时，迭被日本渔轮拖网越海捕鱼，且有撞沉我国渔船情事，因特派水警一队，率超武及海静两警舰赴浙东洋面巡驶，以便随时保卫本国渔业，及抗拒与驱逐越境之日本渔轮云。”④ 但是，水警厅不足以承担制止外人侵渔的重任，地方政府遂要求海军出动。接到定海县长报告称“又有大批日渔船结队而来，越海侵犯，强来我领海范围之内捕鱼”，浙江省政府一方面令外海水警厅派舰至该处保护渔民，防范海盗，另一方面亦

① 《海部注意日本渔轮侵捕鱼类昨通令所属各舰艇严密侦查》，《申报》1931年1月23日，第4张第14版。

② 《海部保护沿海渔业饬各舰艇侦察日轮捕鱼苏省领海范围业已划定》，《中央日报》1931年2月20日，第1张第4版。

③ 《保护沿海渔业实部请派舰梭巡》，《中央日报》1931年2月5日，第1张第3版。

④ 《浙派舰抗拒日渔轮》，《中央日报》1931年5月1日，第2张第3版。

“特请本埠海军司令部，速调派军舰数艘，至定海等洋面，将侵我海权夺我渔业之日渔船，实行驱逐”。①

1931 年春，浙东沿海发生了中国渔船被侵渔日轮撞沉的惨剧，引起了人们对于护渔的重视。“讵料我国渔船，在放洋以后，即有日本大队渔轮到来，侵入我领海，亦到佘山竞捕，我国渔船虽多，不若日轮之大，眼观大好权利，为日轮打去，心有不甘，上前与争，讵日轮即将我国渔船，肆行撞击，当被撞沉渔船数艘。”“自此惨剧发生后，浙东渔民，以生计将绝，坐视本国领海，为外人夺占，遂由全体渔民，公推代表史仁航，电呈海军、实业两部……迫请海军部火速派舰多艘到来，驱逐该日轮出境。”②

立法委员兼导淮委员会副委员长庄崧甫在“过沪返奉化原籍”时，“因见我国渔业，被日渔轮侵入，致起恐慌”，特急电国民政府主席蒋介石及国民政府、实业部、江苏省主席、浙江省主席等，要求“火速派舰多艘”保护渔民。③

此时，舆论亦要求海军护渔常规化。有人主张“应由海军部常备护渔舰数艘，平时轮流巡察各海口，至鱼汛时期，当分别区域之繁简，随时调派巡游渔场附近，以资保护。遇有暴风或地震情事，即设法救护出险，并防外人侵入领海捕鱼”。④

二 各部会商武装护渔计划及其实施

史仁航等人的呼吁加速了国民政府的武装护渔政策出台。实业部、财政部、海军部等接到国民政府行政院指令，会商制订护渔计划。行政院在指令中称：“查前奉国府交办史仁航暨庄嵩甫等电请派舰护洋，防制日船侵渔等案，经本院第二十一次国务会议决议，照实业、财政、海军三部提呈于第十七次国务会议之审查意见办理。惟关于租轮一节，应改由海军部派两舰巡弋保护，仍先交实业、财政、海军三部迅即拟议整个计划，切实办理具报等因。”⑤

① 《日渔船越海侵渔案》，《申报》1931 年 5 月 19 日，第 3 张第 9 版。

② 《日渔船在我领海横行佘山洋面捕鱼撞覆我国渔船》，《申报》1931 年 4 月 4 日，第 4 张第 13 版。

③ 《日渔轮侵入江浙洋面甬江鱼市日来已大起恐慌各界电请蒋主席设法救济》，《申报》1931 年 4 月 8 日，第 3 张第 9 版。

④ 高凤介：《发展沿海渔业的贡献》，《中央日报》1931 年 6 月 19 日，第 3 张第 1 版。

⑤ 《行政院指令第一五六七号：据会呈护渔办法一案应将商定派舰护洋及整理（个?）计划办法具报后再行提会讨论施行仰知照由》（1931 年 5 月 1 日），《海军公报》第 24 期，1931 年 6 月，“命令：行政院令”，第 7 页。

1931 年 5 月 30 日，实业部召集三部会议，议决：“（一）财部业将江浙渔业事务局结束，所有护洋行政部分，及巡船等，均交实部接管，改组为实部江浙区渔业管理局。（二）关于外国渔轮进口，已由财部令饬各海关，设法禁止。（三）关于租船护洋一节，已由海部遵令，派舰巡弋保护。”随后，三部将会商整个计划呈复行政院，所有实施办法则由实业部专案呈核。①

7 月 13 日，浙江省政府据农矿厅报告，有日轮在舟山浪岗礁北首侵渔。海军部接报后，面临一个难题，“至以法律而论，查外人越界捕鱼原干国际例禁，但内国法令或章程苟无明文科罚，按照中华民国刑法第一条之规定，能否认为其行为为罪，似有问题。至外人在海上违章，我国执行处分之时须按国际惯例明定执行程序”。为了解决外人侵渔无法可依的问题，海军部决定草拟防范侵渔章程，呈请行政院鉴核施行。② 此次海军部拟就防范外国渔舰侵害渔业章程共八条，呈请行政院审议，该院遂以第 319 号密令，指令财政、实业、外交三部会同审查。7 月 31 日，实业部召集有关各部开会审查海军部所拟防范侵渔章程。会议结束后，实业部将意见呈复行政院：“以该章程条文中确有可为防范侵渔之助，惟多已在渔业法及渔业警察规程中明白规定。其第四条各事项系关于渔警勤务时应知之程序，拟由内政、实业两部酌量情形，以部令会饬遵办，似不必于此时另订专章。至第三条所称海臂、海湾、领海界线一节，实为施行关于领海各项章程之根据，事关海界，拟请钧院令行海军部，按国际通例，以国境最外各岛屿大低潮线起，遵照第二十一次国务会议以三海里为领海范围、十二海里为缉私界程之决议，向外推出，取包括主义，使各岛屿相互连接，确定经纬度，于海图上标明界线，呈请核定，以便海关缉私，渔警护洋，共同遵守。”③ 此次会议虽未通过海军部防范侵渔章程，但是确定了按照渔业法和渔业警察规程护渔的政策。

在海军部制定防范侵渔章程的同时，实业部与内政部会商制定了渔业

---

① 《保护渔业计划三部昨日会商》，《申报》1931 年 6 月 1 日，第 2 张第 8 版。

② 《海军部咨第一二六号：咨江苏省政府复关于防范外轮侵渔案业已草拟防范侵渔章程呈院鉴核请查照由》（1931 年 6 月 17 日），《海军公报》第 25 期，1931 年 7 月，“公牍：咨”，第 168 页。

③ 《财政、外交、实业三部会呈：会呈行政院奉令会同审查海军部所拟防范侵渔章程一案经决议由内实两部酌量情形会令渔警局遵办无须另订专章并请令海军部划定海界以便遵循》（实业部主稿），台北中研院近代史研究所档案馆藏，实业部全宗，渔牧司副全宗，渔业总类宗，防范侵渔章程并取缔外籍渔轮进口案册，档案号：17－27－006－02，第 63～64 页。

警察规程。“实业部以渔业警察，关系渔业甚大，现拟就渔业规程，送交内部签判盖印，以便会印”。[①] 1931 年 7 月 11 日，实业部根据第二十四次国务会议决议颁布《渔业警察规程》。该规程共 17 条。第一条明确规定，渔业警察设立的目的是“维持渔业区域之秩序及安全，并保护渔业之利益”；第二条规定，渔业警察由各省政府管辖，报内政、实业两部备案，直接指挥则归农业厅或建设厅；第三条规定，“渔业警察视区域之广狭及事务之繁简酌设渔业警察局或渔业警察所”；第八条规定，渔业警察对于海盗及外人越界捕鱼均有处置权，“渔业警察遇有外人越界采捕应即制止，必要时得呈省政府处置之”。[②] 根据《渔业警察规程》，“实业部应速会同内政部，督促沿海各省市主管厅局，在渔业繁盛区域，筹设渔业警察，以维持渔区秩序，保障海面安宁”。但在渔业警察尚未普遍设立以前，“沿海各省市可利用固有之水上公安局，切实维持渔场治安，于可能范围内防止侵渔事件之发生，于豪强之擅征苛捐宜彻底取缔，水警本身亦严禁勒索。沿海各县每县或联合数县，亦得设置护洋轮船，配备武器，以供渔［鱼］汛之用”。[③]

除海军舰艇及各省渔警等外，渔业管理局的护渔组织亦承担防范外人侵渔的功能。1931 年以前，中国沿海各地没有专门的渔业行政管理机关，承担渔业行政管理职能的是隶属于财政部的江浙渔业事务局。江浙渔业事务局其实只是一个征收渔税的机关，附带有护渔的职能。该局在通告各鱼行及渔业商民团体时明确提到“本局为海产鱼税征收机关，赋有禁止外人侵越领海职权，鉴于渔业衰落情况，自当切实振导，对于我国领海渔权，尤应切实保障，严密侦查”。该局护渔主要依靠几艘渔舰巡护洋面，“如有发现外轮侵越领海采捕鱼类情事，先以和平手段，随时制止，并将发现地点、日期及船只式样、旗帜、船身大小、渔夫众寡，逐一记载明白，随时报局，呈由主管转知外交当局，严重抗议交涉办理”。[④] 江浙渔业事务局护渔力量实际上很弱。比如江苏省海面向以富海、福海两渔轮担负护洋任务。“现在该两渔轮年龄均在二三十年以上，久未修理，照外国船舶规程，已成废舰，且三月二十二日富海渔轮已沉没于吴淞口外横沙迤南洋面，而福海一轮航行亦甚危险，其

① 《实业部拟定渔业警察规程》，《中央日报》1931 年 6 月 24 日，第 2 张第 4 版。

② 《渔业警察规程》（1931 年 7 月 11 日实业部令发），张锡纯主编《山东省水产志资料长编（1840～1985）》，山东省水产志编纂委员会，1986，第 827 页。

③ 朱中良：《建设中国渔业经济之根本方案》，《复兴月刊》第 4 卷第 9 期，1936 年 5 月 1 日，第 17 页。

④ 《江浙渔业局通知鱼行调查日渔轮以便呈请当局严重抗议》，《申报》1931 年 1 月 17 日，第 4 张第 14 版。

原有外海水上公安队第一、第二分队船舶，或存或坏，仅余第三分队及策电一舰，以之保护此广大之渔区，自难期其周密。”①

1931 年 5 月 1 日，财政部鉴于国民政府豁免渔税而将收税性质的江浙渔业事务局移交给实业部，改为江浙区渔业管理局。移交之时，“（该事务局）所有海鹰、福海、表海三艘巡舰亦已交由该局管理，并于五月四日由局饬派福海、海鹰两巡舰出巡江浙洋面，保护渔业”。② 自此沿海地方有了专门的渔业行政管理机关。1932 年 6 月 11 日，国民政府公布《海洋渔业管理局组织条例》，决定在沿海各地成立渔业管理局。成立海洋渔业管理局带有保护渔业主权的目的。“我国沿海各省，海产丰富，唯政府从无有组织之管理，以致渔民沿袭陈法，不事改良，是以每年海产物出量不多，销路未畅，外人利用此弱点，乃侵入我国海境捕鱼，不独渔民生活日蹙，而国家主权亦被侵夺，实业部有鉴及此，爰将全国沿海各省，划分为闽粤、江浙、冀鲁、东北四区，从事整理”。实业部先将江浙渔业管理局改为江浙区海洋渔业管理局，后又分别成立闽粤海洋渔业管理局、冀鲁海洋渔业管理局。各区所设管理局“系完全管理渔业行政，并非收税机关”，成立渔业管理局的目的是发展渔业，其当时要务是“设法收回近海渔业权”。③ 为此，各渔业管理局亦配备护渔组织。例如，1932 年实业部江浙渔业管理局成立江浙区海洋护渔队，由郭海山为队长，在吴淞桂枝路办公，并在崇明小星沙设分办事处，护渔队分十个小组，有小兵轮 2 艘，帆船十余艘，巡护吴淞口至海州等处洋面。④ 1933 年，冀鲁区海洋管理局亦在青岛成立办事处，“租船两艘，从事在洋面巡弋保护，将来我国渔业之前途，或可稍有起色也”。⑤ 为规范渔业管理局护渔组织的行为，1933 年 3 月 2 日，实业部以部令颁布《海洋渔业管理局巡舰服务规则》。该规则第九条明确规定，“巡舰遇有外船擅入中国领海捕鱼情事，应即妥为阻止，并一面飞报海洋渔业管理局，转报实业部”。⑥

---

① 《苏省请派军舰保护外海富海沉没福海难恃渔汛期间海盗可虑》，《申报》1929 年 4 月 11 日，第 3 张第 10 版。

② 《海军部咨第八八号：咨实业部复已令海岸巡防处饬知巡防舰艇相机协助请查照由》（1931 年 5 月 12 日），《海军公报》第 24 期，1931 年 6 月，“公牍：咨”，第 137 页。

③ 《青岛将设冀鲁区渔业管理局实业部派许松圃在青筹备》，《中央日报》1932 年 10 月 5 日，第 2 张第 2 版。

④ 《江浙区海洋护渔队昨在吴淞成立》，《申报》1932 年 9 月 4 日，第 5 张第 18 版。

⑤ 《青岛之渔业概况往昔日人攫夺领海捕鱼权近来我国已从事巡弋保护》，《中央夜报》1933 年 9 月 12 日，第 2 版。

⑥ 李士豪：《中国海洋渔业现状及其建设》，商务印书馆，1936，第 261 页。

三 南京国民政府武装护渔政策效果及原因分析

南京国民政府武装护渔政策的实施对于防范外人侵渔有一定积极作用。对于侵渔的日轮而言，这种武装护渔是有实际威慑力的。例如，“据日本佐贺十一月二十二日电，通社电，佐贺县佐贺郡新北村伊平所有之远洋渔业船增荣丸，八日出发大连开往青岛航海中，在山东角附近被中国警备船开机关枪射击。又同郡西川副村德永一郎所有之丰渔丸（十六吨）在芝罘冲航行中亦被中国警备船射击，其报告已达县水产课，谅系因侵入中国领海致被警告云”。[①] 又如 1937 年 5 月，江苏赣榆县沿海，日渔轮由青岛前来滥捕，将中国木渔船、渔网任意撞毁，经海军炮舰开往交涉，日轮才退。[②] 这些事例说明，日轮侵渔确实受到了中国武装护渔力量的阻止。

但是，单纯的武装护渔政策并不能从根本上解决外人侵渔问题。武装护渔力量根本无法应付，1931 年以后日轮侵渔势力仍然存在，而且有时还很猖獗，甚至常常反客为主。例如，1934 年广东省政府咨报提到日本渔船在广东崖县海棠头附近侵渔，“以日船捕鱼地点，远则距岸华里十里有奇，近则竹落岭海面，海棠头海滨，已属港湾内海，均系领海界内”。当中方要求制止时，日领、日使均否认有上述行为，反而对于中方警备船的行为提出抗议，称“不法检查公海内之日本船只一事，在此机会，深欲唤起贵方之注意”。[③] 其实，当年 7 月，日本渔船冲绳丸、第八播洲等 7 艘在海棠头、牙浪湾、牛奇洲等处捕鱼，“并登陆驱逐我国渔民，当时遗落竹笠一顶”。外交部要求广州视察专员与日领交涉，同时，“本部复查日本渔船驶入中国领海侵渔之事，数年来，层见叠出，每逢鱼汛，更有大批渔船侵入中国领海，且有日军舰随同保护，东西弋猎，纵横海面，以致撞沉船只，毁坏渔网，拖折海线，殴辱渔民等事，本部时接有报告，侵害中国领海主权，强夺中国渔民生机，莫此为甚，迭经本部提请日本公使馆转行制止，迄未照办，实深遗憾。刻距今年渔［鱼］汛不远，用特将近一年来各方所报告之日本渔船侵渔事实，及地方当局交涉经过，分别胪列，于三月十四

① 《日渔轮因侵渔被射击》，《上海市水产经济月刊》第 2 卷第 10 期，1933 年 11 月 25 日，“渔业消息”，第 3 页。

② 中国航海学会：《中国航海史（近代航海史）》，人民交通出版社，1989，第 378 页。

③ 《关于日渔轮在崖县海棠头附近侵渔事》（《外交部民国二十三年九月份工作报告》），见周琇環编《国民政府时期外交部工作报告》（民国二十二年至二十六年，收入民国史料丛书），台北：协联印书馆股份有限公司，1999，第 146 ~ 147 页。

日向日本公使馆提出备忘录。请即严厉取缔制止矣”。[①] 这一年日本侵渔事实并不限于广东一隅。例如，山东省政府转文登县县长报告，“苏山岛附近海面，有日本捕鱼汽船甚夥，来去无定，将我渔民网罟撞破殆半”。[②] 此后，日轮在中国海面时有出现。如1935年3月3日《申报》报道：“渤海湾一带渔区，现为日北海道渔业组合，派渔船数十只，终日网罟，对我民营渔船，则武力驱逐，不使网鱼”。[③] 1936年7月27日《申报》报道，日渔轮侵入嵊泗列岛，将泗礁抛椗渔船网具拖毁。此案未了，又将设法借贷网具再度出海捕鱼之渔民王阿德等16户网具131组完全拖去，使其“生机顿绝”。[④] 同年4月17日，海利、海永渔轮停泊在江浙洋面休息时，“海利渔轮忽被日本渔轮九六播洲丸猛撞，船身洞穿，不五分钟即行沉没”。[⑤] 1937年入春以后，日本渔轮多次侵入浙、鲁等省捕鱼，“撞毙渔民，损害渔具”，外交部多次接各地方及渔业团体文电。如在浙江，正月十七日，在洋岐南洋面撞毙温岭县渔民李财增等三人；三月二十三日，万寿丸在洋歧东洋面毁损朱万永、陈其文等渔网；四月六日，在嵊山鸡骨礁东北洋面侵渔；四月二十五日，在佘山洋面侵渔；四月二十九日，在东箕山外洋面侵渔；五月二日，大贞丸在佘山洋面将定海县王何昌等冰鲜船金裕隆号撞沉。在山东，“尤以成山头镆铘岛为甚”。[⑥] 类似的案例时常出现。这说明护渔政策作用有限。

从护渔措施本身来看，国民政府护渔措施效果也会有限，其原因是多方面的：

一是渔民对海军护渔认识不足，海军不能有效发挥保护作用。

渔民对于日轮侵渔虽感气愤，有时亦会上前理论，但往往结果是被日人欺侮。大多数情况是，渔民对于侵渔日轮采取避而远之的态度。例如1937年5月4日，海州赣榆县六区穆家套外海面，日轮侵渔，对我渔船及

---

① 《关于日本渔船在海棠头侵渔事项》（《外交部民国二十四年三月份工作报告》），见周琇環编《国民政府时期外交部工作报告》（民国二十二年至二十六年，收入民国史料丛书），第263页。

② 《视察专员崔士杰呈：呈复奉令调查日本渔船侵入苏山岛附近捕鱼撞破网罟谨将调查情形并附调查报告书一份呈请鉴核由》（1934年8月13日），台北：“国史馆”藏，外交部全宗，日本渔船越界捕鱼案（2），入藏登录号：020000038595A，第345页。

③ 《渤海湾一带日船侵渔甚烈》，《申报》1935年3月3日，第1张第3版。

④ 《南通：日渔轮侵渔交涉》，《申报》1936年7月27日，第2张第8版。

⑤ 《本市海利渔轮被日渔轮撞沉》，《上海市水产经济月刊》第5卷第3期，1936年4月25日，“渔业消息”，第11页。

⑥ 《日本渔轮侵入鲁、浙等省领海捕鱼事件办理之经过》（《外交部民国二十六年五月份工作报告》），见周琇環编《国民政府时期外交部工作报告》（民国二十二年至二十六年，收入民国史料丛书），第473页。

渔网“任意撞毁”，我渔民无法抵抗，“相率登岸躲避”。[①]“沿海各处，无论县政府，以至镇乡公所，对于海军军舰保护渔业一事，均甚隔膜，故渔［鱼］汛之际，本军各舰虽到各处巡弋，但一般愚夫渔民不明手续，知识缺乏，以军舰为神圣不可瞻仰之物，虽有隐痛，亦未能登船报告，是极为一可憾之事。”对此，海军方面希望地方政府能加强宣传。“是后如能由县政府方面督令各镇乡公所向各渔民广为宣传，海军有保护渔业之职责及热诚，使渔民均知军舰平时之任务，以便遇有意外事件，立即报告，俾便知所防范，而免耽时误事之弊”。[②]

二是海面辽阔，侵渔范围广泛，海军力量有限，有时根本无法顾及。

南京国民政府面对的侵渔形势严峻，外人侵渔非一时形成，而是由来已久，驱逐颇为困难。而此时中国海防力量相当弱小，根本无法保卫本国的领海渔权。侵渔并非潜捕，潜捕是侵渔的前奏，是少量外人偷偷摸摸地捕鱼，海防力量足以对付。“侵渔则领海渔权，已经丧失，海防力量，已不够保守领海，外轮可以肆无忌惮，视同自己的领海，任意捕捞，不受干涉。”“由于海防的不健，领海渔权即难以确保，领海渔权既难确保，更易招致外人之侵渔，外人之侵渔又影响渔业之发展，使海防之不健，因果相循，写成了中国一部渔业史，真令人悲愤欲绝矣。”[③] 由于海军力量有限，而侵渔者广泛存在，海军派舰护渔只能忙于应付。不少情况是，海军应地方政府请求才派舰前往侵渔地点。例如，“闽粤两省人民因反对日人在华南沿海捕鱼，特呈请国府及各该省府，请即派军舰在沿海巡弋，以资制止”。[④] 1934年，日本捕鱼汽船在山东苏山岛附近海面捕鱼，“将我渔民网罟撞破殆半，损失殊大”。山东省政府因此请求派舰前往，“以卫渔民而保领海主权”。[⑤] 海军军舰确实在沿海游弋，但不能保证及时发现及制止侵

---

① 《日本渔船侵入赣榆海面捕鱼撞毁我国船网渔民损失颇巨》，《申报》1937年5月14日，第2张第8版。

② 《视察专员崔士杰呈：呈复奉令调查日本渔船侵入苏山岛附近捕鱼撞破网罟谨将调查情形并附调查报告书一份呈请鉴核由：附同安军舰调查苏山岛事件报告摘要》（1934年8月13日），台北："国史馆"藏，外交部全宗，中日渔业，入藏登录号：020000038595A，第355～356页。

③ 竞武：《日人侵犯我国渔权的一页痛史》，《新渔》第1期（创刊号），1948年7月5日，第9页。

④ 《闽粤人请制止日人沿海捕鱼》，季啸风、沈友益主编《中华民国史史料外编》第54册，广西师范大学出版社，1997，第471页。

⑤ 《关于日本渔船在苏山附近侵渔事》（《外交部民国二十三年七月份工作报告》），见周琇環编《国民政府时期外交部工作报告》（民国二十二年至二十六年，收入民国史料丛书），第104页。

渔。例如，1931 年 5 月，日本渔船在披山洋面任意捕鱼，浙江保安处请求保护。实业部因此请求海军部饬沿海巡舰严加取缔。而海军部答复“查江浙洋面本部均派有军舰随时巡护”。[①] 可见，派有军舰不等于军舰起了护渔作用。海军军舰除护渔外，还须承担“更重要”的“剿匪”等任务，于是护渔职能亦受到影响。如 1931 年 5 月，山东烟台黄县渔会理事长曲全富以“现值渔［鱼］汛，渔民不绝，且有外人越境捕渔［鱼］。防内御外，两有为难”，请求海军派舰保护，为此要求示知军舰名称、停泊何处。海军部答复：“查沿海一带，本部均派有舰艇，随时轮流巡护。惟近因长江上游赤匪猖獗，时常调动协剿。至舰艇名称、停泊何处以及日期久暂，势难指定。如遇匪警，可令该渔会就近报告该港驻在舰核办，以免周折。”[②]

三是专职护渔机关作用有限。

除海军护渔外，渔业管理局的巡舰护渔本应该是一种常规专职护渔组织，但这个组织力量有限，经费不足，巡舰力量薄弱。如实业部所管江浙区渔业管理局，每月经费仅六千元，经费大部分只能供办事人员开支及巡舰日常养护，巡舰出海护渔需另筹经费。“每到渔［鱼］汛，恒赖护洋费为生，即渔船如请求巡舰出海护洋，必先缴纳护洋费若干，否则此等巡舰，因缺乏煤炭，只得停泊上海黄浦江。”1932 年以后，继江浙区渔业管理局后成立的闽粤、冀鲁二区渔业管理局均有舰出洋巡护。但这些巡舰大多为渔轮改造而来，如冀鲁区渔业管理局的巡舰实为青岛永和渔业公司轮船改造。这些巡舰发挥作用有限，“然以组织及经费关系，多未能尽量发挥其效能”。[③] 1932 年，实业部鉴于各区海洋渔业管理局经费缺乏，发展困难，决定征收渔业建设费，先从江浙区开始试办。该年底，行政院通过实业部所订整理渔业办法，“渔获物税，暂不征收，护洋费照渔获物价值值百抽二，年可收八十万，以取之于渔、用之于渔为原则，税由渔商于收购渔获物时代征，不另设机关。其他杂捐，一律取消。关于保护渔船，除原有巡舰四艘外，再添置巡舰六艘，并为确保渔船安全，及维持渔民生

① 《海军部咨第三三五一号：咨实业部关于日渔船在洋面任意捕鱼请转饬取缔一案查江浙洋面均有军舰巡护咨复查照由》（1933 年 5 月 26 日），《海军公报》第 48 期，1933 年 6 月，“公牍：咨”，第 291 页。

② 《海军部咨第九一号：咨山东省政府复本部沿海均有军舰巡护遇有匪警可由渔会就近报告驻在舰核办由》（1931 年 5 月 13 日），《海军公报》第 24 期，1931 年 6 月，“公牍：咨”，第 138 页。

③ 李士豪：《中国渔业史》，商务印书馆，1937 年初版，1987 年重印，第 54 页。

计，先建简单气象台五处，开办渔民借贷所若干所”。① 这个办法的初衷本来不错，但征税加重渔民负担，遭到渔商反对。“渔业建设费之征收，完全基于改进江浙渔业之动念。因比年以来日邻渔轮侵渔不已，我国固有渔业日益衰落，不谋挽救，渔民生计势将濒于破产。顾政府年来又以财政困难，无力筹款救济，故去年本部特拟就整顿渔业计划，呈经中政会通过，并规定征收值百抽二之渔业建设费，以为一切建设整顿之用。盖取诸渔民者，仍用诸于渔业，意美而法亦良也。”渔业建设经费先规定征收渔获物市价的 2%，由卖主（销售地鱼行或趸售商店）缴纳。4 月 15 日开始在上海设办事处征收，江浙区分九处分征。“乃定海、崇明、宁波各地渔商闻讯，今日先后电京反对。”② 尤其是上海鱼行反对激烈。征收遇阻后，实业部决定改征 1%，但仍遭反对。鱼商以为“既取之于渔，不应向鱼行征收，且海味咸鱼系舶来品，当进口时，已经海关报税，再征建设费，系属重税加征，坚持不下”。后经调解，渔业建设费由冰鲜同业公会劝导代收 1%，但国产咸鱼、干制贝类行销地不征，桶头鱼鲜在第一次投行时征收，沪地不得再收。所收建设费由公会收集汇解，并由其派代表参与保管等等。经这样一折腾，最后所收经费扣除征收成本等外所余有限。11 月 21 日，实业部最后决定干脆取消。实业部原本希望通过征收渔业建设经费来购置军舰、设置气象台等计划因之搁浅。1933 年 11 月，实业部因经费等问题干脆裁撤各区渔业管理局。如江浙区渔业管理局改为护渔办事处，直接属于实业部，实际上是缩小了范围，护渔办事处接收管理局所有巡舰，专事保护渔船，“但力量微薄，不过为现状之维持而已”。③ 1935 年 1 月，该办事处呈文实业部时提及护渔困难：“本处系由江浙区海洋渔业管理局改组而成，故所辖渔区，亦暂以江浙两省为限，然以本处巡舰过少，分配每感困难，时有顾此失彼之势”。为此，该办事处不得不于 1934 年 5 月与海军部海岸巡防处、江苏水上省公安队第三区、浙江水上警察第二大队召开联席会议，讨论联合护渔，防区分段负责。当时护渔办事处负责三大区域：（1）沈家门、朱家岛、东霍山、二兄弟、浪冈、海礁、嵊山等洋面；（2）佘山、洛华（绿华）、花鸟山、黄龙、马迹、四礁、北顶星（北鼎新）等洋面；（3）舟山、岱山、长涂、衢山、青浜、庙子湖、大戢山等洋

① 《整理渔业办法渔获物暂不征税护洋费值百抽二》，《申报》1932 年 12 月 1 日，第 2 张第 7 版。

② 《实部定十五日起征收江浙渔业建设费将购买军舰巡视护渔设立气象台及借贷所》，《中央日报》1933 年 4 月 6 日，第 2 张第 3 版。

③ 李士豪：《中国渔业史》，第 55、57、58、59 页。

面。由于只有5艘巡舰，只好如此分配：“平时每一渔区配备巡舰一艘，常川巡驻”。“渔［鱼］汛时，巡舰常川巡护渔场”。“各渔区虽有巡舰一艘，常川巡护，惟渔区辽阔，深虞或有未周，且本处各巡舰，均未装置无线电台，于交通联络，尤有不便，爰以巡舰二艘，专任游弋及护送”。[①] 这种护渔显然有点力不从心。1936年4月，护渔办事处被取消，当时剩下的4艘巡舰有1艘不能出海，其余1艘拨归江苏省水上公安队，2艘归浙江省水上公安队，外海护渔由水上公安队兼任。从此，两省没有专职护渔机关。[②] 依靠这样的力量进行外海护渔工作，显然效果有限。1936年6月2日《申报》指出：“近某国渔轮驶入我国领海捕获水产物，虽由护渔机关严密查巡，然防不胜防，百余只渔轮侵界捕渔［鱼］，几视为常事，但近来更甚，约有一百五十余只”。[③]

四是日本渔轮侵渔实力强大且狡猾异常，可以避开中国护渔舰艇的巡逻。

日本渔轮侵捕多是有组织的大规模行动，且时有日本海军在近处游弋保护。例如，“其进出上海之日本渔轮，则均规定进出口日期，以便轮流侵捕，运回上海侵销。民国十七年后直至二十年，成队日渔轮由兵舰率领并保护之下，在我临虹口及长江口外一带渔场侵捕”。[④] 又如《申报》报道：“十九年五月，复以兵舰率领渔船千余艘，散布临洪口外，自由捕鱼，遇我国渔船，即任意侵犯，并以暴力阻止……”[⑤] 以军舰保护侵渔，似一度成为日方的政府行为。1933年8月31日《申报》报道称，“日本大批渔船，驶入我领海内捕鱼，就近倾销，近闻日方有进一步之侵略，增造巨大渔船，至我国沿海各省侵渔，令驻我领海之战舰，就近保护”。[⑥] 这样的侵渔日轮并不惧怕中国的护渔舰艇。例如，1937年5月13日《申报》报道：定海佘山洋面，发现大批日渔轮侵捕，定海办事处只能电请省政府交涉制止，省政府则要求详查，“讵日轮来去无定，来则成群结队，横冲直撞”。4月25日下午，“永茂”号护渔轮发现大批日轮侵渔侵捕，但根本无法应对，只能将查得其中四艘日轮船名电告定海办事处，转呈省政府交涉而已。[⑦]

---

① 《实部护渔处拟定本年度护渔计划分常川巡护游弋及护送三项巡弋各舰负责防止外轮侵渔》，《申报》1935年1月6日，第3张第12版。

② 李士豪：《中国渔业史》，第54～55页。

③ 《实部饬属查阻某国渔轮侵界捕渔［鱼］》，《申报》1936年6月2日，第2张第8版。

④ 竞武：《日人侵犯我国渔权的一页痛史》，《新渔》第1期，1948年7月5日，第8页。

⑤ 《日本侵渔益急欲筑上海渔业壁垒足碍我国民生海防呜呼奸商可以醒矣》，《申报》1933年4月16日，第3张第10版。

⑥ 《我国渔业危机日本准备大规模侵渔》，《申报》1933年8月31日，第3张第10版。

⑦ 《定海：日轮又来侵渔》，《申报》1937年5月13日，第3张第9版。

除明目张胆地以武力为后盾进行侵渔外，日轮还采取冒挂华旗的办法逃避检查。“日渔船自经华人反对及政府注意后，已引起恐慌，特将日渔船旗，冒用国旗，假充华渔船，向各处兜售”。[①] 中国海关发布通告，自 1931 年 5 月 1 日起，禁止百吨以下外国渔轮进口。外国鱼类只能作为商品运进，报关需要有出品口岸证明，且需要交纳关税，而中国渔船所捕鱼类是免税的。这样日本渔轮所捕鲜鱼即使能够进口销售，势必成本大增。于是，日本侵渔渔轮冒挂华旗的现象大增。江苏省农矿厅厅长何玉书皓电称，“海关自命令限制未满百吨之外轮进口后，沪上突有外国鱼［渔］轮三十余艘，假借华人名义，改悬国旗，在我国领海内大肆捕鱼”。[②]《申报》报道：“江海关税务司曾命驻泊吴淞炮台湾之巡江吏（俗称黄船——原注）船检验洋员等，凡有日鱼［渔］轮进口时，须先报请该黄船洋员检验后，始能开驶赴沪。自查验以来，为该洋员等查悉，日鱼［渔］轮曾经在关注册登记者，只二十余艘，而日鱼［渔］轮之总数，约有百余号之多，往来出入时，专以假号码朦混。”[③] 江浙渔民致电国民政府主席蒋介石时提到日本渔船“从前不过三十余艘，今年骤增至二百余艘，悬挂我国国旗，雇用我国领江，在嵊山、海礁、佘山、（鳓?）鱼山、洋安、将军帽等处横冲直撞，极其蛮强，撕毁我渔具，儿戏我人命”。从这些报道中至少可以看出，日轮冒籍现象确实比较严重。这些日渔轮冒籍与中国政府监管不力有关。江浙渔民在电报中指出：“公会公所等，察日本渔轮，近尚不敢明冒不韪，特以保护之道未周，无知之愚民可欺，故得鱼目混珠，展施鬼魅伎俩，证以虚悬我国国旗事，已无丝毫疑义。”[④]

如何对付日轮冒籍捕鱼，成了国民政府不得不思考的问题。江浙渔民团体致蒋介石电报中就呼吁政府采取切实措施，“倘政府当局能予切实保护，多调军舰，梭巡洋面，对方知有戒备，势必遁逃匿迹”。[⑤] 中华海员工业联合会因发现日轮冒籍亦电请政府加以查禁。海军部批示：“外人在我

① 《日渔船冒用国旗政府将严行取缔》，《申报》1931 年 2 月 25 日，第 3 张第 10 版。

② 《关监督查得淞口外有日渔船四艘冒悬国旗报请核夺》，《申报》1931 年 3 月 30 日，第 3 张第 9 版。

③ 《日本鱼［渔］轮假冒号码为海关黄船查获四轮船一并充公》，《申报》1931 年 3 月 8 日，第 4 张第 13 版。

④ 《日渔轮侵入江浙洋面甬江鱼市日来已大起恐慌各界电请蒋主席设法救济》，《申报》1931 年 4 月 8 日，第 3 张第 9 版。

⑤ 《日渔轮侵入江浙洋面甬江鱼市日来已大起恐慌各界电请蒋主席设法救济》，《申报》1931 年 4 月 8 日，第 3 张第 9 版。

领海捕猎，自应严加查办，以杜侵渔。惟所指外船冒籍一节，查中外商渔各船均有船籍证书及各项标识，其船名或国旗与船籍书及标志一有不符，发见在领海时，以海盗嫌疑论，按照国际公约，无论何人得以逮捕。发见在商口内，海关例为充公。至外人公司外标华人商号，地方商会当能禁止。”① 但以海盗罪逮捕日本渔轮的事例并不多见。海军部只能检查船籍证书等，而证书的发放等工作则由实业部、交通部等负责。中华海员工业联合总会呈文实业部，要求对于冒籍事件予以取缔。实业部同时亦收到上海市政府、江苏省农矿厅等报告，获悉确有上述情事，于是“经本部分别转请关系各部，及上海市政府，制止交涉，并拟定杜冒取缔办法，密咨交通部，以后凡渔船请领照时，应先令其呈验本部所给渔业执照，否则应予驳斥，以杜冒替，并密咨财政部，转饬各海关，严密查禁外国渔船冒挂华旗，并规限请领临时航行证各手续”，得到交通部等同意。② 交通部训令江海关监督派员严密调查，“如系领有执照，冒悬华旗之外国渔轮，则将船照吊销”。③

除严查日渔轮外，对于本国奸商帮助日轮冒籍亦制定了一定办法。如上海市渔业指导所拟定办法十条呈报上海市政府。“为防止外籍渔轮，勾结奸商冒名过户登记起见，特拟定防止及惩戒办法，共计十项，详述理由，呈请市社会局核办，经该局审查后，现已据情转呈市府，俟市府核准后，则将依照办法办理”。④ 但是，日轮冒挂华旗的问题并没有解决。至少在 1934 年实业部上海护渔办事处仍接到报告，吴淞口外我国领海内时有发现日渔轮冒悬我国国旗，肆意捕鱼。办事处唯有请海岸巡防处派舰驱逐而已。⑤ 1934 年 5 月 9 日，上海渔业客商联益会、上海市渔会、上海市冰鲜同人联益会、上海市鱼轮［渔轮］同业公会等渔业团体举行中华领海渔权维护联席会议，讨论如何设法防止日本侵渔，其中措施包括：（1）“联合各地渔业团体，组织中华民国领海渔权维护委员会，讨论防制侵渔办法，以备政府采裁”；（2）本市渔业团体联合发表宣言；（3）“呈请实业部暨

① 《海军部批第四六号：批中华海员工业联合总会主任赵植芝等据呈日渔船冒籍掠夺海产一节已饬海岸巡防处查复核办仰知照由》（1931 年 4 月 18 日），《海军公报》第 23 期，1931 年 5 月，“命令：批”，第 194 ~ 195 页。

② 《实业部查禁日轮侵渔》，《申报》1931 年 5 月 8 日，第 4 张第 13 版。

③ 《交部密查外国渔轮》，《申报》1931 年 2 月 25 日，第 1 张第 4 版。

④ 《市社会局防止外籍渔轮冒名登记拟定办法呈市府核准》，《申报》1931 年 7 月 20 日，第 3 张第 10 版。

⑤ 《日渔轮越海捕鱼实业部筹划制止办法护渔办事处将商请海岸巡防处拨借巡舰赴吴淞口外渔区驱逐》，季啸风、沈友益主编《中华民国史史料外编》第 51 册，第 74 页。

沿海各省市渔业行政主管官署，对于渔轮之呈请登记，发给执照，应特别慎重办理，以免朦混”；（4）成立徐五孙、周旦、金楚湘等七人委员会，调查处理大华公司经理蒙混领照出卖渔权案。从此次会议的讨论案可以看出，奸商帮助日人冒籍领照现象仍然存在。①

总之，由于上述种种原因，国民政府的武装护渔对日本侵渔渔轮虽有一定威慑效果，但总体上成效有限，日本渔轮仍不断在中国沿海侵渔，有时甚至非常猖獗。如上海“一·二八”事变时，日本渔轮更是随大批日本军舰开入江浙沿海捕鱼。到日本侵华战争全面爆发后，国民政府的武装护渔也就随之结束，日本渔轮更无顾忌地在中国沿海捕鱼，严重侵犯了中国渔权，破坏了中国沿海渔业经济，进而影响中国沿海安全与秩序。这一教训引起了战后海军界的反思。“如所周知，我国的渔业，战前在日本侵凌之下，本来毫无基础。可是仅这些残破不堪的渔业，八年中受了日本的侵占，更摧毁到不可想像的地步。我们可以说，百年来中国沿海的渔权，政府无力争取与保护，中国广大渔民，政府无力保护与协助，于是渔民无力谋生，相率流为海盗，既毁坏了民族的重要产业，又搅乱了沿海的安全秩序，对于国防民生损害之巨是难以数字估计的。这个责任全在于过去政府与人民没有注意建设海军，作为护渔的后盾。我们的意见：今后要保障渔权与保护渔民，必须积极建设中国海军，保护渔权和维持海上治安。”② 这也说明渔权的维护需要强大的海军，缺乏这一条件的近代中国难以有效保护本国渔业。

---

① 《各渔业团体组织领海渔权维护会》，《申报》1934 年 5 月 10 日，第 3 张第 10 版。

② 寿生：《“护航”、“护渔”与“护侨”》，《中国海军》第 1 期，1947 年 4 月 15 日，第 8 页。

抗战时期西北驿运事业研究*

尚季芳**　　李佳佳***

提　要　抗日战争全面爆发伊始，国民政府为满足战时运输需要，解决海口封锁、铁路沦陷造成的运力不足，大后方交通运输落后于战争需要的矛盾，将1913年废止的传统驿站运输制度再次恢复，在全国范围内组设驿运机构，组织管理民间运力，发展军需民用物资运输。因着战时西北地区的重要性，该地的驿运事业亦被提上议事日程。西北驿运充分利用各地城乡、民间人力和畜力运输，以运输汽油、桐油、黄油、柴油、羊驼毛、军品及国防器材、钨砂、食盐、邮件、军用被服、药材、水烟等物为主，为抗战运载了大量军需民用物资，为战胜敌国和满足民生做出了重要贡献。同时，西北驿道的开发和管理也对后续发展西北交通运输业起到了一定的促进作用。

关键词　抗日战争　西北驿运　西北建设

抗日战争时期，为弥补交通运力不足，适应抗战建国的需要，国民政府实行驿运制度，全国上下相继展开驿运事业。目前，对驿运事业的研究，论著较多。研究全国驿运的论文，主要有杨斌的《抗战时期国民政府驿运事业》①、肖雄的《抗日战争时期国民政府的战时驿运》②、顾文栋的

---

*　本文系2010年国家社科基金项目“近现代西北民族地区毒品问题与社会控制研究（1840～1960）”（10CMZ025）、2012年甘肃省教育厅研究生导师项目“抗战时期甘肃高等教育发展与社会变迁研究”、2012年甘肃省财政厅高等学校基本科研业务费专项资金项目“近代西北高等教育发展与社会变迁研究”、2012年西北师范大学青年教师科研提升能力项目“近代日本与中国西北之关系研究”阶段性成果。

**　西北师范大学历史文化学院教授。

***　兰州交通大学马克思主义学院助教。

①　杨斌：《抗战时期国民政府驿运事业》，《民国档案》1995年第4期。

②　肖雄：《抗日战争时期国民政府的战时驿运》，《云南民族大学学报》2010年第1期。

《抗日战争时期国民党官办驿运的失败》①、陈红民的《抗日战争时期的驿运事业》②，以上论文主要从国民政府创办驿运的原因、过程、功绩和失败四方面做详细探究；对西北驿运业的研究，目前仅有李建国的《简论近代甘肃驿运业》③、田霞的《抗日战争时期的陕西驿运》④，两文对甘肃、陕西的驿运事业做了较为细致的钩沉，为本文研究提供了很好的铺垫。然而囿于材料的不足，两文没有对整个西北地区的驿运做全面考求。因之，本文拟在爬梳史料的基础上，力图对抗战时期西北地区驿运业的缘起、管理机构、运价、功过等做一步的史实重建和升华，为西北交通运输史研究贡献绵薄之力。

一 抗战时期西北驿运业的发轫

驿运是我国古代既有的一种运输方式，“运输工具主要有人力、畜力（马、牛、驴、骡、驼五种）、车三种运输方式”。⑤ 抗战全面爆发后，沿海各地相继沦陷，苏联、美国对中国的军事援助主要集中在西北和西南地区。1940 年后，随着日本封锁南亚，西南国际交通线不畅，西北公路几乎成为全国唯一的国际贸易路线，“可是运输紧张，运输工具的供应，器材燃料的补给，也日感困难，为运输事业的扩展，增加了不少的艰苦和阻碍”。⑥ 鉴于城乡民间运输人力、畜力来源充足，工具构造简单，制作维修容易，材料就地可取，国民政府遂实行驿站运输制度，以期弥补机械运力的不足，满足战时运输需要。

驿运制度在战时运输上被采用与推行是时代的产物。1940 年 7 月 15 日，蒋介石在驿运会议开幕词中说道：“我们今天要能解决当前抗战问题，要树立以后国计民生的基业，都觉得必须实行驿站制度。在过去我们中国一切军运货运和邮政全赖此一制度来维持，到现在我们更觉有恢复并加强这个制度的必要。”⑦ 又言：“我们缺乏新式的交通工具，我们要发展交通，

---

① 顾文栋：《抗日战争时期国民党官办驿运的失败》，《贵州文史丛刊》1985 年第 1 期。

② 陈红民：《抗日战争时期的驿运事业》，《抗日战争研究》1997 年第 1 期。

③ 李建国：《简论近代甘肃驿运业》，《甘肃社会科学》1995 年第 2 期。

④ 田霞：《抗日战争时期的陕西驿运》，《西北大学学报》1997 年第 3 期。

⑤ 甘肃省地方史志编纂委员会编纂《甘肃省交通志》第 38 卷，甘肃人民出版社，1993，第 503 页。

⑥ 刘世安：《我国现阶段的驿运问题》，交通部驿运总管理处编印《驿讯》第 39 期，1944 年 11 月，第 1 页。

⑦ 《委员长开会时训词》，驿运月刊社编印《驿运月刊》第 2 卷第 1 期，1941 年 6 月，第 27 页。

便利运输，就只有推行驿运制度，来发挥我国固有人力驮力，才能达到我们的目的，所以驿运制度的实施就是我们交通界目前最基本而迫切的工作。”① 因着时势的变迁，推行驿运已极其重要，不但要发展交通、便利运输、战胜日军，更要树立以后国计民生的基础大业。

抑有进者，在西北地区发展驿运，有其客观条件和可能性。首先，西北地区地广人稀，沟壑纵横，是典型的黄土高原地形，地理条件制约着公路的修建，而驿运对道路的要求低于汽车运输，适应西北的地理条件。尤其在抗战刻不容缓、千钧一发之时，驿运是最好的补充。况且，西北畜牧业发达，新疆、青海、宁夏、甘肃各省区属温带大陆性气候，有适宜于牧草、牲畜生长的环境，为驿运提供了可靠的牲畜来源。据调查，就骆驼一项，甘、宁、青三省可产五万头，其中驿运的核心地域甘肃省约有骆驼 37000 余头②，这是沙漠戈壁中最好的运输工具。其次，抗战时期西北驿运有待恢复的自身条件。近代驿运制度废止后，因西北地区近代化的交通工具较少，民间交通运输多依赖人力与驮力，同时昔日驿站所在地，到抗战时期仍有客店作为客商行旅食宿的住所。因此在抗战时期恢复驿制，“既经济又便利”。③ 此外，西北各省区的民间车驮运输业比较发达，可资利用。如兰州的私营驼店、过载行、脚行店、车马店等行业，招揽大车、骡马、骆驼等转运货物颇多，是甘肃省物资交流的主要承载者。最后，西北民众向来有着吃苦耐劳的精神，“只要带一块‘锅盔’，不论冷热，即足以充饥；只要有水，不论生熟，即足以解渴；只要有避风遮雨的地方，不论房屋与窑洞，即席地而卧，亦可处之泰然；冬季披着一件老羊皮，不论冰天雪地，即足以抵寒”。④ 此语虽有失公允，对西北人的认识也略显肤浅，但西北人的坚强、肯吃苦却可见一斑。要之，西北人民是中华民族刚健自强、豁达进取品格的主要传承者，在抗战的艰难岁月，西北民众更是奋发图强，忠实为国，乐于奉献，将开展驿运与西北民众的精神结合起来，定能成为“驿运制度下的模范运夫”。

---

① 刘世安：《我国现阶段的驿运问题》，交通部驿运总管理处编印《驿讯》第 39 期，1944 年 11 月，第 1 页。

② 魏永理：《中国近代西北开发史》，甘肃人民出版社，1993，第 384 页。

③ 宋希尚：《驿运在西北的优越性及其重要性》，驿运月刊社编印《驿运月刊》第 1 卷第 3 期，1941 年 5 月，第 3 页。

④ 宋希尚：《驿运在西北的优越性及其重要性》，驿运月刊社编印《驿运月刊》第 1 卷第 3 期，1941 年 5 月，第 3 页。

二 西北驿运机构的组建及其管理

1938 年 10 月，行政院为实行战时运输管理召开公路水道交通会议，通过了利用全国人力、畜力运输军需民用物资的提议。随后，交通部经行政院批准成立驮运管理所，管理人畜力运输工作。1939 年 1 月，交通部在重庆设立驮运管理所，在全国各重要路线设立分所，主管业务的推行。

1940 年 2 月，撤销驮运管理所，成立车驮运输所 8 处，直属交通部公路运输总局，见表 1。

表 1 车驮运输所名称、所辖路线、里程及使用工具

名 称	所辖路线	里程（公里）	使用工具
兰猩线车驮运输所	兰州——猩猩峡	1171	驮马、胶轮大车
汉渝车驮运输所	汉中——重庆	800	驮马、板车
泸昆车驮运输所	泸县——昆明	976	板车
川陕车驮运输所	宝鸡——成都	890	板车
川康滇车驮运输所	泸定——昆明 西昌——乐山	1300	驮马、板车
桂黔车驮运输所	柳州——三合 河池——岳域	522 486	木船、板车
川黔车驮运输所	重庆——贵阳	488	驮马、板车
滇越车驮运输所	昆明——老街	476	驮马、板车
合 计		7109	

注：滇越、汉渝两所，因滇越局势变化和汉渝公路破坏停办，其他各线均开运。

资料来源：中国公路交通史编审委员会：《中国公路运输史》第 1 册，人民交通出版社，1990，第 345 页。

根据表 1，1940 年 2 月，西北地区成立兰猩线、川陕线两处车驮运输所。兰猩线长 1171 公里，使用工具是驮马、胶轮大车。川陕线长 890 公里，使用工具是板车，西北驿运始见雏形。后将各车驮所改为驿运干线，至 1943 年，全国驿运干线共有 6 条，即川黔、泸昆、陕甘、甘新、川陕、新疆，以重庆为中心，贯通西南、西北各地，总长 11302 公里。1944 年，陕甘与川陕合并，改称川陕，泸昆改称川滇，全国共有川陕、川滇、川黔、甘新、新疆5线，总长9100公里。[①] 其中西北有甘新、川陕、新疆3线，并设立3个驿运分处领导管理。

支线方面，交通部驿运总管理处积极协助各省开办支线驿运业务，各省驿运管理处负责成立驿运支线，运输军用物资。西北各省的主要驿运支线，见表2。

表2 西北四省的驿运线路及里程

省 名	支线数	公里数
陕 西	12线	1834
甘 肃	7线	3476
宁 夏	—	—
四 川	3区	2067

注：该表由笔者根据16省驿运线路及里程表改制而成。

资料来源：中国公路交通史编审委员会：《中国公路运输史》第1册，第348页。

从表2看出，西北驿运主要分布在陕西、甘肃、宁夏、四川四省。1942年底，陕西驿运有12条支线，长1834公里；甘肃7线，长3476公里；四川3区，长2067公里。西北各驿运支线为配合干线及汽车运输提供了极大的便利，有力支援了抗战。

除发展驿运干线、支线外，驿运总管理处还在兰州设立西北驿站工程处，[②] 积极建设驿线配套工程。1943年5月1日，开工建设四川广元至新疆哈密驿站工程，11月底全部完竣。工程共分五段：第一段，广元至天水；第二段，天水至兰州；第三段，兰州至酒泉；第四段，酒泉至猩猩峡；第五段，猩猩峡至哈密。广元至酒泉段每站容旅客30～50名，酒泉以西每站120人，“广元至哈密间共建79站，其中新建站53个，局部新建及沿用改建旧房居者26个，此外并开水井22个，蓄水池3个”。[③] 此外，火烧沟、桥涵、布隆吉等三站，“均在酒泉以西，为特种乙等站设备，另附设蒙古包，作旅客拥挤时之补助住屋”。[④] 不难看出，驿站工程主要负责车驮队食宿，并办理普通旅客运输，为驿运业务的持续和有效开展，提供了

① 王炳南：《最近之驿运工作》，交通部驿运总管理处编印《驿讯》第28期，1944年6月，第1页。

② 洪文瀚：《甘肃驿运之今昔》，《建设经济评论》第1卷第4期，1947，第38页。

③ 杨斌：《抗战时期国民政府驿运事业》，《民国档案》1995年第4期。

④ 《西北驿讯：甘新线驿运分处》，交通部驿运总管理处编印《驿讯》第21期，1944年2月，第3页。

便利。

为加强驿运业务的管理工作，西北各驿运分处根据国民政府制定的驿运章程，因地制宜，灵活有效管理。

首先，车驮一律登记领照编队。西北各驿运分处根据行政院公布的《驿运车驮管理规则》，规定公营或私营驿运车（各种人力、畜力车）、驮（骡、马、驴、牛及骆驼）一律向主管驿运机关申请登记，领取驿运执照及车驮号牌后方可营运。车驮行经路线跨越两省的，由交通部驿运总管理处制发牌照，不出省的由省驿运管理处制发，号牌为木制长方形、红字，并在号牌中央分别加盖“交驿总处”或“省驿处”大印。车辆号牌钉挂车架左旁的明显位置，驮畜号牌悬挂在车辆的明显之处，驿运执照为硬纸卡片式，要随车携带，以便查验。同时，为加强管理，车驮实行编队。《中华民国驿运行车通则》规定：“任何车辆应编列车号，分类编队。车队编制为每队设车长 1 人，下辖 5 个分队，各设分队长 1 人，每分队设 5 辆，各设班长 1 人，每班以 5 车为原则，每队或分队可设数人担任炊事工作。”① 参与编队的车船畜力，除由驿运站分配货源外，也可向驿运站登记，自行揽货。

其次，车驮依照规定承运货物。1941 年 1 月，交通部公布施行《中华民国水路驿运载货程序》，对驿运货物托运、起运、押运、中转、到站提货，货物短少损失的赔偿，以及成批军品、粮食或其他物资的运输，均有比较完备的规定。车驮承运货物后，在运行途中经过各站必须登记，途中遇有车辆损坏、牲畜病伤要立即共同救济。到终点站后应办理交货手续，联系回程装货。货物如有短少损失或发生人力不可抗拒的意外灾祸时，车队长应会同车驮代表写出详细报告及有力证明报给近段站，并转报上级处理。

最后，对驿运员工进行考核奖惩。西北驿运分处根据政府制定的各种规章制度，要求员工遵守，并进行考核。段、站考核有各种竞赛办法，工作成绩检查办法等。检查项目有服务态度，赶车工人的训练以及爱护牲畜、车船保养、账册票据处理、文书处理、清洁卫生等。成绩优良的给予荣誉奖、奖金、记功等，差的给予申斥、记过等处分。关于车队考核，规定车队长要与车队同行，教育管理好赶车工人，安全完成每次运输任务等，根据工作情况作为考核依据。驿运机构配有稽查人员，对各段站、车队长、赶车工人有随时随地稽查的权力。

---

① 中国公路交通史编审委员会：《中国公路运输史》第 1 册，第 350 页。

驿运总管理处还创作了《驿运歌》，以激励驿运机构及员工的奉献精神。歌词曰：

> 抗战建国，重赖交通，唯我驿运，遍布国中。边疆腹地，不分西东，川流不息，运输畅通。物资调剂，民生日隆，粉碎封锁，敌冠途穷。新兴驿政，风起云从，发扬光大，赖我员工。群策群力，守法奉公，服膺主义，共矢贞忠。不辞劳怨，贯彻始终，胜利在望，驿运成功。[①]

总之，西北各线驿运管理处依照国民政府制定的政策，结合实际制定出行之有效的管理制度，以达到统收统运的目标，对支援抗战和发展地方经济民生收效甚宏。

三　战时西北驿运的运输业务及贡献

抗战时期，西北乃至全国驿运业务的重心以军运、粮运、国防运输为干线业务，支线则“除接近战区之驿线，以补助军运及抢运沦陷区物资为主要任务外，大抵以调剂地方民生必需品之有无为中心”。[②] 现将各驿运干线的具体运输业务分析如下：

（1）陕甘线，辖广元至宝鸡及天水至双石铺两段，并附辖六安至阳平关、阳平关至广元及汉中至褒城三辅助线，主要循甘陕公路而行。[③] 该线主要业务以运输棉花、水泥、钨砂、军品、茶、糖、烟草等物为主。

（2）甘新线，自天水经兰州至猩猩峡，并辖酒泉至石油河，安西至敦煌两辅助线。该线分处主要业务以接运俄货为主，出口以羊毛、钨砂为主。在制造车辆、训练职员、承担运盐业务方面颇有建树。如 1944 年，甘新线驿运管理分处与兰州信源商行订运食盐 640～800 吨。由兰州至汉中，自 4 月份起运，8 个月运完。[④]

（3）川陕线，陆运自重庆至成都，水运自重庆至广元，以粮、糖为货运大宗，兼办渝、蓉马车客运。1944 年 2 月 1 日，川陕线与陕甘线合并，

---

① 罗冠群：《驿运歌》，交通部驿运总管理处编印《驿讯》第 25 期，1944 年 4 月，第 4 页。

② 王炳南：《驿运现况简述》，中国第二历史档案馆编《中华民国史档案资料汇编》，江苏古籍出版社，1997，第 87 页。

③ 《本省主要驿运干线》，《甘肃贸易》第 2、3 期，1943 年 4 月，第 67 页

④ 《各地运况简报·甘新分处》，交通部驿运总管理处编印《驿讯》第 26 期，1944 年 5 月，第 3 页。

改称川陕线，将原有线段泸渝段划归川黔分处，泸蓉段划归川滇分处，重庆至榫木镇段划归重庆服务处。工具方面，联运车 377 辆，各机关车辆 774 辆，自行编队 2251 辆。①

（4）新疆线，1943 年初建立，业务主要以迪霍、迪哈、哈猩三区为主。沿线设哈密、迪化、猩猩峡等站，派员驻伊犁，分头招致货运，并与甘新线分处接洽兰州、新疆及兰州以西各站货运。② 主要运送石油、粮食。

关于西北驿运线的具体货运量概况，见表 3。

表 3 1944 年前西北各线分处所驿运概况

机关名称	驿线里程（公里）	站　数	员工数（人）	货运量（千延吨公里）
川陕分处	1562	30	362	860
陕甘分处	1182	36	403	1855
甘新分处	3580	52	301	740
新疆分处	2013	3	63	53
总　计	8337	121	1129	3508

资料来源：统计室制《各线分处所驿运概况表》，交通部驿运总管理处编印《驿讯》第 25 期，1944 年 4 月，第 4 页。

根据表 3，西北驿运各线中里程最长的是甘新线，其次为新疆线、川陕线和陕甘线。货运量最多的为陕甘线，其次为川陕线，再次为甘新线，最少的为新疆线。毫无疑问，陕甘线是抗战时期西北驿运业务的主要承担者之一，是衔接运载西北与西南地区货物的主要大通道。

相较于汽车运输，驿运业成本少，运价低，这是驿运业能够在战时得以重启的重要因素。以 1940 年 11 月西北胎轮车（大车）与汽车的运价为例，当时胎轮车每公里公吨运费为 5 角，而汽车运费是甲等 2 元 2 角 6 分，乙等 2 元 1 角 6 分，丙等 2 元零 6 分。③ 这说明胎轮车与汽车的运费率至少是 1∶4。此后，除 1941 年两者相差无几外，其余年份驿运费均低于汽车运费。④

另外，抗战时期，汽车配件缺乏，汽车的完好率很低。如 1940 年，西

① 刘永立：《半年来的川陕线》，交通部驿运总管理处编印《驿讯》第 37 期，1944 年 10 月，第 8 页。

② 《新疆线分处近况》，交通部驿运总管理处编印《驿讯》第 12 期，1943 年 9 月，第 2 页。

③ 宋希尚：《驿运在西北的优越性及其重要性》，驿运月刊社编印《驿运月刊》第 1 卷第 3 期，1941 年 5 月，第 5 页。

④ 魏永理：《中国近代西北开发史》，第 385 页。

北公路局所有汽车总数达1314辆，但经修修补补，可以勉强使用的估计还不到600辆。就这些经过修补后可以使用的车辆中，还有的缺轮胎，有的缺电瓶，有的缺零件，成了半残废。实际上真正能在路上跑的不过400辆。① 但驿运工具的完好率要比汽车高，据统计，大车、骡马等工具的完好率相当于汽车的3倍。② 因此从总的货运量上来看，驿运在抗战时期所完成的运量也高于汽车，详见表4、表5。

表4 1940～1943年西北驿运货运总量

年 份	川陕分处		陕甘分处		甘新分处		新疆分处		川陕水路联运处	
	吨数	延吨公里	吨数	延吨公里	吨数	延吨公里	吨数	延吨公里	吨数	延吨公里
1940	—	—	5073	1815072	—	—	—	—	—	—
1941	—	—	41908	11665889	34316	17080428	—	—	939	792996
1942	5164	853676	54795	17764112	30898	12687591	—	—	—	—
1943	51991	5601648	66080	17518279	29278	9088787	—	—	—	—
合计	57155	6455324	167856	48763352	94492	38856806			939	792996

表5 西北公路局1940～1943年客货运量

年 度	旅客人数	人公里	货物吨数	吨公里
1940	207060	46281403	3502	1547752
1941	133574	30306464	8334	4922690
1942	227410	53665470	6305	4951543
1943	454777	78401510	12317	8502937
合 计	1022821	208654847	30458	19924922

比较表4、表5，1940～1943年，西北驿运共完成货运总量320442吨，西北公路局汽车完成货运总量30458吨，两相比较，驿运完成的货运量最多时约相当于汽车运量的10.52倍。由此可见，驿运在抗战中的货运贡献不可低估。

虽然驿运每车单位运量比火车和汽车小，但它投资少、成效大，适合当时国力状况，其建设费用仅占交通费的2%，而运输量却是汽车的十几倍。战时第一、二、五、八等战区军需品转运的繁重任务，大多是依靠陕

① 王化机：《西北公路局概略》，《甘肃文史资料选辑》第14辑，甘肃人民出版社，1983，第127～128页。

② 魏永理：《中国近代西北开发史》，第385页。

西驿运完成的。同时，交通部门还利用驿运运送民用物资，保障了战时人民生活必需品的供应。据统计，“川陕驿运干线从开办到1945年1月交西北公路局汉中分局接办，历时4年零4个月，共完成各种物资运输14万吨，相当于西北公路局汽车同期运量的2倍”，① 而陕西全省“各干、支线在抗战期间共完成军需民用物资等货运量100万吨以上，货物周转量7000多万吨公里，其货运量为同期西北公路局汽车的13.5倍”，② 有效地承担了抗战的运输任务，曾受到国民政府行政院的嘉奖。

四 余论

战时西北驿运业，不是古代驿制的复活，而是古代驿制的发展与进步，是经过一番“扬弃”、“过滤”与“提炼”，去其糟粕，取其精华的成果。所以新的驿运制度，虽然依然沿用着旧的躯壳与形式，但其内容，既不是秦驰道的“抄袭”，也不是清左宗棠在西北平乱时的“旧观”，而是渗透着时代精神，适应战时运输需要的新“内容”，如果用一句时髦话，就是“旧瓶新酒”。③ 因此，战时驿运与其说是旧制的采用，不如说是新制的创立，这是我们对于战时驿运应有的基本认识。西北驿运之所以能做出巨大贡献，除适应战时需要、领导者的正确决策外，我们不能忘记那些奔波于途的驿夫（车夫）：“车夫出了嘉峪关，就显出凄凉的景象，等到过了玉门关，那更是一片沙漠，一天可以看不见人烟，冬季里西北风使劲的刮着，穿上了老羊皮还不觉得暖和，就是在夏季，亦有‘早穿皮袄午穿纱，到了夜晚穿棉花’的俗语，夏天午间沙漠上的沙粒，晒得好像糖炒栗子锅里的沙子一样热，车夫们在上面走着，路上又没有水井，更没有食粮……没有民房，只是在适当距离的地点，有一座养护公路的道班房，孤伶仃地站在原野上可以借助而已，这班工人是开垦者，而车夫们亦是拓荒者。”④ 时人对西北驿运车夫生活生动、形象的描述，使一幅幅车夫赶着载满重要抗战物资的车子，翻山越岭，汗流浃背的画面映入眼帘，正是车夫们的辛

① 陕西省交通史志编写委员会编《陕西公路运输史》第1册，人民交通出版社，1988，第116页。

② 田霞：《抗日战争时期的陕西驿运》，《西北大学学报》1997年第3期。

③ 宋希尚：《驿运在西北的优越性及其重要性》，驿运月刊社编印《驿运月刊》第1卷第3期，1941年5月，第1页

④ 庸夫：《西北驿运车夫生活》，交通部驿运总管理处编印《驿讯》第28期，1944年6月，第4页。

勤付出，才是驿运为抗战做出重要贡献的内核。

不过，西北驿运业在发展过程中也存在不足之处，主要表现在驿运是一种官办驿运，宣传不力，民间运输工具没有完全动员起来。一般民众并不了解战时驿运的重要性。组织运力实行强制登记，统一调配，一些地方保甲、军队强行拉车拉夫或借征派车驮敲诈索贿，中饱私囊。这样，车户脚夫怨声载道，纷纷视驿运为畏途，不愿到驿运机关办理登记手续，致使大车、骡马登记数目与原先民间所拥有的车驮数目相差甚远。战时物价飞涨，驿运运价与物价脱节也影响驿运。1940 年 12 月，陕西省驿运处制定全省各驿运支线的运价。刚开始车户、脚夫均有少量盈余。不久，通货膨胀，驿运运价虽几经调整，仍赶不上物价上涨。据 1945 年 5 月统计，“陕西驿运运价只及实际运输成本的 70% 左右，被征车驮大多入不敷出，车户、脚夫经常逃走”。[①] 1944 年 3 月，陕西驿运改为军征，实行强征强雇，但仍难维持。同年底，驿运运价实行议价，车货双方依照物价的情况当面议定，驿站予以仲裁，以维持残局。这样，必然影响驿运的规模和效率。

然而，弊端终究不是主体，从事驿运工作的全体员工和组织起来的个体劳动者绝大多数怀着浓烈的抗日热情，不畏艰难困苦，辛勤劳动，完成了驿运任务，支援了抗战，也为西北近代交通开发史增添了光彩。抗战胜利后，国民政府东迁，西北失去了昔日国际贸易和军事援助重要通道的地位，交通运量锐减，驿运开始让位于现代运输工具。

① 陕西省交通史志编写委员会《陕西公路运输史》第 1 册，第 129 页。

1940年代国人对中国边政及其兴革的认识

——以《边政公论》为中心的考察

汪洪亮*

提　要　南京国民政府时期的边政，受制于历史惯性和国家政局复杂及经济薄弱，绩效并不显著。时人对边疆问题的严重性及边政存在的问题有许多考察和判断，对如何调整边疆政策及改革边政机构等提出了不少建议。本文以《边政公论》所刊发文章为中心，从边疆政策、边政机构及地方边政制度三个方面，对时人的认识进行了论述。

关键词　南京国民政府　边政兴革　《边政公论》

"边患"一直是中国历代中央政权必须面对的挑战。历代疆域盈缩及国家统分均与"边患"相关。南京国民政府时期的边政因为历史惯性和现实制约，绩效并不显著。那时国人对近代以来中国边疆问题的严重性及边政存在的问题有许多考察和判断，对如何调整边疆政策及改革边政机构等提出了不少建议。学界对民国边政有较多研究，但从学术史和政治思想史的角度对那时国人的思考和建议进行梳理的还不多。笔者拟以那时最主流的边疆研究刊物《边政公论》所刊发文章为例，对时人的相关认识进行一番梳理。

一　民国时期的边政绩效及特点

民国边政在政治上就是要维护领土完整，重塑中央在边地的权威，建构中华民族以团结各族人民共同对抗外敌。从其实施策略及过程来看，其目标部分得以实现。国民党在历次代表大会宣言中都特别强调要发展出一

*　四川师范大学历史文化与旅游学院副教授。

套促成全国各民族融合的国族主义理论，以培养和增强各族人民对中华民族的认同，形成“一强固有力之国族”。边疆地区的地方领袖及普通民众大多认同中央政府及抗日战争的正当性，为抗战持久和胜利奠定了民心基础。在经济方面，国民政府兴修水利和移民垦殖，开展边疆地区铁路、公路建设，增强了内地与边疆经济交流，促进了边疆经济发展。由于大量内地工厂西迁，政府积极开辟富源，边疆实业有了突出进展。1935 年后，中央党政各机关竞相在边地办学。1942 年，行政院规定“中央对边地青年教育依一般教育行政系统，仍由教育部主管”，边疆教育行政权至此始告统一。蒙藏教育司于 1947 年改名为边疆教育司，“此为边教行政之一大改革”。可惜此时中国已陷入内战之中，国民政府的诸多构想如昙花一现。

与过去中央王朝无为而治的消极态度不同，南京国民政府全面筹划边政，并主动渗透边疆实施边政。在对边疆谋取治理的过程中，也不是运用单一的政治和军事手段，而是开始注重经济开发和文化教育发展。但是国民党政治资源稀薄，是个脆弱的党治政权。① 中央势力在抗战前基本超不出长江下游；西部各省名义上承认国民政府，行动上各行其是。② 当时中央权威未能在地方普遍树立，地方实力派与中央貌合神离，边疆地区或有列强插手或自成独立王国。中央因受边疆交通掣肘和文化隔离等制约而反应迟钝，再加上外国势力利用地缘政治及民族宗教因素蛊惑蒙藏独立，在边疆地区的施政难度大大增加。国民政府或因建政伊始，即处内忧外患之中，始终未能通盘推进边疆建设，比如抗战前就关注西北，抗战军兴后运筹西南，看似灵活机动，实际上是功利从事。所以尽管国民政府在边政方面有所作为，却不能做到大展宏图。再者，国民政府边政规划固然完备，但多停于纸面，落到实处者不多，一则因为施政既短，诸多计划未及实施，二则因为政出多门，缺乏监管，不仅规划未能统筹，有时甚至互相掣肘。

二　对民国边疆政策、边政机构及地方边政制度的认识

（一）边疆政策

中国古代历代王朝多数只图“归顺”的名号和边徼的安宁，在边疆经

---

① 王奇生：《党员、党权与党争——1924～1949 年中国国民党的组织形态》，上海书店出版社，2003，第 212 页。

② 崔之清：《国民党政治与社会结构之演变》中编，社会科学文献出版社，2007，第 948 页。

济开发、文化教育发展等方面少有建树。在高长柱看来，自秦迄明，均是“消极”的边政，“对于边徼，虽不免时有兵戎之兴，然苟不遭侵扰，即从事玉帛之议，或饵以利禄，或封以爵位，仅具有朝贡通好之虚名，决未尝尽‘筹边政策’之能事”。①

时人指出，近代中国边疆沦陷和屡次变乱，中央政府边疆政策的“失当”，要负“一大部分的责任”。清中叶以来，中央政府对于边疆地域“只取敬而远之的消极态度，甚至漠不关心，完全不知边情”，仍将“宣抚”、“册封”、“赠谥”、“致祭”一类作为“法宝”，“这只表现当局对边疆问题的无策”，“边疆有事变发生，不作釜底抽薪之计，只因循敷衍，想偷安一时，也是大大的失策”。近代以来，乃至到了抗战前夕，“中央对于边疆既多半取消极的政策，边疆经济的开发，文化的发展自然谈不到”。② 抗战结束后，国人对边政的批评不但没有停息，反而更加严厉。张汉光指出：“最近年多来，我国边疆，外蒙独立，新疆动荡，西藏若即若离，内蒙迭次要求自治，东北陷于混乱，台湾复有二二八事变，几于无日不呈风雨飘摇之况。由于问题日趋严重，中央边疆政策，边政机构以至边疆地方政治制度，乃为国人讨论之中心。”③ 可见南京国民政府边政，在政策、制度及行政等层面均不能让国人满意。

对中国政府边政的“无策”或“失策”，当时政学两界近乎形成一种共识。1937 年，思慕陈述了中国各个边区的严重问题，试图回答“究竟中国政府对边疆是不是有政策，是甚么政策，执行的效果怎样”。④ 在时人心目中，中国边疆政策之有无都还是疑问，更遑论其内容及效果。1947 年，还有人质问：民国以来，政府忙于安内攘外，对边疆鞭长莫及，但抗战胜利后，边疆问题反而比过去还要严重，政府却拿不出和平民主、切实可行的边疆政策来，“那么我们要问，政府对边疆有没有根本政策？有的话，究竟是什么？”⑤ 政策本是政府制定，却要由百姓来“要”，可见那时边疆政策还很“不接地气”，民间认同度很低。

不仅学界有此认识，政界人士也有类似的观感。蒙藏委员会秘书周昆田在 1941 年承认历届全国代表大会及中央全体会议虽对边疆问题均有所涉

① 高长柱：《筹边政策与边疆现状》，《边疆问题论文集》，正中书局，1941，第 2 页。
② 思慕：《中国边疆问题讲话》，上海生活书店，1937，第 16 ~ 18 页。
③ 张汉光：《中国边政的出路》，《东方杂志》第 43 卷第 14 号，1947 年，第 19 页。
④ 思慕：《中国边疆问题讲话》，第 3 ~ 4 页。
⑤ 桑林：《向政府要边疆政策》，《西北通讯》1947 年第 2 期，第 18 页。

及，但“有关此项文献，前后散列，易为一般人所忽视，或竟以为现在尚无一定之边疆政策”。[①] 1947 年，教育部边疆教育司司长凌纯声还说：“近尚有人认为中央对于边疆，迄今犹未建立一确定之政策者，此实为已定边疆政策，未能见诸实施，而引起之误解。”[②] 从 1937 年到 1947 年，十年之间，国人对中国边政无策的观感并没太大改观。政府自以为有而被民间误解为没有，很能说明国民党及其政府的边疆政策不明确或实施效果不明显。

国民政府在边疆政策上有比较明确而系统的表态，还是在 1941 年 3 月召开的国民党五届八中全会上。这证明时人对国民党边疆政策之有无尚存疑虑是合乎情理的。卫惠林 1943 年指出：“‘边疆建设’这口号在最近二三年来由朝野一致的要求与抗战建国的实际需要，已由言论进于行动，由主张变为政府的决策了，自八中全会以来，每次党的政府的民意机关的重要决策，总有关于边疆建设的若干决议，若干政治的、经济的、教育的措施，已见诸施行。但边疆还是边疆，一些临时的设施距离时代与国家的要求仍甚遥远。”[③]

一般来讲，那时评论国民政府边疆政策者，大体还是认同其政策的进步性，尤其是具有官方背景的学者，多是为政府边政作注解并加以阐发。国民政府重视边政，本来有抗战形势逼迫的背景，经济文化建设又非短期可以竣事。朱家骅认为，边务工作百端待举，内容应该包括五个“要目”，即心理建设、伦理建设、社会建设、政治建设和经济建设。[④] “五位一体”，本是边政应有之义，但这五个方面在实施中并不均衡。罗敦伟指出：“过去的边务政策，似乎太偏重于政治方面，而对于‘心理建设’和‘经济建设’，虽然也在注意，可是分量还略嫌轻了一点”，心理建设在广义上固然可算是政治建设之内容，但过去政治建设多注重狭义的政治设施建设。[⑤]

从区域来讲，国民政府的边政还有偏重西北的特点。黄文华指出：“我国历来一般为政者，都重视西北，说西北是天生重地，言人民，秉性强悍，足为冠国雄兵；言地势，关山雄险，足以握全国枢纽”；但对西南，

---

① 参见周昆田《三民主义之边政建设》，《边政公论》第 1 卷第 1 期，1941 年，第 5 页。

② 凌纯声：《中国边政改革刍议》，《边政公论》第 6 卷第 1 期，1947 年，第 2 页。

③ 卫惠林：《边疆文化建设区站制度拟议》，《边政公论》第 2 卷第 1～2 期合刊，1943 年，第 8 页。

④ 朱家骅：《边疆政策与边疆建设》，《新亚细亚》1944 年第 1 期，第 8～9 页。

⑤ 罗敦伟：《新边务政策》，《边政公论》第 1 卷第 1 期，1941 年，第 21 页。

“未曾有人善为注意过”，“其实西南的重要，实不亚于西北。抗战以来，言民族复兴者，皆推西南，说西南是民族复兴之根据地”。[①]

凌纯声也注意到，“朝野人士，大都注意到西北而忽略了西南……此实为晚近国家建设一件不幸之事”。他认为西北与西南都是复兴民族的根据地，“在抗战建国中的地位至少是一样的重要；何况西南的地理环境、气候、资源与民力等等多较优于西北，可说是复兴民族的主要根据地”。[②] 他承认两者地位“一样的重要”，不过又说西南是“主要根据地”，可见在其潜意识中，西南更为重要。江应樑认为，过去国民政府边疆政策的重心“是在西北而不在西南，换言之，即只认蒙藏新疆为边疆而视西南各苗夷区域为内域……自抗战以后政府西迁，西南边疆及西南边民的实况，始渐为执政诸公明了，才深觉得这广大区域与复杂的宗族，实在不能不有特殊的治理方策和开发方案，实在应当和蒙古新疆作等量齐观，于是政府治边的范围乃始扩大”，这一转变是“智慧进步之举”。[③] 凌文发表于1938年，而江文发表于1948年。十年过去了，两个民族学者对此问题的观感并未发生大的变化，可见国民政府边疆政策“重北轻南”的特点一直很明显，实际上国民政府对西南建设已经相当重视，但身处西南的江应樑所感知到的依然是“重北轻南”，可见在其心目中，至少政府对西南建设重视得还不够。

（二）边政机构

那时不少官方学者往往肯定中央边疆政策完善，而批评地方各行其是。而在一般学者看来，边政不善的主要原因是中央边政机关的庸碌无为。南京国民政府的边政机构设置，尤其是蒙藏委员会，是那时学者批评最为集中而激烈的部分。由于复杂的历史原因及严峻的当时形势，蒙藏地区未像其他边区一样建立省份或类似省级地方政权组织，所以中央绸缪边务，以蒙藏为切入点，算是抓住了主要矛盾。蒙藏委员会在加强中央对蒙藏地区的政治联系与监督方面起了重要作用。蒙藏虽在国民政府边政中处于中心地位，但不能以蒙藏代表整个边疆，不能以蒙藏民族代表整个边疆民族。其边政机构直接以蒙藏为名，显然犯了以偏赅全的逻辑错误，暴露了国民政府边疆民族观念的片面性。

---

① 黄文华：《抗战中的西南民族问题》，《东方杂志》第35卷第21号，1938年，第5页。

② 凌民复：《建设西南边疆的重要》，《西南边疆》1938年第2期，第1页。

③ 江应樑：《请确定西南边疆政策》，《边政公论》第7卷第1期，1948年，第1～5页。

张汉光指出，尽管蒙藏委员会在处理边疆事务时偶有涉及其他边疆区域，但具体负责机构只有蒙事处和藏事处，在处理其他边区事务时自然无力兼顾。以蒙藏委员会处理边疆事务，显然师出无名，其边政成效大打折扣。新疆及其他边疆地区事务，在中央没有固定过问的机关；在当时情势下，蒙藏委员会仅能承袭蒙藏院、理藩院的“理藩作风”，“打团结与安定的口号，办招待调处宣慰册封等等的事务”。① 史振纲注意到，自吴忠信以迄罗良鉴，蒙藏委员会的治边政策近于清代的“羁縻”政策，如今“内外情势大变，仍思一味盲从，妄冀仅以装璜［潢］门面和粉饰太平为追求团结和安定的最高希望的手段，却不免落为羁縻政策的尾巴，无以名之，姑名之为蒙头藏尾的‘裱糊政策’”，与其“抱怨近十年来封疆大吏对于边政上没有齐一步骤，那么毋庸说中央边政机关的姑息无为和领导无方，应当是一个主要的原因”。②

不仅名称狭隘，蒙藏委员会机构设置也比较简单。当时不少学者都喜夸赞清代边政，并以中央边政机构理藩院位高权重、机构健全为主要原因。如凌纯声指出，清代理藩院最初属礼部，后与六部同级，“中央边政机构地位之高，为历代所未有，因此有清治边成绩，亦历代所不及”。民国以后，理藩院先改为蒙藏事务局，后改蒙藏院，直隶于大总统；国民政府成立后，再更名为蒙藏委员会，改隶行政院。在他看来，“三十年来，中央边政机构，不仅名称变易，其地位亦已不及各部而居次要。近年中国边政之废弛，其原因固多，然中枢无健全之边政机构，恐为其主因。今欲改革边政，必须如清初之强化中央机构”。③

许公武从组织与职权两个方面，比较理藩院与蒙藏委员会的职能权责，认为理藩院组织健全，事权统一，设有六司三户及厅、处、管、库十三部门，辖区包括内外蒙古、甘、宁、青、新、康、藏等地带，职权涉及政治、军事、经济、宗教以及司法；而蒙藏委员会则仅辖蒙、藏两地，其他边疆地区在法理上不属其管辖范围，在职权上“组织法”仅规定其关于蒙、藏之行政及兴革事项。蒙藏委员会以蒙藏人任委员，而委员多散居各边地，无法集思广益，“仅有委员会之名，而无委员会之实，又况教育、文化、军事、交通等项，多分掌于中央关系各机关，割裂支离，事权分散，结果十余年来该会所能推行者，不过边疆政治之联系与边民情感之沟

① 张汉光：《边政往何处去》，《边政公论》第 6 卷第 3 期，1947，第 21 页。

② 史振纲：《论现下边政之歧途》，《西北通讯》1947 年第 4 期，第 39 页。

③ 凌纯声：《中国边政改革刍议》，《边政公论》第 6 卷第 1 期，1947，第 11 页。

通而已”。经此比较，“理藩院之效率，洵非民国以还中央边政机构所可比拟，此过去史实具在，固无庸为讳者也”。① 黄奋生认为理藩院和蒙藏委员会分别代表了中央边政机关的一元制和多元制：前者“职掌繁多，事权统一”，是为一元体制；后者为多元体制，“职掌单纯，事权分属”。他认为，当时多元体制有其必然性，边政的目的是“化特殊的边区如一般的内地”，“要把边区的政治、军事、交通、经济、文化等，很快的建设起来，责之于一个机关来总揽这么多的事，计日程功，其势有所不能，故仍须分工合作，分道并进”。②

蒙藏委员会承袭民国初年的蒙藏事务局、蒙藏院的设置理念，专管蒙藏边疆地区事务，在隶属关系上不再是民国政府内政部所属机构，而是与各部平行，政治地位得以提升。其他中央机构也成立了一些司局或处，负责管理相关边疆事务，如教育部蒙藏教育司（后改名边疆教育司）、参谋本部边务组、中央组织部边疆党务处及边疆语文编译委员会等。单纯从机构及职能来看，应该承认，中央党务和行政部门均对边政有负责机构，相关职能及人员配备也不断完善，增设了不少驻外机构、招待室、编译委员会、派驻蒙藏各处专员或办事处，逐步深入边地处理边政，代表中央行使职权，有利于加强对边疆地方的政治控制，强化中央在边地的权威。但因各部门隶属关系不一，地位难有高下之别，无法形成有效规约机制。对此弊端，中组部部长朱家骅就有体认。1942 年 10 月 25 日，他在边务工作会上指出，“目前掌管边务的机关，虽则各自有其专门的任务，但因缺少联系，难于相辅相成。我们对于边务工作必须合力进行，庶几事半功倍，获致实际的效果”。③

从纵向来看，中央边政机构以蒙藏委员会为中心，地方上则没有统一布局，二者联系脱节，中央政令不能贯通，无法形成有效互动。部分边疆省份设置了相关边政研究或调研机构，并非决策或执行机构，且地方边政机构设置较为自主，其隶属关系及其职权范围，均无一律。这些机构缺乏统一规划，职能单一狭隘，存在时间长短不一，没有明确的施政方针和组织保障，其效能自然大打折扣。

（三）边疆政治制度

因边地广袤，民族复杂及历代边政传统，我国边疆地区长期存在一些

① 许公武：《调整边政机构之拟议》，《边政公论》第 6 卷第 1 期，1947 年，第 13～15 页。

② 黄奋生：《边疆政教之研究》，商务印书馆，1947 年，第 32～33 页。

③ 朱家骅：《边务工作应有的认识和态度》，中央组织部边疆语文编译委员会，1942。

与内地不同的政治类型。民国尚存主要边疆政治制度有盟旗、土司、政教、部落等四种，“以之推行行政，不无窒碍”。[①] 关于这些边政制度，民国学者已多有研究。不过多从文献记载叙述制度演变过程，或为当事人口述实录，且多为回溯性的事实研究，而非对策研究。

凌纯声关于民国边政制度的研究值得关注。他指出，“民国二十年前，我国边政废弛”，由于“旧有制度日就凌替，新的制度迄未建立”，南京国民政府时期的“边政系统，紊乱已极”：盟旗各自为政，土司几近独立，形同部落，久与中原隔绝，“故边政初由不知管而放任不管，由放任不管而终至不能管，几无边政之可言”。九一八事变后，朝野重视边疆，边政主持者“尤能深知今后欲整饬边务，改革边政，必先从事研究边疆之政教”。[②] 他先后撰写数文，对这些地方边政制度的起源、发展及其组织与边政关系等做了细致的考证与辨析，对其现状及改革方向也都提出了具体意见。

在凌纯声看来，清廷以盟旗制度统治游牧民族，在政治制度上是“一大变迁”。时至 1943 年，“外蒙四部，科布多，乌梁海等地，已经废除王公及活佛贵族阶级”，盟、旗等名称虽在，但其首领已“多由人民选举”；东北盟旗由日本控制，设置兴安省，以盟为分省，撤废县治；“惟有在绥远之伊克昭盟及在宁夏青海新疆之西蒙盟旗，仍沿旧制，迄今甚少变革”。他肯定地说：“清代所创的部落而封建之盟旗制度，已不能适合现代政治”，但“在三民主义边政政策之下，应如何改革，在战时战后，也是正待研究而要解决的当今急务”。[③] 对于土司制度，他认为该制“演变至今，实已成为部落而封建兼备之制，以土司之虚名，实行部酋之统治”，对这种“逍遥于政府法令之外”的土司制度“急应加以改革”，第一步就是“将土司政治列入边政范围”，“以土司划归边省与中央专管边政机关直辖，使土官不得借口为土司而处于法外”。[④] 凌纯声关于边政制度研究的第三篇论文，发表时已是 1954 年，但其基本观点应形成于 1949 年前。他对政教制度之源流、元明清三代政教制之演变及其现状与分布做了研究。[⑤] 至于部落制度，散居西南西北边疆各地，只是略具政治之雏形。凌纯声认为，

---

① 凌纯声：《中国边政改革刍议》，《边政公论》第 6 卷第 1 期，1947 年，第 4 页。

② 凌纯声：《中国边政之盟旗制度》，《边政公论》第 2 卷第 9 ~ 10 期，1943 年，第 1 页。

③ 凌纯声：《中国边政之盟旗制度》，《边政公论》第 2 卷第 9 ~ 10 期，1943 年，第 1 ~ 12 页。

④ 凌纯声：《中国边政之土司制度》，《边政公论》第 2 卷第 11 ~ 12 期，1943 年，第 1 ~ 13 页；第 3 卷第 1 期，1944 年，第 4 ~ 13 页，第 3 卷第 2 期，1944 年，第 1 ~ 11 页。

⑤ 凌纯声：《中国边政之政教制度史》，《中国边疆民族与环太平洋文化》，联经出版事业公司，1979，第 161 ~ 178 页。

这些边政制度有三个共同点：第一，统治者多是世袭或转世；第二，所辖土地均行公有制度；第三，被统治者多数被视为世民，行动不能自由。简言之，官为世袭，地为公有，民为世民。这些制度都停滞于部落封建神权政治各阶段之上，与现代政治制度格格不入。如要改革边政，就要摒弃这种分而治之的民族隔离政策，一视同仁对待各族。①

关于边政制度的权力机构及其与现代政治制度的不相容处，张汉光也有体会。他指出，在地方边政制度下，权力世袭，贵族专权，民权无保障。在蒙古盟旗制度下，“平民绝无参与政治之权，而有向旗扎萨克纳税与服役之义务”。在西藏政教合一制下，宗教领袖即政治领袖，达赖总揽政教大权，“所谓民众大会，不过徒具形式”，西藏政治的实质“显然是僧侣贵族混合统治神权社会的政治”。土司制度存在类似问题，“大小土司，官为世袭，生杀予夺，权为独尊，地为私产，民为私民，封建思想，牢不可拔，封建势力，根深蒂固”。部落制度也是边疆政制之一种，其中散处西南各省之苗瑶等族，“尚具有隐约之部落政治形式”，“均有土有民，或称土官，或称头人，亦俨然君国”。②

三 对边疆政策调整和边政机构、制度改革的建议

南京国民政府的边政，不管是从边疆政策的实施、边政机构的设置，还是从地方边政制度的运行来看，都存在很大问题：（1）边疆政策少有得到真正落实，以至于让人误解为没有明确的边疆政策；（2）边政机构设置不科学，以至于不能有效推动边政措施的实施；（3）地方边政制度的存在与运行使边疆地区自外于国家法令。边政如何兴革？时人对此问题多有讨论，在此略作梳理。

（一）边疆政策：三民主义和五大建设

官方学者对于边疆政策的阐释，基本如出一辙。不管是朱家骅的《边疆政策与边疆建设》还是周昆田的《三民主义之边政建设》，都是从“总理遗教”和“总裁言论”和中央历次宣言及决议中“仔细寻求”，从而证明“三民主义之边疆政策，早已确立”。③ 周昆田曾对国民政府边政进行理

① 凌纯声：《中国边政改革刍议》，《边政公论》第 6 卷第 1 期，1947 年，第 6 ~ 7 页。
② 张汉光：《中国边政的出路》，《东方杂志》第 43 卷第 14 号，1947 年，第 19 ~ 23 页。
③ 凌纯声：《中国边政改革刍议》，《边政公论》第 6 卷第 1 期，1947 年，第 2 页。

论解读和宣传，从民族、民权、民生三个方面来论述边政各项措施。也就是说，边政目标就是要在边疆地区实现三民主义。[①] 凌纯声的写作思路与周昆田基本一致，他还将 1946 年《中华民国宪法》中有关条文摘抄出来，以示三民主义之边疆政策，已明文载在宪法，应该“使其明确而制度化”。[②]

边政建设又与国家建设密切相连。蒋介石 1938 年在武汉演讲时提出，要“在抗战进展中，逐渐完成三民主义的国家建设”，“就要推行五种建设——一是心理建设，二是物质建设，三是社会建设，四是政治建设，五是武力建设”，应以武力建设为中心。[③] 他在 1944 年出版的《中国之命运》中所提到的五大建设已经变成了心理建设、伦理建设、社会建设、政治建设和经济建设，武力建设不在其中。这很能说明时局变化之下国家建设的重心转移。不过，蒋的这两番表态是针对整个国家建设而言。在边疆建设中，所谓五大建设主要是指后者。朱家骅认为，边疆心理建设是一切建设的基础，边疆建设工作首先要使“边疆同胞认识他自己是组成国族的一部分，也就是中华民国的主人；尤其是要使他们能了解国内各民族存亡与共的休戚关系”，使其产生民族主义情愫，拥戴中央和热爱国家，“共同发扬整个中华民族的民主精神”。边疆伦理建设，就是要尊重边民宗教信仰，引导其“爱国家爱民族”。边疆政治建设是要“培养边疆同胞的自治能力，使他们能够做现代中国的国民”。至于经济建设，目标有二，一是内地与边疆“结为国防经济的整体”，二是“边疆人民的生活问题得到圆满的解决”。[④] 1943 年正是抗日战争逐步转向有利于中国的关键时期，朱家骅谈边疆建设特别强调“国防体制”和“国防经济”，可见那时国民政府对边疆地区关注的重心所在。

罗敦伟认为边务政策“如果不与经济政策相配合，把他的基础放在经济方面，可以说，永久不会有真正的成功的。因为在宣传中央德意，集中意识，提高边疆民族内向的情绪，单单在政治上用功夫，固然也可以收效于一时，决不能收效于长久”。只有搞好经济建设，边疆民生改善，“边疆民族才能够了解大中华一统的利益”，内地与边疆的联系“才能有了真实的基础”，所以经济建设“在边务政策中间应该占一个绝对重要的地位”。[⑤]

---

① 周昆田：《三民主义之边政建设》，《边政公论》第 1 卷第 1 期，1941 年，第 20 页。
② 参见凌纯声《中国边政改革刍议》，《边政公论》第 6 卷第 1 期，1947 年，第 3 页。
③ 蒋中正：《五大建设》，《华侨先锋》1938 年第 4 期，第 2 页。
④ 朱家骅：《边疆政策与边疆建设》，《中央党务公报》1943 年第 12 期，第 4 ~ 9 页。
⑤ 罗敦伟：《新边务政策》，《边政公论》第 1 卷第 1 期，1941 年，第 22 ~ 23 页。

江应樑特别强调心理建设问题，“第一在收拾民心”。政府威信在边地极为低落，与“边疆官吏之贪污无能”密切相关，应整顿吏治以取得边民信仰。①

徐益棠指出，国人论边疆问题，多归咎边政腐败，而腐败却多因“边官”庸碌；但他认为应讨论的是“边疆何以多庸碌之官；边官是否均为庸碌”。他认为，边官的不作为固然有多种原因，但是“不能专责之于边疆官吏之本身，当转而期诸于政府”。政府“当为边疆着想而训练官吏，保障官吏，鼓励官吏，使边疆处处事得其才，才尽其用”。但过去政府没有将边疆问题纳入国民教育，没有“以从事边疆事业为终身志职”来训练官吏，没有以良好的保障与待遇来鼓励边疆工作者，在经费、人事等方面也没有形成促进有志青年从事边疆工作的激励。②

总之，时人对民国边疆政策的期待有二：一是政策要确立，要以三民主义为指导，兼顾西北和西南，兼顾五大建设各个方面；二是政策要落实，要改良吏治，培植边疆工作人才。

（二）边政机构：改名扩权

时人对边政机构的改革建议，主要集中在蒙藏委员会。“抗战军兴，中枢转移，边政始为朝野所重视，胜利之后，外蒙独立，新疆多事，谈边政者，或认治边必先改制，改制必先正名。”③ 不少学者提出，中央边政机构应该改名扩权，蒙藏委员会应改为边政部。凌纯声、许公武都认为，应兼顾地理边疆与文化边疆，调整后的边政机构，其管辖区域应将两种边疆均纳入其范围，宜将蒙藏委员会改为边政部（或称民族部），扩大其管辖权。④ 黄奋生也主张改名为边政部，不过他认为先要理顺“一元决策，多元实施”的工作机制，必须建立一个“健全的最高边政机构”，一个地位高于其他各部的“神经中枢”，这个机构可名为“最高边务委员会”，直隶于国民政府。⑤ 梁瓯第主张把华侨事务纳入边政，“将侨务委员会并撤，与蒙藏委员会同一命运，合入一个完整的边政机构——边政部中”，此举有简政增效的双重功用，蒙藏与侨务两委员会合而为一，“并不影响财政支

① 江应樑：《请确定西南边疆政策》，《边政公论》第 7 卷第 1 期，1948 年，第 6 页。

② 徐益棠：《边官边民与边政》，《边政公论》第 7 卷第 1 期，1948，第 1～3 页。

③ 梁瓯第：《论边政制度的革新》，《边政公论》第 6 卷第 1 期，1947 年，第 17 页。

④ 凌纯声：《中国边政改革刍议》，《边政公论》第 6 卷第 1 期，1947 年，第 11～12 页；许公武：《调整边政机构之拟议》，《边政公论》第 6 卷第 1 期，1947 年，第 15 页。

⑤ 黄奋生：《边疆政教之研究》，商务印书馆，1947 年，第 32～35 页。

出，人员编制，海疆与陆疆，譬如鸟之两翼，车之两轮，配合发展，不但工作无碍，而且相得益彰”。[①]

至于边政部与中央及地方政府的关系，学者们一般都认可边政部应与其他相关部协同工作，各边地则应有相应下设机构从事具体工作。许公武认为：“边疆行政，除关于外交事务，应由边政部和外交部协商办法，仍由外交部主管，以免影响外交统一外，其他政治、军事、经济、教育、交通、牧畜、农林各项行政，视其性质以定所属，凡有因地制宜之性质者，概归边政部统盘筹划由各部会同办理，以一事权而利进行”。至于边疆地方政府设置的边政机构（厅或科），边政部“均有直接监管指挥之权”，“各边地省政府暨中央派驻边疆大员，所有呈报中央有关边政事项，应咨由边政部核转，或另备副本咨送边政部查照”。[②] 但边政部之下如何设立司局，颇费踌躇。一种意见是按“宗族”来分，如蒙事司、藏事司、回事司、侨务司、苗夷司等，另一种意见是按照政治、经济、宗教、文化等业务性质来分。

凌纯声认为，边政部的组织机构可分旗政（主管盟旗）、司政（主管土司及部落）、政教（主管政教及喇嘛）、地籍（主管公有土地及户籍）、礼法（主管礼俗及单行律例）、总务等六司和调查、编译两处，其他如人事会计等处室设置同于各部，蒙藏委员会名额，仍应保存，用以罗致在边疆负有声望之人士及对边政有研究之专家，以备该部顾问。[③] 丁骕则建议几乎每个族群都设立类似蒙藏委员会的机构，“西康，青海均应分别有设计的委员会，而不再把蒙藏委员会弄成一个理藩院”，维吾尔住民区应单独设立一个“相当于蒙藏委员会的机构”，并且视人口多寡及其组织情况，给予“苗徭仲僮罗罗摆夷台湾的土番等等”“相当的治权”（相当于省或行政区，或县），还要为西南区另设一经济建设设计的委员会，“以上的委员会或具有今日蒙藏委员会的地位，或全部归纳为一设计机构”。[④]

在许公武设想中，边政部可设秘书处，负责会议记录、报表等；总务司，负责文书、出纳等；理疆局，负责边界、边防、兵役等；政务局，负责边疆民事、土地、财务、刑罚、宗教、礼俗、救济、卫生等；建设局，负责边疆交通、水利及农牧等；教育局，负责边疆教育文化；人事处，负责边疆政教领袖宣传、册封及公务员选任、调考等；调查编译局，负责边

① 梁瓯第：《论边政制度的革新》，《边政公论》第 6 卷第 1 期，1947 年，第 17 ~ 18 页。
② 许公武：《调整边政机构之拟议》，《边政公论》第 6 卷第 1 期，1947 年，第 16 页。
③ 凌纯声：《中国边政改革刍议》，《边政公论》第 6 卷第 1 期，1947 年，第 11 ~ 12 页。
④ 丁骕：《边政更张的一种看法》，《边政公论》第 7 卷第 3 期，1948 年，第 23 页。

事调查及边疆语文编译等；另设会计室、统计室和蒙事、藏事、回事委员会。①

在梁瓯第看来，这两种分法都有问题。前者“只顾到人的单位，而忽视了地的因素”，而甘、青一带“宗族复杂，它的业务，究竟归到那一司呢？”后者虽然顾及了各项业务工作的专业性，但也有问题：一是在业务上与相关政府部门有冲突，如政治方面与内政部，农牧方面与农林部，文化方面与教育部都有交叉；二是在传统上，边疆研究与边疆工作，多数是以“宗族”或地区为考察对象，很少以农牧、政教做课题，区域间差别也大，“全能的通才难求，而某一部分的专家倒容易聘致”，所以这种分类也不科学。他认为地理分类法可以避免上述缺陷：边政部之下设总务、海外、西北、西部、西南、东北等司，总务司是惯例事务，海外司主管侨务，其他四司“依着中国地形与人文的区划，分理各所属边政事业”。从人文来说，各不同区域均有若干聚居或杂居的“宗族支派”，“系统分明，条目井然，与边疆各族的聚居情况可以呼应，能够吸收第一种分类的优点，而无其缺点”；从地形来看，边疆地区“确有划区治理，分求改进的必要”，且西部、西南、西北、东北“实为中国边疆地理的自然划分，而需要配合国防、交通、经济、农林、教育、卫生等，以使其与东南、华中、华南等区，共存共荣，协同进化”。②

当时学者对地方边政机构的设置提出了不少设想。凌纯声建议，同一民族聚居之较辽阔地区，可设自治省；民族杂处之较小地区，可设自治区，直隶于中央边政部；既有边政机构可设边政处，“隶于省政府而统于中央边政部”；“边省中已废除旧有边政制度但尚有弱小民族散处之地”，可在省政府中设边务处。由此全国边政系统如下：中央边政部（或民族部）—自治地方（西藏），自治地区（康西），自治省（新疆省之南疆），自治区（呼伦贝尔、伊犁等地），边政处（兴安、嫩江、松江、辽北、吉林、热河、察哈尔、绥远、宁夏、甘肃、青海、新疆、西康、四川、云南），边务处（贵州、湖南、广西、广东、台湾）。③ 梁瓯第也认为，“边疆省份需要有省县两级的边政机构”，省政府可设边政处，县政府应设立边政室。至于侨务，可在驻外使馆中设立侨务参赞，由边政部派遣，会同外交使节，“办理海外侨民生聚教养，辅导侨政，发展商务”。④

① 许公武：《调整边政机构之拟议》，《边政公论》第6卷第1期，1947年，第15页。
② 梁瓯第：《论边政制度的革新》，《边政公论》第6卷第1期，1947年，第18～19页。
③ 凌纯声：《中国边政改革刍议》，《边政公论》第6卷第1期，1947年，第10～12页。
④ 梁瓯第：《论边政制度的革新》，《边政公论》第6卷第1期，1947年，第19页。

上述主张主要集中在改名扩权，当然各自思路也有其差异，出发点自然都是为了更好开展边疆工作，促进边疆政治建设和经济建设，但是否符合国情和边情，却值得推敲。边政部内部司局设置，以地理区位还是民族分布为主要考察因素，就颇费踌躇。为使事权统一，黄奋生主张成立一个统揽全局，协调各部的最高边务委员会。而丁骕主张成立更多的以民族为单位的委员会，则恐怕导致事权分散。

张汉光赞同凌纯声等人关于中央边政机构改名扩权的主张，认为顺应了“时代潮流”和“世界大势”，符合“国族情形”和边区实际状况。[①]不过也有反对者认为“大而无当”。史振纲认为：“不需要像蒙藏委员会机关报《边政公论》六卷一期那几篇代表作中所建议的有如国民政府‘分府’那样大而无当的边政机构。在走向宪政的现阶段中一切都必须依照宪法，似应尽照五权分立的原则，在行政院中就原有的蒙藏委员会改组一个紧凑灵活而能负起边政新任务的新边政机构就行了”。他认为“人事的调整”比机构调整“尤见切要”。[②]

其实凌纯声等人所倡议的“边政部”，并无“分府”的意图，边政部虽然涉及边区事务甚多，但相关业务是由其他各部共同参与，且边政部也隶属于行政院，与其他各部职级等同，其设置目的不在分权，恰在促进行政权力统一。设置边政部与实行宪法并不矛盾，人事调整也在凌纯声等人设想之中。若是蒙藏委员会原有框架不变，仅是改组即可胜任，未免将边政看得过于简单了。张汉光认为边政部机构扩大导致“分府”的说法歪曲事实，边政部虽然较蒙藏委员会有所扩展，但其“六司两处”的规模远不及其他各部，至于边地之行政机构，则与教育部在各省有教育厅，社会部在各省有社会处并无区别。反对者认为在国家即将“行宪”的情况下，边政部的设置有违地方分权原则。凌纯声等人主张边政改革，其要义“在统一政权，贯彻法令，使中华民国境内，无脱离独立状态，除国防外交为国家行政必须统一于中央外，予各地方自治”，与地方分权的原则并无违背；边政机构与人事并行不悖，“人事的调整往往因为机构改革而更见彻底”。反对者将边政改良希望寄托在“行新政，用新人”，但如无“扶植边疆自治事业发展的边政制度”，又如何能保证“新人”治“新政”的效果？[③]

---

① 参见张汉光《中国边政的出路》，《东方杂志》第 43 卷第 14 号，1947 年，第 22 ~ 25 页。

② 史振纲：《论现下边政之歧途》，《西北通讯》1947 年第 4 期，第 39 页。

③ 张汉光：《边政往何处去》，《边政公论》第 6 卷第 3 期，1947 年，第 22 ~ 23 页。

（三）地方边政制度：扩大民主，内政统一

地方边政制度改革问题的本质就是权力统一问题。如果边政改革单是在边疆政策和边政机构上着力，而不触动地方边政制度，则其改革就是一纸空文。这些地方政治制度之形成与长期存在，有其历史渊源或现实博弈的双重因素，率尔革除，绝无可能。唯一之法就是明确改革方向，循序渐进，徐图改革。当时不少学者都提倡在一段时间内保持其制度形态而又将权力相对统于中央，要不断提高边民文化和生活水准，逐步改革旧有政治制度。

凌纯声认为，边政机构改革的第一个原则就是“力求边区政权统一”，原有边政制度及机构，均不妨暂时保留，可根据其辖地大小及人口多寡，确定其“初级边政单位”后，“以法令规定各单位之等级，及组织内容，统治者不论其世袭王公土司，或转世活佛，或世职土司及酋长，凡属行政首长，及高级佐治人员，均须由政府任命，并从优核给俸给。其职责为执行国家法令，治理人民，一如其他行政官吏，不得再为今日之王公土司活佛酋长，自恃世职，自外于政府法令”。这样可使政权统一，法令贯通，“使中华民国之内，无寸土尺地脱离中央政府自属于独立状态”。[①] 梁瓯第指出，“边政改革，宜渐不宜骤，宜徐不宜急”。他举苏联的民族政策为例，认为中国应借鉴斯大林的做法，“作旧的形式，新的内容底努力”，对地方边政制度，“名义一视同仁，不妨保留”，但在“技术”上却须巧妙运用“知意”与权力。[②] 黄奋生主张在保持边省政府行政权统一的原则下，将边省境内的民族区域划定，予以自治，但隶属于省府。民族区政治首领兼省府副主席，这样省府与自治区域结成一体，融成一片。省府设边政厅主办边事，中央边政机关负责审核监督与指导，国防、军事、交通等有关国家行政，由中央边政机关及驻边大员办理。[③]

上文从边疆政策、边政机构及地方边政制度三个方面，介绍了时人对边政存在问题的认识及提出的改革方案。虽然见解容或有异，但其落脚点基本是在政治权力之统一上。如果任随边疆地方“自治”，所谓边疆建设与发展也就无从谈起。当然边政内涵很多，除了政治建设，经济建设和社会建设等都不可或缺，只有多种建设齐头并进，也才能真正将边疆与内地

---

① 参见凌纯声《中国边政改革刍议》，《边政公论》第 6 卷第 1 期，1947 年，第 7～8 页。

② 梁瓯第：《论边政制度的革新》，《边政公论》第 6 卷第 1 期，1947 年，第 19～20 页。

③ 黄奋生：《边疆政教之研究》，第 33～35 页。

紧密团结在一起，共同推进边疆与内地的经济文化发展，从而建设一个强大的不再受人欺负的中国，即那时国人多强调的“抗战建国”与“民族复兴”。①

抗战胜利后，国民政府从重庆搬回南京，边疆与政治中心的距离再度遥远。国民政府需要应对与前不同的复杂局面，边政学作为一个政学两界发起的学术运动，在抗战后日趋消隐，虽然有些话题仍在升温，比如边疆地方自治与宪政实施的关系，但总体而言，比较集中的话题已不多了。上文所述只是时人边政改革言论中比较集中的部分，其他话题以后另文讨论。

① 那时国人言说中的“边政”内容涵盖面广，举凡边疆民族地区的政治、经济和文化建设，概莫能外，所以“边政建设”亦不妨是“边疆建设”的同义词；其次，在边政工作中，民族工作又是一个具有关键性、基础性作用的主要工作，民族问题不能得以解决，边政工作就难以措手。参见汪洪亮《民国时期国人对边疆、边政含义的认识》，《中国边疆史地研究》2014 年第 1 期。

【专论】

民国时期中华书局民族品牌形塑探微

熊秋良[*]　　李鸿敏[**]

提　要　与中华民国一起诞生的中华书局，无论是其商标设计，还是其经营理念，均具有鲜明的民族内涵与时代特色。该局以推动教育进步、复兴民族文化为职志，将品牌塑造与启迪民智融会在一起，较好地诠释了“中华”精神，从而实现了企业利润与社会效应的有机结合与良性互动。

关键词　中华书局　“中华”商标　品牌形塑　民族书业

1912年1月1日中华民国成立的当天，陆费逵等人创立书局，取名“中华”，之后推出“中华系列教科书”，一举成名，“中华”品牌地位得以确立。在长期的经营过程中，该局依托品牌优势，采取立体经营战略，打造出版名社形象，将企业的赢利追求同书业的宣教功能有机结合，积极进行爱国主义宣传，自觉地担负起匡时济世的历史使命，从而实现了企业经济效应与社会效应、商业功能与文化功能的结合。作为近代中国的一家著名的图书出版与文化传播机构，中华书局一直受到学术界的关注，相关成果已有不少，但探讨其民族品牌形象建构的论著尚不多见。[①] 有鉴于此，笔者钩沉史料，略作铺陈，期以推进对该局初期历史的研究。该局以“中华”为名，颇具深意。

---

* 南京大学马克思主义学院副教授。

** 南京大学出版社编辑。

① 近几年一些以中华书局为题的硕博士学位论文对此有所涉及，例如闫禛《中华书局的书刊广告研究（1912～1949）》（华中师范大学，2014年5月）、史轶男《民国国语运动背景下中华书局出版传播活动研究》（苏州大学，2014年4月）、欧阳敏《中华书局的现代企业制度研究（1912～1949）》（华中师范大学，2013年5月）、何瑶琴《中 （转下页注）

一 打造“中华”商标

民国建立，政体大变，五族共和，万象更新，国名“中华”，不仅是旧邦新造的集中体现，更包含无限的政治与文化想象，寓意丰富，充满张力。陆费逵等人将书局以“中华”为名，显然是经过深思熟虑之后做出的决策。不仅如此，该局还在商标设计方面，进一步凸显“中华”的品牌价值与文化符号。

图 1 中华书局注册商标

作为商品之标识，商标不仅传递商品的功能信息，更凝结着企业的经营理念与企业文化，反映了企业家的创业精神，成为企业社会形象的重要组成部分。中华书局的商标由一本精装的书和缎带、麦穗组成（见图 1）。[②] 书呈直立形，通过适当调整正面投射角度，使其封面、书脊和上侧面得到充分展现。其长宽厚比例和谐，封

(接上页注①)华书局中小学教科书出版研究（1912～1937)》（南京大学，2012 年 5 月)、李鸿敏《文人与企业：商务印书馆与中华书局在民初的竞争与合作》（南京大学，2012 年 5 月)、宛利《中华书局企业文化研究（1912～1949)》（中共中央党校，2011 年 5 月)、张翩《1912～1949 年中华书局的经营研究》（河南大学，2007 年 4 月)、王伟《商务印书馆与中华书局的竞争与合作（1912～1949)》（东北师范大学，2009 年 6 月)、吴小鸥《清末民初教科书的启蒙诉求》（湖南师范大学，2009 年 5 月，博士)、黄宝忠《近代中国民营出版业研究——以商务印书馆和中华书局为考察对象》（浙江大学，2007 年 1 月，博士)。近 10 年来相关论文主要有：闫禛《略论民国时期中华书局的图书广告》(《湖南科技学院学报》2014 年第 4 期)、张志强等《民国时期中华书局的出版类期刊研究》(《河南大学学报》2013 年第 5 期)、欧阳敏《出版传媒业组织传播的制度性分析——以民国时期的中华书局为例》[《郑州轻工业学院学报》(社会科学版) 2013 年第 1 期]、左旭初《中国出版业先驱与“中华”牌书刊商标——记我国近代著名出版家陆费逵创立中华书局与“中华”牌书刊商标》(《中国发明与专利》2010 年第 10 期)、吴小鸥《现代性：清末民初教科书的启蒙诉求》(《华东师范大学学报·教育科学版》2010 年第 4 期)、盛群速《陆费逵与中华书局》(《图书馆研究与工作》2013 年第 2 期)、周其厚《陆费逵与中华书局史实辨析》(《首都师范大学学报》2010 年第 3 期)、周其厚等《论民国中华书局教科书之特点》(《广西师范大学学报》2007 年第 3 期)、吴永贵《出版竞争推动近代教科书的进步——以中华书局编写出版的教科书为例》(《出版科学》2007 年第 2 期)、汪家镕《陆费逵人品和创办中华书局动机考辨》(《中国编辑》2006 年第 1 期)、吴永贵《一举成名天下知——中华书局创业经过及成功因素分析》(《出版科学》2002 年第 3 期)、吴永贵《中华书局的成功经营之道》(《编辑学刊》2002 年第 3 期）等。

② 引自南京图书馆官网“民国商标”电子资源，商标编号第 3019 号，商标类别第 49 类。

面古朴，显得厚实而不笨重，灵动而不张扬。书脊配有矩形和波浪形图案，使商标的立体感进一步增强。封面是篆文“中华”两字，笔势遒劲，既表达了书局对传承民族文化的责任感与使命感，也寄托了企业同人对国家强盛和民族复兴的强烈期盼。在书的周围，设置了麦穗与绸带。籽粒饱满的麦穗寓意书局成果累累，繁荣发展。一根缎带与左右两株麦穗联结在一起，象征中华书局是一个团结向上的集体。可以说，中华书局商标不仅视觉化效果突出，而且具有较强的政治与文化符号效果，既体现了高超的技术水平，又迎合了时代趋势，彰显了民族特色，不失为近代出版业营销的一个成功品牌。

二 推动“教科书革命”

辛亥革命之后，中国政治与文化的发展路径易辙，民主进程加快，新式教科书的作用日益扩大，教科书不仅是一种普通出版物，而且承载着重要的政治宣教功能。陆费逵等人抓住民元鼎革的有利时机，成立书局，顺时应势，首倡“教科书革命”，不仅为中华书局赢得了知名度和美誉，也奠定了它在出版界的地位。

1912年2月23日，中华书局正式营业，当天就在《申报》刊登了《中华书局宣言书》（见图2），宣布该局的创办宗旨为：注重实际教育，融合国粹欧化，提倡人道主义、政治主义与军国主义教育，以养成中华共和国国民。鉴于教育之于新国民培养的基础作用，该局率先提出“教科书革命”的主张，《宣言书》指出：“立国根本，在乎教育；教育根本，实在教科书。教育不革命，国基终无由巩固；教科书不革命，教育目的终不能达也。”① 在《申报》的同一版面，还刊载了中华书局《高等小学国文教科书》编辑何振武的文章，题为《敬告民国办学诸君》（见图3），指出教科书必须改革，积极宣扬共和大义、民主思想，方能适应共和国民之需要。文章言辞激昂、笔锋犀利，颇富感召之力。② 2月26日，中华书局更以“教科书革命”为标题（见图4），在《申报》上大张旗鼓地登载教科书的广告。③ 4月12日，中华书局在广告中再次强调：“编辑民国新教科书，仍以独立、自尊、自由、平等为精神，养成完全共和民国为目的。”④

① 《中华书局宣言书》，《申报》1912年2月23日，第7版。
② 《敬告民国办学诸君》，《申报》1912年2月23日，第7版。
③ 《教科书革命》，《申报》1912年2月26日，第3版。
④ 《民国新教科书，减收四折》，《申报》1912年4月12日，第3版。

在一个多月内，刚营业的中华书局便以醒目的标识、宏大的议题、铿锵的宣言及慷慨的议论，通过近代传媒高频率曝光，使其品牌形象和商品路线迅速为社会所知。

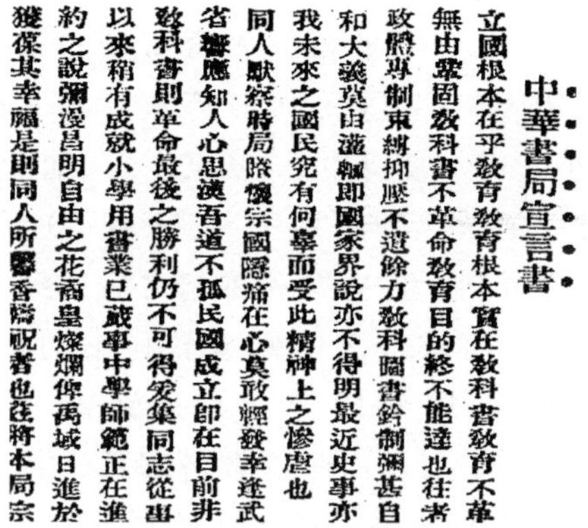
中華書局宣言書
立國根本在乎教育教育根本實在教科書教育不革
無由鞏固教科書不革命教育目的終不能達也往者
政體專制束縛抑壓不遺餘力教科圖書鈐制彌甚自
和大義莫由灌輸即國家界說亦不得明最近史事亦
我未來之國民究有何辜而受此精神上之慘虐也
同人默察時局睠懷宗國隱痛在心莫敢輕發幸逢武
省響應知人心思漢吾道不孤民國成立即在目前非
教科書則革命最後之勝利仍不可得爰集同志從事
以來稍有成就小學用書業已蕆事中學師範正在進
約之說彌漫昌明自由之花喬皇燦爛俾禹域日進於
獲葆其幸福是則同人所馨香禱祝者也茲將本局宗

图 2 《中华书局宣言书》

敬告民國辦學諸君　（何振武）
古代教育用個人主義近世教育用國民主義用個人主義
家講學獨善其身可也用國民主義者必視其國之政體
養成最適之國民清廷興辦學校之宗旨不外養成忠君之
以此之故於是獨立自尊自由平等之思想不能輸入腦
之手段愈趨愈精蓋將深奴隸之根性而殺革命之風潮也
耗矣哀哉吾人受異族專制之毒於是政治不良生計窘
喪失性命危殆然皆不如教育專制之毒之酷也蓋政治專
時殺人民之身而已教育專制則塞其聰窒其明深其奴隸
絕其自立思想以令其永劫不復清初明季遺老常懷不平
之間屢興文字之獄摧殘不遺餘力癸甲之間革命風潮陡
籍報章多所提倡於是緹騎四出禁書殺人其尤酷者莫過

图 3 《敬告民国办学诸君》

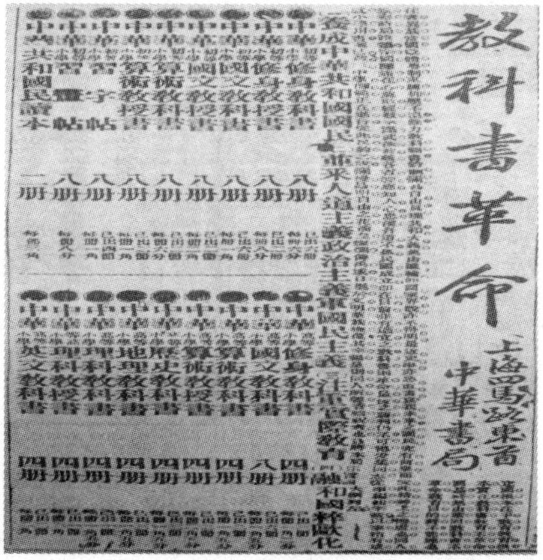

图 4 《教科书革命》

宣言与广告固然可以营造有利于商品行销的氛围，但商品自身的特性与质量无疑也是决定性因素。“中华”系列教科书从内容到包装均经过精心设计，在国内出版物中较早将清朝的黄龙旗换成中华民国的五色共和旗，其“国文教科书”中这样写道：“我国旗分五色，红黄蓝白黑，我等爱中华”；临时大总统孙中山“为共和奔走二十余年，是中国第一伟人”。[①] 1913 年印行的《新制中华国文教科书》进一步向学生解释国家、民族、中

① 俞筱尧、刘彦捷编《陆费逵与中华书局》，中华书局，2002，第 430 页。

华民国的形成，以及热爱中华民国的道理。如第五册第三课《中华》一文，用简练的语言向儿童说明："中华土广人众，物产丰富，我为中华人，我爱中华国。"①

正是由于中华书局在陆费逵的主持下践行着爱国重教、服务国民的使命，所以深得社会和教育界的认可。1912 年开始推向教育市场的第一批"中华教科书"，计有初等小学的《修身》、《国文》、《算术》等 5 种共 40 册，配套教材 3 种 24 册；高等小学的《算术》、《历史》、《地理》等 8 种共 33 册，配套教材 6 种 28 册；中学、师范用书共 27 种 50 册，至 1913 年全部出齐。这是中国推翻封建帝制、建立共和体制之后的第一套教科书，因而立即风行全国。仅以学生需求最多的修身教科书为例，《中华初等小学修身教科书》第一册、第二册 1912 年分别达到 26、23 版次，商务印书馆当年仅为 5、4 版次，中华书局出版的教科书几乎独占了中小学教科书市场，② 打破了商务印书馆教科书一统天下的局面，"中华"商标的使用，也对书局的形象宣传和品牌推广产生了巨大的促进作用。

三　实行多元化经营

品牌战略的实施是多层次、多维度的。中华书局凭借"中华"教科书打开市场后，又迅速创办杂志，发行中国近代最早语言留声机片，开办教育用具厂，积极推行品牌立体战略。

其一，创办中华"八大杂志"。杂志对于出版企业而言不仅仅扩展营业范围，更是联络读者、作者的媒介，扩大品牌效应的载体。陆费逵曾对国货维持会副议长王汉强说："一国文化之盛衰，第一关于教科书，第二关于杂志。盖一国之中，所出杂志日多，则阅者日众，由是因理想而研究，因研究而讨论，因讨论而实行，各方事业，自然蒸蒸日上，而为之媒介者，皆杂志之功也。"③ 中华书局成立后，先后创办了《中华教育界》、《中华小说界》、《中华实业界》、《中华童子界》、《中华儿童画报》、《中华妇女界》、《中华学生界》、《大中华》，即该局有名的"八大杂志"。其中最著名者莫过于《大中华》，该杂志由梁启超

① 周其厚：《中华书局与近代文化》，中华书局，2007，第 128 页。

② 钱炳寰：《中华书局大事纪要（1912～1954）》，中华书局，2002，第 4 页。

③ 王汉强：《上海中华书局调查记》，《国货月刊》1915 年第 4 期，第 10 页。

担任主编和主撰。梁氏反对袁世凯称帝的力作《异哉所谓国体问题者》即发表于《大中华》1915 年 8 月号上，该杂志也因此声名鹊起。除此之外，书局还创办了《中华英文周报》、《中华书局月刊》、《中华少年》、《中华英语》、《新中华》等杂志。如果说“中华”系列教科书构建了该局核心产品形象，那么“中华”系列杂志则塑造了该局附加产品形象，二者互相补充，使中华书局的市场网络得以不断扩大，企业品牌效应日益提升。

其二，发行“中华国音留声机片”。新文化运动后，国语普及受到社会重视，但因各地发音互有出入，使国语推广遇到了不少困难。中华书局借鉴国外公司在中国发行英语留声机片的做法，决定制售国音留声机片。正如陆费逵所言：“把准备可作模范的音，留入片内，全国都拿来标准，方才可以统一。”[①] 在经历重重困难之后，书局于 1920 年录制了“中华国音留声机片”，委托百代公司在巴黎制作，共 6 片 12 面，另附课本一册。[②] 这套留声机片不仅是国人自制的第一套国语留声机片，也是中国近代最早的一套语言留声机片，它的问世改变了中国教材纸质化的单一局面，从而使教材向电子化迈出了重要的一步。[③] 留声机片的发音和审校者分别是著名语言学专家王璞和音韵学大师黎锦熙，两位语言大师的加盟大大提高了留声机片的权威性与可靠性，也为“中华国音留声机片”的推广打开了市场。制成之后，发行量达数千套之多，足以说明这套高质量留声机片的策划、编辑和制作都是非常成功的。

其三，创办教育用具厂。为了扩大书局的经营规模，中华书局在投资创办关联产业方面也不乏探索。书局认为“仪器文具为日用必需之品，制造贩卖，不仅可获锱铢，抑亦助顾客之兴味，广书籍之行销”。[④] 本此想法，中华书局在 1929 年与胡庭梅等合资 12.6 万元（其中中华书局出资 10 万元）在上海昆明路自建厂房，开办“中华教育用具制造厂”，其业务主要是研制、设计和生产各类中小学及专科学校的教学用具。至 1936 年，“中华”牌各类教具用品发展到 10 余类，包括物理器械、化学材料、博物、动物矿物标本模型、显微镜片标本、测绘仪器、各种文具等近 10000

---

① 陆费逵：《中华国音留声机片缘起》，《中华教育界》第 10 卷第 4 期，1920 年。该文详细记载了中华书局灌制这套留声机片的过程。

② 《中华国音留声机片》，《申报》1920 年 9 月 24 日，第 2 版。

③ 丁伟：《中国最早的一套语言留声机片》，《编辑之友》2011 年第 9 期。

④ 钱炳寰：《中华书局大事纪要（1912～1954）》，第 14 页。

余种，[①] 在当时国内教学用具市场占有较大份额。

四 树立独立自主的民族书业形象

在企业的发展中，组织形象定位至为关键，它体现企业独特的信仰、精神、目标和价值观。早在 1906 年，陆费逵在《图书月报》[②] 上发表了《中国书业预算表》一文，对中国没有一家完全自办的规模书业，流露出愤慨之情，谓："今日上海书业不下百家，贸迁之盛固甲全国矣，然细审此百家中，其资本出诸外人者若干家，其资本虽非出之外人，而物品纸张模字来自外洋者若干家；其资本微末者，且重贩于此若干家之手，更无论乎矣。以堂堂大中国，竟无一完全自主之书籍商，呜呼，何其怪也，何其怪也!"[③] 为此，中华书局从诞生的那天起，就以"完全华商自办"为口号，树立其民族书业形象。

书局创办时，由陆费逵、戴克敦、陈寅 3 人出资 2.5 万元组建合资公司，1913 年注册为股份有限公司，全部为华商资本。即使遭遇"民六"危机，中华书局也未想过让外资加入。不仅在资本构成上始终遵守华商自办的宗旨，而且在业务发展过程中，一直倡导使用国货，灌输爱国理念，维护民族权益。

中华书局在 1912 年出版教科书时就宣扬"中华人得用中华人经营之教科书"。[④] 1915 年袁世凯与日本缔结"二十一条"，导致国内反日情绪高涨，中华书局在广告标语中强调其教科书尤为注重对于"国耻"及"国货"的宣传，"书中凡关于割地赔款租借立约等事，无不慨切言之，以引起爱国热忱"。[⑤] 同时，为了进一步呼吁民众支持国内实业发展，陆费逵利用中华书局的影响，于 1914 年创办了《中华实业界》，以提倡国货为宗旨。该刊不仅极力介绍国内实业，宣扬国货，而且还为改良国货提供指导（见表 1），"为振兴实业，广谋公益起见"，还特意增开了两个专栏，免费登载企业和个人职业信息。[⑥]

---

① 钱炳寰：《中华书局大事纪要（1912～1954）》，第 149 页。

② 该刊 1906 年 5 月在上海创刊，上海书业商会出版，陆费逵主编，是我国近代最早的有关出版方面的刊物，月刊，仅出 3 期。

③ 原放：《从〈图书月报〉谈起》，《出版史料》1990 年第 4 期。

④ 《民国新教科书，减收四折》，《申报》1912 年 4 月 12 日，第 3 版。

⑤ 《两学期最适用春季始业新编小学教科书》，《申报》1915 年 9 月 4 日，第 1 版。

⑥ 《本社特别告白》，《中华实业界》第 2 卷第 4 期，1915 年，广告页。

表 1 《中华实业界》1914～1915 年提倡国货文章题名一览

论题	题名	作者	发表卷期
国货论说	《德帝之提倡国货谈》	企公	第 2 卷第 5 期
	《提倡国货之原因》	卢寿篯	第 2 卷第 6 期
	《劝用国货之布告》	佚名	第 2 卷第 6 期
	《欧战中我国之土货》	佚名	第 2 卷第 7 期
表彰土货	《参观巴拿马赛会江苏出口协会笔记》	效彭	第 1 卷第 7 期
	《武汉机织业之勃兴》	致远	第 1 卷第 11 期
	《四川产棉之好评》	佚名	第 2 卷第 7 期
改良土货	《拟改良徽州茶业意见书》	俞燮	第 2 卷第 4 期
	《改良中国棉业说》	马小进	第 2 卷第 6 期
	《中国宜亟筹改良制糖方法》	陈则中	第 2 卷第 6 期
国内实业调查	《上海实业调查记》	佚名	第 2 卷第 5 期
	《调查皖苏浙鄂茶务记》	陶企农	第 2 卷第 5 期
	《调查国货一览表》	佚名	第 2 卷第 6 期
	《江西景德磁业之概况》	沈恩祉	第 2 卷第 6 期

不仅如此，中华书局也积极销用国货。1915 年《大中华》特意发表《本杂志改用本国造纸启事》："现在竞用国货，实为国民天职。本局特向财政部在湖北设立之造纸厂订购本国纸件运申加工印订，既可提倡国货，又免利权外溢。"① 除纸张之外，中华书局还自制中华墨汁，其广告写道："本局期免利益外溢起见，特延专家用化学制成中华墨汁一种，纯用本国材料。"② 对倡用国货的宣传与实践，进一步确立了该局良好的华商企业形象。1915 年，国货维持会副议长王汉强参观了中华书局，并采访了陆费逵。在调查记中，他称赞道：在上海业绩卓著的大工厂、大商业很多，但可为实业之模范，教育之先河，且足以证明华人之能力者，"中华书局洵足以当之"。王汉强还对中华书局寄予很高希望："吾国完全华人自办之公司，能得此成绩，吾谨为我国实业前途贺；吾国有此书局，以为吾国精神上之师友，吾更为吾国教育前途贺。"③

正是基于确立民族品牌的理念，中华书局面对不断加深的民族危机一

① 《本杂志改用本国造纸启事》，《大中华》第 5、6 期，1915 年，广告页。

② 《自制中华墨汁》，《中华实业界》第 2 卷第 6、7 期，1915 年；《中华教育界》第 5 卷第 4～12 期，1916 年，广告页。

③ 王汉强：《上海中华书局调查记》，《国货月刊》第 4 期，1915 年，第 13 页。

直坚守着“中华”精神。1916年1月，中华书局在教科书《国文》和《修身》中，特别增加了《日本》、《国耻》和《明国耻》等课文，如国文第八册第三课《日本》一文写道：“日以我国为敌……我国之人，苟能自强，则国耻有时而雪，国威有时而张。愿国人毋自馁也。”告诫学生勿忘国耻，奋发图强。日本驻华大使竟对此向北洋政府提出抗议，认为中华教科书表达了对日恶感，有碍邦交。教育部为此致函中华书局，希望“措辞能稍微含蓄”，并要求斟酌修改。中华书局坚定地回答说，教科书所叙国耻，皆系事实，并无挑拨之词，如果迫于日本的压力而禁止教科书的发行，“有损于本局之营业，关系尤小；使全国青年学子，从此遂忘国耻，关系实大”。[①] 1936年为了能够让《辞海》在日占区销售，有人提出将《辞海》中涉及日本侵略中国的政治性条目，如“一·二八之役”、“上海事变”、“塘沽协定”等删去，主编舒新城秉承书局爱国情怀，表示强烈反对：“我国积弱，不与强敌抗衡，彼污我者我不与辩，已属屈辱，而彼加于我之事实亦默不提，未免不近人情。”[②] 毅然于1936年12月出版《辞海》上册，1937年又出版了《辞海》下册。在当时面临国破家亡的时代背景下，中华书局高管有着知识分子的铮铮骨气，赢得社会的广泛尊重。

五 余论

近代中国，国事蜩螗，民族危机日益加重，中华书局作为著名的出版企业自觉承担起匡时济世的重任，紧跟民主共和的潮流，启迪民智，教育救国。正如陆费逵所言：“我们希望国家社会进步，不能不希望教育进步；我们希望教育进步，不能不希望书业进步。我书业虽然是较小的行业，但与国家社会的关系，却比任何行业大些。”[③] 正是基于这种责任感，中华书局始终坚持在经营之中发展文化教育事业，塑造“中华”品牌，立足华商经营，弘扬“中华”精神，明国耻，爱国家，不仅扩大了品牌形象，而且提升了品牌内涵，赢得社会认同与赞誉，从而实现了企业利润与社会效应的有机结合与良性互动，也奠定了企业持续发展、长盛不衰的基础。

毫无疑问，企业经营以营利为目标，这是企业发展的动力。但是，如何营利，或者说赚取什么样的利益，则是值得认真思考的。就如何营利来

① 《新式教科书与日本》，《中华教育界》第8卷第1期，1919年，“特别记载”，第13～16页。

② 钱炳寰：《中华书局大事纪要（1912～1954）》，第143页。

③ 《书业商会二十周年纪念册（序）》，《陆费逵文选》，中华书局，2011，第336页。

讲，古人提倡“以义制利”，反对“以利制义”，给后人以很大启示。在近代中国民族危机日益加深的历史条件之下，企业经营以维护和拓展民族利益、弘扬时代精神为原则，无疑会推动其在“义”的方面的资源发掘与形象建构，从而彰显企业品牌的民族性，增加产品的社会美誉度，这在一定程度上又能促进企业发展。就赚取什么样的利益而言，则有经济利益与社会利益之分，像民国中华书局这样的企业经营者，固然考虑企业的经济效应，但更注重其经营活动的社会效应。虽然社会效应与经济效应有时是对立的，但从长远来看，前者的作用与影响远大于后者。经济效应可以用来衡量企业家做事的能力，而社会效应则可以用来评价企业家做人的情操；经济效应是社会效应的基础，而社会效应可以促进经济效应。中华书局在民国初年的“中华”品牌营销实践就说明了这一点。

南京国民政府乡村卫生建设研究（1927～1937）[*]

李传斌[**]

提　要　1927～1937 年，南京国民政府出于国家建设、复兴乡村等目的，进行了多种形式的乡村卫生建设。其模式主要有两种：单纯的医疗模式，医疗、卫生、保健混合的模式。混合模式又可分为四种：直接的乡村卫生建设、乡村建设中的卫生建设、农民教育之下的卫生建设、乡村教育之下的卫生建设。这些模式形式各异，各有偏重。国民政府的乡村卫生建设具有一定的针对性和实用性，产生了一定的影响。然而，国民政府的乡村卫生建设面临着经费短缺、人才缺乏、乡村社会文化阻碍等问题，这决定了它难以取得理想的效果。

关键词　南京国民政府　乡村　卫生建设

1927～1937 年，中国的政府与民间各界出于不同的目的，进行了形式各异的乡村建设。在乡村建设运动中，乡村卫生建设是其重要内容之一。学术界对此从不同层面做了一定的研究，① 但是对于国民政府的乡村卫生建设研究并不充分。探讨南京国民政府的乡村卫生建设，不仅可以加深对国民政府政策的研究，而且可以加深对国家与社会的关系、近代中国乡村

---

*　本文系国家社科基金项目“南京国民政府时期乡村卫生建设研究”（11CZS035）、湖南师范大学优秀人才计划项目“民国时期乡村卫生建设研究”（2013YX03）的阶段成果之一。

**　湖南师范大学历史文化学院教授。

①　代表性的论著有：Ka-che Yip. “Health and Nationalist Reconstruction: Rural Health in Nationalist China, 1928－1937”, *Modern Asian Studies*, Vol. 26, Issue 2, 1992, pp. 395－415; Ka-che Yip, *Health and National Reconstruction in Nationalist China: The Development of Modern Health Services, 1928－1937*, (Ann Arbor: Association for Asian Studies, 1995)；郑大华：《民国乡村建设运动》，社会科学文献出版社，2000；杨念群：《再造“病人”——中西医冲突下的空间政治（1832～1985 年）》，中国人民大学出版社，2006；郑大华：《民国乡村建设运动之“公共卫生”研究》，《天津社会科学》2007 年第 3 期。

社会的研究。本文拟在既有研究的基础上，对此做初步研究，以加深对相关问题的认识。

一 从城市到乡村：国民政府乡村卫生建设的缘起

清末民初，伴随着西医的传播，中国近代医疗卫生体系逐步形成。由于西医传播是以城市为中心的，因此有限的近代医疗卫生主要出现在城市，尤其是中心城市，广大乡村难觅踪迹。诚如李入林所说，由于照搬外国的模式，“从清末到北伐成功，二十余年所办的卫生事业，农村一点儿未见着卫生的实惠”。[①] 1927～1937 年，南京国民政府进行乡村卫生建设则是特定历史环境下的产物。

乡村医疗卫生的落后是国民政府乡村卫生建设的首要前提。诚如时人所言，乡村不讲公共卫生，易生疫病，“及至疫病发生了，在缺乏知识的农民，不是迷信神鬼，就是倚赖庸医。尤以乡下购药，是一件最难的事情，不但西药没有售处，便是中药也不完全”。[②] 这种状况在各地基本上是一致的。即以大都市上海而言，“沪郊农民间之医药设备极为简陋，除不学无术之走方郎中外，无新医医师服务，即有一二，亦系出身护士等类者。至于新式助产士更不可得。迷信方术，仍极流行”。[③] 这说明当时中国的乡村不仅缺乏医药，而且缺乏现代的医药卫生观念，缺乏有学识的医生，西医更是少见。这种状况导致了乡村民众生病难以得到医治，其结果是农民的健康难以保证，进而提高了农村的死亡率。值得注意的是，乡村占中国的绝大部分，农民占全国人口的绝大多数，这都决定了乡村在国家中的重要地位。因此，乡村的医疗卫生状况成为中国各界关注乡村、从事卫生建设的一个重要原因。

国民政府进行卫生建设是其从事乡村卫生建设的另一个重要前提。南京国民政府建立后，从国家建设出发设立了卫生部（后改为卫生署），积极从事卫生建设。当时的卫生建设无论是从立法、机构设置，还是从建设的范围、成效来看，都超过了此前历届政府。而且，国民政府在建构国家卫生体系时，对乡村卫生予以重视。1930 年，代理卫生部长刘瑞恒就指出：“我国以农立国，农民占全国人民百分之八十有余，而乡民之死亡率

① 李入林：《欧美贵族式的卫生不适用于中国目下的农村》，《医潮》第 1 卷第 5 期，1947 年。

② 铎：《励行农村卫生的必要》，《康健杂志》第 4 卷第 12 期，1936 年。

③ 苏德隆：《沪郊农村卫生工作初步报告》，《中华医学杂志》第 22 卷第 4 期，1936 年。

甚高，约在百分之三十以上。溯其原因，皆由乡村卫生事业之设施缺乏，乡民之公共卫生知识短少所致。若不早为设法改良其环境卫生，疗治疾苦，预防死亡，其影响于我民族前途何堪设想。”他同时指出：中华平民教育促进会所进行的农村卫生和卫生教育“实为不容或缓之举，实与本部职掌有密切关系”。所以，除“随时加以规划外”，令河北民政厅饬定县政府就近予以协助。[①] 同时，他还指出“值兹卫生行政发轫之初，以创设乡村卫生事业为最急要”。平教会的工作“足开风气之先”，令定县政府与之合作，“不第可树全省之模范，并足资全国之借鉴”。[②] 而且，南京国民政府在乡村卫生建设方面进行了尝试。

地方政府对乡村卫生也予以重视。早在 1929 年，上海市卫生局认为“推行学校卫生及设置乡村卫生模范区原属卫生建设上重要事业，本市因经费支绌，未克创办。职局职责所在，曾经悉心筹划，以期实现。乃援照各国先例，商请美国万国卫生社合作，并补助开办学校卫生及乡村卫生模范区经费”。当时，上海市卫生局定高桥区为乡村卫生模范区，得到市政府的批准。[③] 1930 年，上海市党部第一区第十二分部考虑到偏僻乡间市镇人民因贫穷、药贵而无力就医，呈请要报中央设立民众施医局。随后，卫生部饬令各县市根据地方经济状况，设立平民医院、地方医院、巡回式乡村医院。[④]

最后，乡村建设运动的兴起直接促成了国民政府进行乡村卫生建设。20 世纪 20 ~ 30 年代，中国知识精英面对乡村经济的凋敝，从乡村教育、农业经济、乡村改造等角度出发进行了形式多样的乡村建设。这些乡村建设一开始并没有进行单独的乡村卫生建设，但是在推行乡村建设的过程中，乡村卫生成为一个不容忽视的领域。到 20 世纪 30 年代，从事乡村建设者均认识到卫生建设的必要性。1934 年，李景汉在乡村工作讨论会第二次集会做乡村卫生组的报告时，就说道：“众认为乡村卫生，应能解决最普遍之问题，不必求应有尽有，尤不宜枝枝节节去盲干，必注意组织，计划和范围。定县之保健制度，颇多可仿行之处。”[⑤] 各地推行的乡村建设、乡村自治均有不同形式的乡村卫生建设，并在不同程度上影响了国民

① 《卫生部训令》（第九一号），《卫生公报》第 2 卷第 1 期，1930 年 1 月。
② 《卫生部训令》（第一一〇号），《卫生公报》第 2 卷第 2 期，1930 年 2 月。
③ 《令卫生局》，《上海特别市政府市政公报》1929 年第 21 期。
④ 《浙江省民政厅令日字第六七四号》，《浙江民政月刊》1930 年第 31 期。
⑤ 孙晓村、罗理：《参加乡村工作讨论会第二次集会报告》，《农村复兴委员会会报》第 2 卷第 7 号，1934 年 12 月。

政府。

同时，南京国民政府出于复兴经济、国家建设等的考虑，积极进行乡村建设。1931年成立的全国经济委员会的职能之一就是农村建设，卫生建设是其重要工作之一。[①] 1933年成立的行政院农村复兴委员会更是直接针对乡村建设。同时，国民政府在重视乡村的背景下，积极开展乡村教育、农民教育。1936年，教育部颁发了《乡村小学校卫生设施暂行标准》。这都在不同程度上促进了乡村卫生建设。事实上，国民政府在江西等地推行的乡村建设中就包括卫生建设；河北省县政建设研究院实施的四大教育中就有卫生教育，要完成的六大建设中也有卫生建设。[②] 而且，乡村建设的推进使有的参与者注意到了当地的卫生建设，如邢继周就对绥远乡村建设中的卫生建设提出了自己的意见。[③] 就卫生行政当局而言，中央的卫生署、各省的卫生行政部门均注意到了乡村卫生建设。1933年，卫生署印行的《乡村卫生》就指出："根据乡村卫生现在的实况，我们得到一种信念，就是复兴农村，是我国目前的一个最大行政目标，复兴工作里，提倡农村生产，固属一件大的事，而挽救人口的死亡，促进农民的健康，实在是刻不容缓的企图。"卫生署希望一般的乡村都能有卫生机构，以推行乡村卫生，"但是这个重大的责任，政府的经济能力有限，各地方的先知先觉以及各界名流领袖，也应负责来提倡促成乡村卫生。倘能普遍化，农村经济，固然可以复兴，就是整个的民族，也可以健全起来了"。[④]

因此，南京国民政府面对乡村社会的现状以及国家建设的需求，并受知识精英的影响，出台了相应的政策，着手进行乡村卫生建设。

二　单一与综合：国民政府乡村卫生建设的模式

作为乡村建设的一种重要形式，乡村卫生建设就是利用西医改造中国乡村。然而，中国并没有从事乡村卫生建设的经验。诚如陈志潜所说："通过实验设计出一个对中国农民提供保健和现代医疗的模式体系，这个

---

① 孙晓村、罗理：《参加乡村工作讨论会第二次集会报告》，《农村复兴委员会会报》第2卷第7号，1934年12月。

② 孙晓村、罗理：《参加乡村工作讨论会第二次集会报告》，《农村复兴委员会会报》第2卷第7号，1934年12月。

③ 邢继周：《建设绥远乡村，对卫生上应讲求几点》，《绥远农村周刊》1935年第68期。

④ 《乡村卫生》（中华民国二十二年十月二十四日内政部卫生署印行），《河北教育公报》第7卷第9期，1934年3月。

体系也能为任何国家中为数众多的各种各样的农村所采用。在此之前，这类事情还从未被人们设想过，更没有人尝试过。”①

当时，中国的一些知识精英注意到了欧美发达国家的乡村卫生。南斯拉夫、苏联、印度、希腊等国正在进行的乡村卫生建设，中国的医疗卫生界也有所了解。国民政府在进行乡村卫生建设时，与国际联盟也有联系与合作。

然而，中国乡村卫生的建设者认识到本国与外国有着很大的差别。所以，他们没有机械地模仿外国，而是立足现实，尝试适合自己的模式。如上海市卫生局在建立高桥乡村卫生模范区时就指出：“乡村僻居一方，交通迟滞，人民习惯，公民常识，均较城市之人民为逊。故一切公共事业之设施，更不宜全版模仿城市内之计划。须先经一番试验研究，得一完美办法，方可推行无阻。”而且，设立该模范区的目的之一就是“为中国乡村卫生作一实地试验，务求其便式完美，俾续起创办乡村卫生者得资参考”。②

1927～1937 年，国民政府进行的乡村卫生建设主要有两种模式，即：单纯的医疗模式，医疗、卫生、保健的混合模式。

单纯的医疗模式是一种传统方式。这种方式主要是通过不同形式的医疗使农民受益。南京国民政府曾于 1929 年令各县根据地方情形设立平民医院、地方医院、巡回式乡村医院。③ 青海和福建省就根据地方情形，举办过巡回医疗。如福建省为推行巡回医疗，特商准卫生署于 1936 年 4 月举办福建省巡回医疗队护士训练班，招收已毕业的男护士，“再授予最紧要各项之公共卫生专门学识与技能”，由卫生署在南京进行训练，以便从事福建的城市与乡村卫生工作。④

与单纯的医疗模式相比，混合模式是一种新模式。这种模式因举办者、举办方式、目的等的不同，可以区分为以下四种。

一是直接的乡村卫生建设模式。

这种模式中最典型的是上海与江苏。上海市政府最早尝试这一模式。1929 年，上海设立了高桥乡村卫生模范区、吴淞卫生模范区（1932 年改为吴淞区卫生事务所）；另外，上海还设有江湾卫生事务所。而且，上海市卫生局下设乡村卫生办事处，其主要任务有七个方面，即传染病预防接

---

① 陈志潜：《中国农村的医学》，四川人民出版社，1998，第 65 页。

② 《上海特别市卫生局高桥乡村卫生模范区报告书》，《卫生月刊》第 2 卷第 8 期，1929 年 8 月。

③ 《浙江省民政厅令日字第六七四号》，《浙江民政月刊》1930 年第 31 期。

④ 张振宗：《福建巡回医队护士训练班概况》，《公共卫生月刊》第 2 卷第 1 期，1936 年 7 月。

种、医疗、学童和工人卫生、孕妇婴儿卫生、公共卫生视察及看护、卫生宣传、调查生死统计。①

江苏省的特别之处在于卫生实验区的设立。1931 年 1 月 14 日，卫生署设立汤山卫生实验区事务所，目的有三：“（一）研究中国乡村卫生实施之方法，（二）训练乡村卫生工作之人才，（三）引起当地人民对于乡村卫生之深切观念。”② 1934 年，汤山卫生实验区并入江宁县，“以该县为整个县卫生实验工作之区域”，具体的组织体系是：卫生院（县）—卫生所（区）—卫生分所（乡）—卫生员。考虑到经济状况，卫生分所的工作“仅派具有公共卫生训练及助产经验之护士一人综理之”。每百户以上的村落设卫生员一名，“以小学校长或高小学校毕业曾受学校卫生队训练，并在卫生分所实习者充任之”。卫生员的工作是处理急救、种痘、报告出生死亡迁移结婚、卫生宣传。③ 1935 年 9 月 1 日，江苏省又设立了镇江乡区卫生实验区。

在此基础上，江苏省于 1937 年制定《江苏省各县乡村卫生行政组织规程》，规定：区设卫生所，直隶于县卫生事务所，乡镇设卫生分所（“以附设于乡村小学为原则”），保设卫生站。卫生事务所除负责相关的医疗卫生事务外，还管理卫生分所，卫生分所负责的具体事项有：“一、疾病简易治疗及急救；二、推行种痘及其防预工作；三、妇婴卫生工作；四、卫生宣传；五、传染病及出生死亡等报告；六、环境卫生工作。”卫生分所“设公共卫生护士一人，或助产士，或护士，于卫生所指导监督下进行工作”。卫生站设置卫生员一人，“以保内曾经卫生训练之小学教员或保甲长或其他适当人员充任，受卫生所之指导卫生分所之监督，办理急救、种痘、环境卫生、卫生宣传、传染病及出生死亡报告等事宜”。卫生站或设于保长办公处或甲长办公处或小学校内，以卫生员原来的职务而定。④

与此同时，湖南、浙江、广西等省份在卫生建设的背景下，进行了直接的乡村卫生建设，体现出了不同的合作。1936 年，湖南尝试以合作社的方式进行乡村卫生建设，“为推进农村卫生事业，各县试办健康合作社，援日本各国成例组织，现平江卫生院，业已计划进行，并由社办保健训练

① 《上海特别市卫生局乡村卫生办事处服务纲要》，《卫生月刊》第 3 卷第 6 期，1930 年 6 月。

② 《汤山卫生事务所三年来之努力》，《卫生月刊》第 4 卷第 5 期，1934 年 5 月。

③ 《江宁实验县之乡村卫生建设》，《公共卫生月刊》第 1 卷第 1 期，1935 年 7 月。

④ 《江苏省各县乡村卫生行政组织规程》，《江苏省政府公报》1937 年第 2607 期。

所，由各乡社派员入所训练，然后返乡办理种痘及简易治疗工作，以期普遍推行乡村卫生事业”。①

与合作社不同的是，有的乡村卫生建设体现了多方位的合作。在浙江吴兴，乡村卫生事业得到卫生署、当地教会的支持与帮助。1933年7月，卫生署派技正姚寻源与浙江省立医院前院长陈万里、吴兴县长戴时熙商定，随后由卫生署派陶济安医师筹备，设立了乡村诊疗所，次年又进行了调整。同时，吴兴福音医院院长孟杰联合各界名流以及地方绅士组成湖属乡村筹备委员会，办理旧湖属六县乡村卫生事宜，并向浙江省政府和卫生署请求补助。卫生署署长刘瑞恒派人与该县县长孟杰进行协商，最终达成教会与地方政府合办吴兴乡村卫生事业的办法。福音医院负责各卫生所的医务，孟杰每周巡回各卫生所，诊疗一次；县卫生事务所负责保健工作，派出医师每周到卫生所做一次指导工作，另派公共卫生护士常驻卫生所，在医师指导下处理相关事宜。②

在湖南长沙，地方政府与民间机构合作进行乡村卫生建设。长沙县卫生院设立后，积极推行乡村卫生建设，曾在长沙县附近的榔梨市等市镇设立卫生所，又在长沙近郊设立卫生分所。与此同时，私立修业高级农业职业学校校长彭国钧与省立农民教育馆馆长欧阳刚中提出设立长沙南郊乡村改进会。在湖南省教育厅、卫生实验处以及长沙市行政官员的支持下，该会得以成立。于是，长沙县卫生院与该会联合进行南郊卫生事业，在当地设立长沙南郊乡村改进会卫生分所，长沙南郊乡村改进会每月出洋50元，卫生院补30元，技术方面完全由卫生院负责。③

二是乡村建设中的卫生建设模式。

在政府举办的乡村建设中，江西农村服务区、安徽霍邱复兴农村工作人员训练班、山西乡村建设研究院晋祠实验区等都进行了不同形式的卫生建设。而且，这些卫生建设体现了不同层面的合作。

江西农村服务区体现了中央与地方的合作。1935年，全国经济委员会江西办事处在江西设立了6个农村服务区（计划成立10个），卫生工作由江西省卫生处会同负责办理。④ 安徽复兴农村工作人员训练班也是中央与地方合作下的产物。该训练班讲授课目有五门：军事、政治、生计、教育、卫生。全国经济委员会卫生实验处派员前往协助，“为便利该班学生

① 《平江合作社推行乡村卫生》，《湖南合作》1936年第24期。

② 《吴兴卫生事业方兴未艾》，《中华医学杂志》第21卷第7期，1935年。

③ 长沙县卫生院：《长沙南郊卫生分所概况》，《中华医学杂志》第21卷第9期，1935年。

④ 《江西省各农村服务区卫生组工作》，《公共卫生月刊》第1卷第1期，1935年7月。

实验暨治疗当地农民疾病起见，遂有卫生所之设立”。卫生所主任和一名公共护士由中央卫生实验处派荐，“并得酌用护士一人，助产士一人，卫生稽查一人，技术助理员二人，卫生急救员若干人”。卫生所工作分环境卫生、保健、防疫统计、治疗四项。① 山东乡村建设研究院的卫生事业除了中央与地方的合作外，还有知识精英和教会的参与。该研究院“经内政部卫生署及全国经济委员会卫生实验处之协助，与私立齐鲁大学医学院合作，成立研究院医院，邹平实验县区卫生院”。卫生教育之外，“诊病以免费为原则，普通初诊每人收挂号费大铜元五枚，复诊每次收挂号大铜元二枚，特诊每次挂号费洋二角。出诊以城关为限，每次收费一元。除特种药品外，诊病给药，概不收费，赤贫者完全免收”。②

此外，有的地方政府也进行了乡村卫生建设，如江西省农村改进社1934年以安义县万家埠为实验区，在省卫生处支持下，设立保健所，从事医疗、防疫、卫生宣传、清洁卫生等工作；③ 山西乡村建设研究院晋祠实验区于1934年设立晋祠医院，从事医疗、卫生宣传、疾病防治等工作。④

三是农民教育之下的乡村卫生建设模式。

20世纪二三十年代，农民教育受到民间和政府的重视。一些农民教育机关在进行农民教育时，也开展乡村卫生活动。很多地方的农民教育馆都有乡村卫生工作的内容。如：1930年夏，江苏省立农民教育馆为当地民众考虑，设立一所乡村民众医院，每天就诊者20人以上；⑤ 汉口市立农民教育实验馆进行健康教育，四项活动之一就是设立“医药室”；⑥ 1934年，南京八卦洲农民教育馆设有卫生室，并积极规划进行门诊和巡回医疗等乡村卫生工作。⑦

四是乡村教育之下的卫生建设模式。

在推行乡村卫生建设的过程中，许多人主张以乡村小学为中心进行这方面的建设。一些地方即以乡村小学为中心展开卫生建设。1936年，教育

---

① 《安徽霍邱农村卫生所周年总报告》，《卫生半月刊》第2卷第10期，1935年5月。

② 严演：《山东乡村建设研究院写真（上）》，《周行》1936年第7期。

③ 刘治乾主编《江西年鉴（第一回）》，江西省政府统计室，1936，第420页。

④ 《山西乡村建设研究会晋祠实验区工作的过去与将来》，《乡村建设旬刊》第4卷第5期，1934年。

⑤ 《省立农民教育馆注意乡村卫生》，《农矿通讯》1930年第38期。

⑥ 《汉口市农民教育实验馆计划大纲》，《河南教育月刊》第2卷第8期，1932年。

⑦ 《南京市健康教育委员会二十三年度学校卫生实施计划》，《卫生半月刊》第1卷第8期，1934年10月；《南京市八卦洲农民教育馆卫生实施三年计划》，《卫生半月刊》第2卷第6期，1935年3月。

部颁布的《乡村小学卫生设施暂行标准》即与此有关。它规定的乡村小学卫生工作有：健康教育、健康检查、预防接种、简单治疗、卫生设施。简单治疗包括“曾受卫生训练的教员，应给儿童施行下列简单治疗，在可能范围内，并得设法普及于本地的一般民众”，如治疗眼病、癣疥及脓疮、头癣、皮肤外伤、皮肤溃疡、晕厥等。[①] 同时，有的乡村师范学校在推行乡村卫生方面颇有贡献。这以浙江萧山省立湘湖乡村师范学校和河南辉县的河南省立百泉乡村师范学校为代表。两校均设有乡村医院，并有推广乡村卫生的具体计划。如湘湖学校与浙江省民政厅卫生实验处合作办理简易助产讲习班，对乡村师范学校、普通师范学校、民众教育实验学校的女生教授解剖生理学、细菌学、医学常识、助产学、育婴学、妇婴卫生、临床见习、助产实习；讲习两周，实习两周。[②]

以上乡村卫生建设在实施的过程中，先后设立了一些乡村卫生机构，遍及河北、山东、江苏、浙江、福建、广东、湖南、湖北、安徽、江西、河南、陕西、山西、青海、四川、广西、绥远等省份。而且，国民政府积极与知识精英、基督教会合作，体现了国家与社会的互动。如梁漱溟在举办乡村卫生时，请卫生署在人选方面予以协助，卫生署为此致函上海市卫生局，“借调李玉仁医师前往担任，借调期限，暂定为二年”。[③] 福建省政府则委托福建协和大学进行包括卫生在内的乡村建设。民间的一些经验也为政府所吸纳和采取。青岛市市长沈鸿烈报告青岛的乡村建设时，就指出“定县的保健箱很可取法”。[④] 事实上，定县的制度“被政府采纳，普遍的推行”。[⑤]

当然，各种乡村卫生建设模式是有差异的。单纯的医疗模式主要表现为诊疗疾病；混合模式表现出综合性的特点，往往包括如诊疗工作、防疫工作、保健工作、卫生宣传与教育、医学教育等。

而且，各地混合式的乡村卫生建设模式也有不同之处。在重视程度上，虽然许多地方的乡村建设都十分重视医疗与卫生，但是绥远等地的乡

---

① 致贤：《上旬教育消息·教部颁发乡村小学卫生设施暂行标准》，《教育短波》1936年第70期。

② 《简易助产讲习班计划草案》，《湘湖生活》第4卷第1期，1937年。

③ 《消息·南京·卫生署与卫生实验处（2）：协助邹平举办乡村卫生》，《卫生半月刊》第1卷第1期，1934年7月。

④ 孙晓村、罗理：《参加乡村工作讨论会第二次集会报告》，《农村复兴委员会会报》第2卷第7号，1934年12月。

⑤ 克烈：《乡村卫生事业推进的途径——介绍温江农会的卫生工作》，《农业推广通讯》第2卷第8期，1940年8月。

村建设对于卫生方面就不够注重。[①] 就推行乡村卫生的方式而言，各地因实际情况不同而有所不同，这以乡村最基层的医疗卫生组织和人员最为突出。1933 年，卫生署召开技术会议时，有人提议“以乡村小学卫生作中心以推行整个之乡村卫生”。这一提议当时被通过。事实上，这种提法有其可行之处，[②] 并为许多地方所采纳。然而，这种方式也有缺陷。湖南省卫生试验所进行乡村卫生建设，实施两年后发现以教师办理乡村卫生有缺陷，因为学校放寒暑假时乡村卫生就“完全停顿”，而且小学教师经常变动，“于人于地，一旦生疏，推行不无困难”。所以，湖南卫生试验所决定乡村卫生部分以合作社为基础进行，“将各地方合作社人员，择优分期召集，予以短期间之卫生必要训练，如种牛痘及使用常备药箱等，训练完毕，仍返本地主持合作事务及卫生事宜”。[③] 具体到乡村卫生机构，各地设立的有保健所、卫生站、卫生所、卫生分所、卫生办事处等，名称各异，但从根本上讲都是简单的医疗卫生单位。各地最基层的卫生人员也有很大的差异，既有专门的医生、公共卫生护士、助产士，也有非专业人员，即经过简单培训的乡村小学教师、保长、乡长、卫生员以及保健员等。

三　选择与接受：国民政府乡村卫生建设的成效与困境

国民政府的乡村卫生建设与城市卫生建设有着很大的差别。它没有机械地移植外来的模式，而是充分考虑了中国的国情。这种模式选择有其可行性，并取得了一定的成效。然而，这种模式在进行过程中，遭遇了自身难以克服的困难。

乡村卫生建设者在设计相关模式时注意到了乡村社会的实际情况。他们认识到：中国的乡村与城市完全不同，乡村农民思想保守、迷信鬼神、缺乏卫生习惯；而且，乡村经济落后，加之西医药的昂贵、人才的缺乏，不可能完全推行城市的西医模式或外国的模式。所以，他们选择和实行的是治疗、预防、教育并举。1935 年，姚寻源在讨论中央乡村卫生实验工作时就指出：“我国社会向少医疗设备，乡间更付缺如，故本处对于江宁县各区工作，将医疗、预防同时并进。”[④] 长沙县卫生院办乡村卫生时，受

① 许辑五：《近年绥远乡村建设之进展》，《边疆》第 1 卷第 7、8 期合刊，1936 年 12 月。
② 《长沙县卫生院乡村卫生试办初步报告》，《公共卫生月刊》第 2 卷第 1 期，1936 年 7 月。
③ 《湘卫生试验所推行乡村卫生》，《康健杂志》第 4 卷第 11 期，1936 年。
④ 姚寻源：《中央乡村卫生实验工作概况》，《卫生月刊》第 5 卷第 2 期，1935 年 2 月。

制于人力与财力的限制，“且传统思想，入民间者甚深，陈腐观念，改革尤属匪易，在开办时辄遭反对，推行工作更感困难，只得借学校作中心，由教育方面入手，先使民众了解，以便推行”，人才只能自己训练。[①]

乡村民众的既有思维方式、生活习惯也是必须考虑的问题。乡村建设者在实施西医治疗之初表现得较为谨慎。1933 年，浙江省吴兴县设乡村诊疗所，第一乡村诊疗所在埭溪镇开办后，“以民智不开，对于新医素不信仰，故于开幕后，开始三月，专事治疗，俟取得信仰后，再依照计划进行”。“该地民智闭塞，妇婴卫生进行较难”，“新法产工作颇难取得民众之信赖”，“该所助产士护士各职员，分向家庭访视，循循善诱，并于曾经接生之家庭，每周作两次轮流访问，经数月之久，渐生好感，始进行顺利”。[②] 类似情况在其他地方都有不同程度的表现。

受制于人力、财力以及农民的文化程度，乡村卫生建设者往往是传播一般的西医知识和技术，传入的制度也是最简单的。至于预防传染病，也以天花、伤寒、霍乱为重点。而且，最基层的工作者甚至不是专业人员，各地乡村建设者还举办了不同形式的培训班培养初级卫生人员。这都反映了当时乡村卫生建设的针对性与实用性。

在乡村卫生建设者的努力之下，西医通过多种途径传入乡村，产生了一定的影响。诚如时人评论河南省立百泉乡村师范的乡村医院时所说，该院“在消极方面，是解除目前患病农民的痛苦，使他们得到免费或轻费治疗的利益；在积极方面，就是使乡民认识医药卫生的重要，以期达到改良乡村卫生的目的”。[③] 而且，各地乡村卫生机构起到了应有的作用。以汤山为例，当地原无医药设施，所以事务所开办后，“病人趋之若鹜，甚形踊跃”；门诊酌收挂号费外，“一概不取分文”；所治之病，以皮肤、疟疾、肠胃、目疾“为最多”。[④] 在浙江吴兴县，种痘取得较好的效果，“种痘知识，渐为民众所了解，第一乡村诊疗所，前由卫生署名赠送牛痘苗十打，未及半月，已布种告竣，现来诊所请求接种者，络绎不绝，由县卫生委员会呈请卫生署再赠大批痘苗，以便广种”。[⑤] 在江苏镇江，当地乡区卫生实

① 《长沙县卫生院乡村卫生试办初步报告》，《公共卫生月刊》第 2 卷第 1 期，1936 年 7 月。

② 《浙江两县之医事卫生建设》《公共卫生月刊》第 1 卷第 1 期，1935 年 7 月。

③ 爱棠：《河南省立百泉乡师乡村医院概况（附图表）》，《医药评论》第 124 期，1935 年。

④ 《汤山卫生事务所三年来之努力》，《卫生月刊》第 4 卷第 5 期，1934 年 5 月。

⑤ 《时闻·浙江省·一、吴兴县卫生近讯》，《医事汇刊》第 19 期，1934 年。

验区经过努力，“信仰新法接生的人却很多”。[①] 在江苏吴县，卫生事务所开幕后，“对于妇婴卫生，在第一乡村诊疗所方面，深得村民之信仰”，同时“各区人民对于新医药至感需要”。[②] 这些都充分表明了各地农民对西医不同层面的接受。

然而，西医在乡村的传播及其影响不能过分夸大。虽然十多个省份有不同形式的乡村卫生建设，但是不少省份的建设起步较晚，没有一个省份能够真正地将乡村卫生建设全面铺开。这种情况的出现多少与重视程度有关。熊国霖在 1936 年评论长沙乡村卫生建设时说，“在这乡运声中，我们长沙的卫生事业，不能不说有了一点基础；不过它的进步实在迟缓。因为是政府旁观，完全凭少数热心乡运的人做一做罢了，以致湖南一省除这长沙可看到一点点外，其他还是在计划或者连计划都没有啊！”[③] 从事乡村卫生建设的省份又主要集中在沿海、沿江省份。至于边疆省份，广西颇有成绩，该省在 1936 年度已于 11 个县设立了 25 个乡医务所，在 3 个县设立了 3 个镇医务所。[④] 但是，其他边疆省份少有建树。因此，陈万英指出，乡村卫生事业“可以说还是在初步试验期中，堪称为乡村卫生设施的只限于几个实验区，如晓庄，汤山，定县，高桥，吴淞，溪口等各卫生实验区，其他如边疆各地，根本无设施可谈”。[⑤] 而且，乡村卫生机构大多分布在重要城市附近以及交通便利的地方。

同时，国民政府的乡村卫生建设在以下三个方面，面临着诸多的困难与障碍。

一是举办经费的缺乏。各地乡村卫生举办过程中，往往面临着经费不足的困难。在举办乡村卫生颇有成效的定县和江宁县，两地人均保健经费不高，1934 年定县是人均 9 分，江宁自治实验县 1935 年是人均超过 1 角。有人认为“照定县和江宁的经济能力看来，似乎还应当多增几分，增到一角五、六分左右”。“拿出每个民众每年应缴税收的十分之一，来办理地方卫生建设事业，并不算为奢求。”[⑥] 事实上，各地在经济衰败的背景下很难

---

① 朱云达：《江苏省立镇江乡区卫生实验区工作概况（二）》，《申报》1936 年 3 月 3 日，第 15 版。

② 《吴兴县乡村卫生工作概况》，《卫生半月刊》第 2 卷第 2 期，1935 年 1 月。

③ 熊国霖：《长沙乡村卫生工作之近况》，《乡村建设半月刊》第 6 卷第 2 期，1936 年。

④ 广西省政府统计处：《广西年鉴》（第三回），广西省政府统计处编印，1948，第 1199 页。

⑤ 陈万英：《乡村卫生状况及设施的探讨》，《新青海》第 4 卷第 7 期，1936 年 7 月。

⑥ 范日新：《乡村工作讨论会中提出的乡村卫生问题》，《卫生月刊》第 6 卷第 1 期，1936 年 1 月。

拿出足够的经费从事医疗卫生建设。所以，黄凝晖在 1935 年谈论河北农村卫生时就指出："农村卫生行政费在今日河北省情形下，至多只能获得每家担负大洋两三角钱为准。以两三角钱之数，保护一家五口之健康，其能作到卫生之设施，当然有限之至。"①

经费的短缺使各地在举办乡村卫生时往往面临医药、设备的不足，乡村西医事业的扩展举步维艰。经费短缺也导致难以聘请专业人员，正所谓"吾国社会经济凋敝，欲为农村卫生聘一资深之医师，恐其一人薪金，已为地方经济所不胜"；因此，江宁县在举办乡村卫生时，"为减轻地方担负计，卫生分所工作，仅派具有公共卫生训练及助产经验之护士一人综理之。期以极少之经费，促事业之推进"。② 有的地方只能使用简单培训的人才充当基层卫生人员。这种做法虽是暂时的应对之策，但是会影响西医治疗的效果，甚至会影响民众对西医的信任度。

二是人才的缺乏。就全国而言，中国受过正式训练的西医人才十分缺乏，而且这些人才集中在大城市。加之乡村条件较差、工作艰难，少有人愿意到乡村服务。因此，李廷安在一次演讲中就提出，"国家应着手支配医人才到乡村去，当然要给他们相当的代价和优待。"③ 事实上，这在当时很难做到。而且，乡村与城市有很大的差异，这对从业人员提出了更多的要求。当时，不少人对从事乡村卫生者提出了建议和要求。如俞伯平认为推行乡村卫生"必须有常识优良，经验丰富之医师，能刻苦耐劳，态度庄重和蔼，深入民间，努力工作，且辅以政治之力量，教育之诱导，经济之充足，四者俱备，进行无不顺利，若缺其一，则困难随时可以发生，必难收全效也"。并且，医师要"在治疗方面宜懂乡人之心理"，"庄重和蔼四字实为乡村服务医师确守之信条"。④ 刘瑞岳指出从事乡村卫生工作者拥有健康的身体、丰富的学识之外，还要"有和蔼的言语、诚恳的态度、带笑的面孔，向各方周旋，稍有不慎，会引起对方的反感，影响到工作的推行"。⑤

当时确有一部分人能够抱着服务和牺牲精神从事乡村医疗卫生工作，但是很多人不愿从事这项工作。1931 年，陈志潜就指出"近世医

① 黄凝晖：《河北省的农村卫生问题》，《众志月刊》第 2 卷第 4 期，1935 年 1 月。

② 《江宁实验县之乡村卫生建设》，《公共卫生月刊》第 1 卷第 1 期，1935 年 7 月。

③ 李廷安：《公共卫生与国难》，《东南医刊》第 4 卷第 4 期，1933 年冬。

④ 俞伯平：《推行乡村卫生之管见》，《新医药刊》第 62～64 期，1938 年。

⑤ 刘瑞岳：《我从事乡村卫生工作的经验》，《农村服务通讯》第 15 期，1936 年。

学校毕业的同志当然没有走到乡间来谋生活的，就是卫生部为实验乡村卫生起见，在派员方面，也有‘自己不愿意’的困难”。[①] 山东邹平乡村建设研究院在1934年初夏开始筹备，秋天成立卫生院，“三个多月的时间都是奔走请人，一般的医师和护士惯于都市的奢华生活，听到乡村里没有电灯，自来水和电影都不愿到乡村来服务，结果请了两位医师和两位护士才将就开办起来”。[②] 人才的缺乏使许多地方不得不进行各种形式的简单人才培训，这种人才虽然可以应付一般的乡村医疗和卫生，但是能力毕竟有限，有的甚至会影响民众对西医的认同。1936年，就有人指出“乡村施诊所，又往往因医生技术太差，不能得到民众的信仰”。[③]

三是乡村社会文化环境所产生的阻碍。与城市相比，中国乡村社会经济落后、观念保守、迷信流行，这种状况不仅使民众缺乏医疗卫生观念，而且影响了民众对西医的接受。

1930年代，中国农村经济濒临破产，民众很少将有限的收入用于医药卫生；受生活习惯与信仰的影响，投入西医治疗的更少。据1935年的调查，河北农村“每家每年医药用费平均为一元有余。一家五口平均每人医药，至多化大洋二角，此二角钱在现刻当然全用于杀人之庸医看买药，绝无新医与卫生事业之言”。[④] 南方同样如此，据1936年的调查，江苏无锡农民平均一家五口人，每月支出的卫生费不到1角，占月生活费总数的0.35%，而用于迷信方面的费用平均每家每月2角，占总数的0.66%；金坛、溧阳的170个雇农中，每人一年平均只有3元6角9分用于卫生，用于烟酒的却有5元1角4分。[⑤] 农民的这种消费固然与生活习惯有关，其实这与西医药昂贵也有着密切的关系，很多农民无力支付昂贵的药费。

乡村迷信流行在很大程度上影响了农民对西医的接受。1935年，禄口卫生所的宋智侬等第一次到各村宣传种牛痘，当地流行“插鼻苗”，宣传种牛痘“却引起乡下人的误会，认种牛痘不妥，大家叫它做‘牛痘大王’，同时称他们的插鼻苗谓之‘天花老太’”，还说“牛痘凶猛”。宋智侬遭此

① 陈志潜：《乡村卫生与中国教育》，《医学周刊集》第4卷，1931年。

② 赵心宇：《乡村卫生的理论与实际》，《卫生月刊》第6卷第12期，1936年12月。

③ 吴志强：《我们需要这种乡村建设吗?》，《政问周刊》第23号，1936年6月3日。

④ 黄凝晖：《河北省的农村卫生问题》，《众志月刊》第2卷第4期，1935年。

⑤ 《国内医事消息一束·（六）江苏省医事卫生状况统计》，《中华医学杂志》第22卷第7期，1936年。

经历后，认为“这类破除迷信与神权的责任，完全靠在我们干乡村卫生的同志们去努力改进啊！”① 同样，许多人都指出了迷信对推行乡村卫生的影响，褚民谊就指出：“乡村人迷信甚深”，“迷信是现在政府办卫生的最大障碍”，乡村卫生“最要紧的是在破除迷信”。②

乡村的生活习惯和偏见对农民正确看待西医也有负面影响。在江湾办理乡村卫生事业的伍正己和任彩英就亲身感受到了来自这方面的困难。伍正己指出：“种牛痘，在原则上乡民是不反对的，不过有几种场合，乡民会提出拒绝的理由。”“已经家喻户晓的牛痘，尚且有这种困难，打预防针不必提了！”新式助产接生也遭到了出于习惯上的反对。③ 任彩英指出当地人知道种痘的好处，“都不十分反对”，但是“他们只知道春季是适宜种牛痘，并不知道秋冬二季亦无不宜，更不知道每人每年须种痘一次，于是使施种的人感到种种困难”。至于打伤寒、霍乱的预防针，许多人出于无知或是说管闲事来表示反对，老年人甚至从风俗习惯的角度予以反对，说什么“时势反了，姑娘家在乡间东跑西奔的叫人家打针！打针！成什么体统呀！”④ 在各地，种痘以及预防伤寒、霍乱均遇到了同样的困难，尤其后两者更为突出。西医的内科也面临接受方面的问题。当时中国普遍流行的看法是西医长于外科，中医长于内科。所以，农民在亲身体验西医外科的长处后，自然也会产生同样的看法。1935 年，江苏镇江宝堰镇的医生就说“本地仍是相信新医的外科，内科来诊治尚少，非至十分危急时，少有请教新医的”。⑤ 徐石根进一步指出这种成见对农民接受西医的影响，他认为“近数年来，他们略知新医的外科，较胜旧医”，是因为见到了西医外科的有效，或说“新医对于藜霍症，较胜于中医”，是因为看到西医治疗虎列拉、白喉的有效。如果请西医治疗肺结核第三期，西医不能治愈，他们“即斥为新医无能”。⑥

乡村的医疗状况对西医在乡村的传播也起了阻碍作用。一方面，乡村民众深受中医的影响，他们往往从中医来看待西医。正如徐石根所看到的，农村病人请西医治疗多是“尝试性质”，病症要说出中医的病名，“如

① 《通讯·禄口通讯》，《卫生半月刊》第 2 卷第 10 期，1935 年 5 月。

② 褚民谊：《乡村卫生与市政卫生》，《医药评论》第 4 期，1929 年。

③ 伍正己：《到民间去！办理乡村卫生的困难》，《卫生月刊》第 5 卷第 2 期，1935 年 2 月。

④ 任彩英：《办理乡村卫生的困难及其补救办法》，《卫生月刊》第 6 卷第 9 期，1936 年 9 月。

⑤ 陈定闳：《中国农村卫生问题的严重性（下）》，《医事公论》第 3 卷第 7 期，1936 年。

⑥ 徐石根：《农村新医之困难》，《新医药刊》第 46 期，1936 年。

只述新病名，则云这位先生不识症。新医如不能叙述某症适合中医某症的名称，绝不复诊”。另外，对于前来试探的不治之症者，西医若回答“不易治疗”，他们回去后不仅后悔，而且要造出“谤毁新医的口头禅”。[①] 另一方面，有的乡村西医素质较低。1935 年，金宝善就指出：“现在农村所有的极少数的执行现代科学医学业务的人员，常常因为所受的训练不足，使一般乡民见而生畏，于国家推行科学、医学方面，有很大的障碍！”[②] 而且，乡间庸医、游医的存在对于西医的传播产生了不良的影响。例如，乡村“凡需诊察时期较长之疾病，能够由头至尾观察症状之经过者，不易睹也”。于是江湖术士乘机自称西医行骗，正式的医师照科学方法“更无从立足”。[③]

除以上之外，乡村的交通落后、局部战争等因素对于乡村卫生建设也产生了一定影响。

综上所述，南京国民政府的乡村卫生建设在推行过程中取得了一定的成效，产生了一定的影响。1937 年以后，有的省份继续进行既有的乡村卫生建设，或是借鉴已有经验开始本地乡村卫生建设。然而，乡村卫生建设是一个综合的系统工程，与诸多方面有着密切的联系。受制于特殊的社会现实，南京国民政府面临自身难以克服的困境和障碍。这也就决定了其乡村卫生建设在推广空间和影响上是有限的，难以取得理想的效果。这不仅反映了国民政府国家建设的困境，同时反映了中国医疗卫生与乡村现代化的困境。

---

① 徐石根：《农村新医之困难》，《新医药刊》第 46 期，1936 年。

② 金宝善：《我国乡村卫生实施现况及其将来之展望》，《公共卫生月刊》第 1 卷第 1 期，1935 年 7 月。

③ 徐石根：《农村新医之困难》，《新医药刊》第 46 期，1936 年。

“一·二八”事变与中国红十字会的沪战救护

丁泽丽[*]　池子华[**]

提　要　1932年“一·二八”事变爆发，拉开了中国红十字会参与民族战争救护的序幕。总会先后组织救护队21支、筹建伤兵医院43所、设立难民收容所5处开展救护伤兵难民工作，战区各分会在总会的支助下展开力所能及的救护行动。战事方告终，疫病肆虐，总会及各分会未及喘息，积极设立时疫医院，救治患疫民众，9月，疫势减轻，中国红十字会救护行动彻底告终。前后历经9个月，尽管困难重重，中国红十字会仍圆满完成救护任务，其中值得赞赏之处颇多。

关键词　“一·二八”事变　中国红十字会　战地救护　防疫

1932年1月28日，淞沪战事打响，中国红十字会秉承“博爱恤兵”宗旨，展开救护。此次救护行动在中国红十字会救护史上无论是规模还是成效，均有突破，但未引起学界足够关注。目前，相关研究或以抗战初期中国红十字总会救护行动统而论之，或以上海红十字运动为中心展开，[①] 尚无专文全面深入探讨。本文重新梳理史料，以中国红十字会为中心，包括总会、战区分会，对其在淞沪抗战中的救护行动进行全面考察，以就教于方家。

一　救护背景

九一八事变后，日本为进一步扩大侵华战争，把矛头指向上海，处心

---

*　苏州大学社会学院博士生。

**　苏州大学社会学院教授。

①　池子华：《抗战初期中国红十字会的战事救护》，《江海学刊》2003年第4期，第132～137页；董根明：《抗战时期中国红十字会组织的整建与救护工作述评》，《抗日战争研究》2011年第3期，第59～65页；薛丽蓉：《1932年淞沪抗战时期上海红十字运动简论》，《红十字运动研究》，安徽人民出版社，2007，第113～118页。

积虑制造事端，点燃战火。

1932年1月18日下午，日军官田中隆吉勾结日本女特务川岛芳子，唆使日本和尚天崎启升、水上秀雄及其信徒藤村国吉、后藩芳平、黑岩浅次郎5人挑衅三友实业社工人义勇军。双方“互殴”，日方乘机扩大事端。20日上午，田中隆吉等人又指使日宪兵大尉重藤千春，指挥上海“日本青年同志会”60多名暴徒纵火焚烧三友实业社毛巾工厂，造成1人死亡，2人重伤。当日下午复聚众暴动，捣毁北四川路老靶子路各商店。上海市市长吴铁城派秘书长向日领事提出严重抗议，要求“此后不发生此项事件，严缉凶犯，并保留一切交涉”。但日领事只是口头敷衍，并“没有外交上有效行为的处置”，反向吴市长表示，日僧5人被殴打，要求吴市长缉拿凶犯，并提出4项要求：“（一）市长须对于总领事长表示道歉之意；（二）加害者之搜查逮捕应迅速切实施行；（三）对于被害者五名须予以医药费及抚慰金；（四）关于挑日、侮日之非法越轨行动一概予以取缔，尤其应将上海各界抗日救国委员会及各种抗日团体及时解散之。”①

对于日军的无理要求，吴市长表示实难应允。日军遂增派军舰及海军陆战队至上海，战争一触即发。25日，日本海军省首脑与外务省首脑联合举行会议，声称“中国方面不表示诚意，不实行日本之要求，决以武力立即要求之贯彻”。② 28日，日军又派航空母舰加贺号、凤翔号，巡洋舰那珂号、由良号和阿武隈号及水雷舰4艘开赴上海，并向上海市当局发出最后通牒：“限于二十八日下午六时圆满答复，否则即取自由行动。”③ 迫于压力，上海市当局“为维持其想象的上海和平计，不惜忍痛屈辱，洒泪签字”。④ 但欲壑难平，日军意在占领上海，乃以保护闸北日侨为名，于28日晚兵分三路，向中国军队发起进攻，“一·二八”事变爆发。

战事发生后，日军扬言4小时内占领上海。保卫上海的十九路军则表示：“为卫国守土而抵抗，虽牺牲至一卒一弹，绝不退缩。”⑤ 双方激战，中国军队伤亡惨重。据统计，截至5月5日《停战协议》签订，中国军队伤亡11770人，战区民众伤亡15793人。⑥

---

① 华振中、朱伯康编《十九路军抗日血战史料》，神州国光社，1933，第60页。

② 华振中、朱伯康编《十九路军抗日血战史料》，第73页。

③ 华振中、朱伯康编《十九路军抗日血战史料》，第74页。

④ 黄元起主编《中国近代史》上册，河南人民出版社，1982，第338页。

⑤ 洪京陵编《中国现代史资料选辑》第4册，中国人民大学出版社，1989，第8页。

⑥ 中国国民党浙江省执行委员会编述《一·二八暴日进扰淞沪事略》（内部资料），1934，第16页。

鉴于中国军队“担架队太少，救护义务不良”,[①] 中国红十字会“秉博爱恤兵之宗旨，以救死扶伤为职志”,[②] 积极展开救护。1 月 27 日下午，上海总会[③]接到淞沪警备司令部急电“嘱咐预备救护事宜”后，“当即预办各项救护工作”。[④] 战事爆发后，中国红十字会组织救护队员奔赴前线，开始了民族自卫战争的救援行动。

二 战事救护

沪战自 1 月 28 日爆发至 5 月 5 日结束，历时 3 个多月。在此过程中，中国红十字会总会在战区各分会的配合下，展开救援。

1 月 28 日战事打响，日军急于占领上海，集中陆战队 3000 余人、在乡军人 3000 余人、兵舰 20 余艘、铁甲车 10 余辆向闸北进攻。[⑤] 直至 3 月 3 日，上海一直为交战中心。中国红十字会总会多方动员，全力投入战事救护。

首先，集中救护力量，组编救护队。战事激烈，沪市各界积极组织救护队开展战事救护。为协调各方力量，在何香凝的建议下，总会将各救护队统一改组为中国红十字会救护队。[⑥] 救护队由总队与支队组成。总队以王培元为总队长，吕守白为副总队长，由总队长负责全队事宜，下设医务处、秘书处、总务处、纠察处，办理各项事务，如医务处处理伤兵医药等事，秘书处办理文案，总务处设会计、庶务、交通、材料、交际五科，纠察处巡查并规范队员行为。各支队下分医士、护士、救护员、干事、担架五部，负责具体救护事宜。[⑦] 救护队人员为本会职员及志愿者，无薪俸、津贴。为指导各救护队行动，总会特制定《中国红十字会义务救护队章程》、《中国红十字会救护队义务救护员办事规则》等。[⑧]

在总会的统筹下，各救护队有条不紊地开展救护行动。中日开战，闸北首

---

① 《淞沪抗战纪》（内部资料），1932，第 55 页。

② 《中华民国红十字会战时工作概况》，中华民国红十字会总会，1946，第 1 页。

③ 国民政府定都南京后，遂将北京总会改为北平分会，上海总办事处执行总会事务。

④ 卫铁铮：《报告：中国红十字会大事记（续）》，《中国红十字月刊》第 6 期，1935 年 12 月，第 55 ~ 57 页。

⑤ 沈云龙主编《近代中国史料丛刊续编》第 49 辑《十九路军兴亡史》，台北：文海出版社，1981，第 32 页。

⑥ 余子道：《抵抗与妥协的两重奏——一·二八淞沪抗战》，广西师范大学出版社，1994，第 282 页。

⑦ 《中国红十字会征求会员大会特刊》，中国红十字会总会，1933，第 89 ~ 92 页。

⑧ 《中国红十字会征求会员大会特刊》，第 86 ~ 88 页。

当其冲，红十字救护队乃以闸北为中心展开救援。救护队员出入于枪林弹雨，救护伤兵难民数千人。[①] 2月20日起战事加剧，日军集中军队7万多人，飞机100余架，发起猛烈攻势，中国军队伤亡惨重，仅庙行之役，就死伤3000余人。[②] 为此，总会不断加派救护队，增强救护力量。截至3月1日第一防线失守，总会共组织救护队20支，队员471人，救护伤兵难民万余人。[③]

其次，组编伤兵医院救治伤兵。至2月5日总会已编列11处伤兵医院，并在《申报》等媒体发布启事，告知伤员先送总站，由总站根据伤员受伤状况分送至各医院，如X光透视送第一医院，妇孺送第六医院，骨伤送第七医院。[④] 战火蔓延，受伤军民日见增多，红十字会临时伤兵医院亦不断扩充，至第一防线失守时，伤兵医院达41处，医护、服务人员1400余人。[⑤] 其组成大致可归为五类：（1）总会隶属医院，如第一、第二、第三伤兵医院原为海格路红十字会总医院、新闸路红十字会北市医院、十六铺红十字会南市医院；（2）上海医药团体、救护团体自愿或由总会商借编入红十字医院序列，这类伤兵医院居于多数，如新加坡建华颐养园、龙华路惠工医院、新民路普善医院、徐家汇路骨科医院、南市多稼路公立上海医院等等；（3）上海市慈善家发起组织，如第23伤兵医院由大慈善家朱庆澜、张佩年、黄仁霖、高大经、汪民观等发起组织；（4）上海慈善团体独立组织或联合医学院校共同设立，如第12伤兵医院由联义善会、惠养病院及南洋医大同学会三团体合组；（5）上海地方分会应总会需要编入总会伤兵医院，如第15伤兵医院由江湾红会组设。组成形式各异，运行方式亦不相同，其经费来源可分三种：总会全部供给、总会部分资助、全部自给。因医护人员多为各界人员自愿加入，为规范医士、护士行为，总会制定《中国红十字会义务医士、护士章程》、《义务护士办事规则》，要求其“须听本会收容伤兵之医院值日医生之指导”、“不得托故规避及有始有终”等。[⑥]

收治伤兵情况，以第22伤兵医院为例，可以窥见一斑。该院2月19

---

① 《昨日上午停战，救出三千难民》，池子华、严晓凤、郝如一主编《〈申报〉上的红十字》第3卷，安徽人民出版社，2011，第599~600页。

② 华白编《一·二八——淞沪抗战》，大成出版公司，1948，第24页。

③ 《红会一月间之工作》，池子华、严晓凤、郝如一主编《〈申报〉上的红十字》第3卷，第616~617页。

④ 《红会努力救护工作》，池子华、严晓凤、郝如一主编《〈申报〉上的红十字》第3卷，第583~584页。

⑤ 《红会一月间之工作》，池子华、严晓凤、郝如一主编《〈申报〉上的红十字》第3卷，第616~617页。

⑥ 《中国红十字会征求会员大会特刊》，第88~89页。

日成立，以洋泾浜类思小学及晓明女学为院址，其特别之处在于服务诸医士大多非红会医师，而为基督教教友，如吴云瑞、龚寒梅、艾仁麟、庄振家、徐长和、周凤歧等。[①] 该院成立全赖社会慈善人士相助，房屋由基督教免费借给，应用器具亦由其捐助。院分第一、第二两院，第一院收治轻伤军民，第二院收治重伤军民，两院共有床位 300 余张，手术及各种急救设备较为齐全，内分经济、庶务、总务、医务、文书、看护六股，组织完备。第 22 伤兵医院虽然成立较晚，但其成绩较为显著，“前后共收伤兵、伤民二百十一人，死亡者仅占百分之三，其成绩为此次伤兵医院中所罕有”。[②] 由此可见基督教普世救人之美德，同时亦彰显红十字魅力之强大。

为加强对各伤兵医院的管理，提高服务质量，中国红十字会组织医务委员会，订定章程，巡视各医院，评判优劣。医务委员会的组成：卫生署署长、军医司长、上海市卫生局局长、工部局正副医官、中国红十字会医务长为当然委员，公推刁信德、牛惠生、颜福庆、李福生、梅卓生、钟淑贞、张美龄诸医师为委员。在总会的指导下，各伤兵医院尽职尽责，“收治伤兵若干名，伤民若干名，各院均告满额”。[③] 至上海战事结束，救治伤兵伤民近万人。[④]

最后，设立难民收容所。据统计，至 2 月 4 日，战区逃出难民已达 57000 余人，[⑤] 设立难民收容所刻不容缓。至十九路军转战苏州，总会设立难民收容所三处：第一难民收容所设于潭子湾，第二难民收容所设于新闸路，第三难民收容所设于天蟾舞台。三处共收容难民 6800 人[⑥]。其中第三难民收容所成绩尤为显著，该所由红会特别会员顾竹轩所设。他是天蟾舞台经理，鉴于闸北难民流离满目，特致函总会，表示“该舞台可容千人寄宿，拟设一临时难民收容所，专备居留之用。其有贫苦之家，无力为炊者，其饭食由其供给，请编入红会为难民临时收容所”。[⑦] 总会对于顾竹轩善举表示赞赏，特编天蟾舞台为红十字会第三难民收容所。该所“每日供

① 《中国红十字会第二十二伤兵医院组织内情》，《圣教杂志》1932 年第 6 期，第 378 页。

② 《中国红十字会第二十二伤兵医院组织内情》，《圣教杂志》1932 年第 6 期，第 378 页。

③ 《红会一月间之工作》，池子华、严晓凤、郝如一主编《〈申报〉上的红十字》第 3 卷，第 616 ~ 617 页。

④ 《中国红十字会征求会员大会特刊》，第 98 ~ 99 页。

⑤ 华振中、朱伯康编《十九路军抗日血战史料》，第 455 页

⑥ 《红会一月间之工作》，池子华、严晓凤、郝如一主编《〈申报〉上的红十字》第 3 卷，第 616 ~ 617 页。

⑦ 《红会各救护队消息》，池子华、严晓凤、郝如一主编《〈申报〉上的红十字》第 3 卷，第 601 ~ 602 页。

给米粥两顿，馒首五只，并为难民健康计，设有卫生股，延聘中西医士为难民诊治疾病”，一切费用均由顾竹轩承担，[①] 前后收容难民共计5000人，占收容难民总数的70%多。

难民聚集，易生疾病，总会遂组织医生队（医生、护士各两人），每日携带药品，分赴各收容所，前后诊治病患者500余人。[②]

3月初，日军援兵两师开赴上海，发动总攻，十九路军后援不济，总指挥蔡廷锴、蒋光鼐表示，“我无兵抽调，侧面后方均受危险，不得已于三日夜将全军撤退至第二防线，从事抵御”，但十九路军誓死奋战，“决本弹尽卒尽之旨，不与暴日共戴一天！”[③] 十九路军变更战略之后，上海战场战事渐趋平息，5月5日中日双方签订《淞沪停战协定》，沪战正式结束。然红十字会救护队员义愤填膺，“决心赴我军后方工作”。总会先后派第四、第七、第十二救护队“继续向前进发，施行救护”，并“将救护总队分设前方办事处于苏州”（4月改组为特组救护队），[④] 救护伤兵难民。

十九路军退守第二防线后，真茹、大场、南翔一带乡民集中于曹家渡一带，故总会于此设立第四收容所，仅数日即收容难民3000人。3月12日，前方办事处得知昆山青旸港附近，太仓沙头、老闸，常熟支塘、莫城、东始庄一带麇集难民两万余人，立即派出两组救护队，“一组由昆山角直地方救出百余人，由水道轮拖到苏，另一组则在青旸港附近救出百余人，由铁路输送到苏”。[⑤] 4月，前方办事处改组为特组救护队后，仍积极救护难民，共救护难民917人。[⑥]

救护队开赴苏州的同时，上海地区的救护行动仍在继续。其间，总会于上海新增1支救护队，2处伤兵医院，1处难民收容所。其中的1支救护队、1处伤兵医院由松江分会组设。3月初，松江分会理事长周学文接总会令成立第43伤兵医院，所需费用由总会拨给。[⑦] 3月5日，鉴于救护重

---

① 《红会难民收容所讯》，池子华、严晓凤、郝如一主编《〈申报〉上的红十字》第3卷，第629页。

② 《红会一月间之工作》，池子华、严晓凤、郝如一主编《〈申报〉上的红十字》第3卷，第616～617页

③ 华振中、朱伯康编《十九路军抗日血战史料》，第341～342页。

④ 《中国红十字会征求会员大会特刊》，第98～99页。

⑤ 《红十字会在前方救护难民运苏收容》，池子华、丁泽丽、傅亮主编《〈新闻报〉上的红十字》，合肥工业大学出版社，2014，第384页。

⑥ 《中国红十字会征求会员大会特刊》，第104～131页。

⑦ 《红会松江伤兵医院结束》，池子华、严晓凤、郝如一主编《〈申报〉上的红十字》第3卷，第635页。

点转移，第 43 伤兵医院医师俞橘芳得总会准许，为第 21 救护队队长，前往前线救护。

5 月初，战事平息，前往苏州的医护人员、特组救护队奉命相继返沪。6 月初，各难民收容所先后结束。8 月，除总会固有的第一、第二、第三伤兵医院外，其余伤兵医院均告结束。

三 救护中的困难与应对

自“一·二八”事变爆发，中国红十字会组织救护队前往前线救护伤兵难民，践行“人道”宗旨。其间困难重重，中国红十字会不得不设法应对。

其一，日军肆意亵渎《日内瓦公约》，阻挠红十字会的救护行动。红十字会为中立性、国际性的人道主义团体，按照《日内瓦公约》规定：“在为战争受难者提供救援服务时，红会人员、设施、车辆等，在任何情况下，都应得到充分的尊重和保护”。① 但日军置国际公法于不顾，不仅妨碍红十字救护行动，而且残害红十字救护员，轰炸红十字伤兵医院、救护车辆等。战事初起之时，红十字救护队员至东嘉兴路桥救护，一名 10 余岁报童被日军用洋刀乱戳致死，叫号之声惨不忍闻，“红会驰救。日军以刺刀作势，拒绝救护。红会无奈，只得归来”。② 之后战事趋烈，红十字队员奔赴战地救护伤兵，尽管臂上带有红十字标志，然日军仍以炮火轰击，据不完全统计，受害者 10 余人。③ 第七救护队队员刘祁瑞就是一例。

刘祁瑞为福建人，同德医院医科四年级高才生，沪战时加入总会第七救护队。2 月 15 日，刘以战事稍停，率同看护 20 余人前往闸北救护伤兵，“并携有红会救护旗帜，以示敌方明了系救护人员”。然日军视而不见，竟开枪射击，“其枪弹尤集中红会旗帜之下，当时我红会同人曾高呼系救护者，讵敌兵竟置之不睬，仍继续发枪”。刘于枪林弹雨中仍从事救护，日军则瞄准刘，向其臂上、肚部、腿部等射击 10 余枪。刘中弹后，退出战地，日军紧追不放，继续射击，刘“顿时昏厥，不能行动”。因伤势过重，

① 池子华：《红十字与近代中国》，安徽人民出版社，2004，第 271 页。

② 《红会救护消息》，池子华、严晓凤、郝如一主编《〈申报〉上的红十字》第 3 卷，第 577 ~ 578 页。

③ 卫铁铮：《报告：中国红十字会大事记（续）》，《中国红十字月刊》第 6 期，1935 年 12 月，第 55 ~ 57 页。

16日下午4时不治身亡。[1]

不仅如此，红十字分会、伤兵医院、救护车亦难逃劫难。大场分会、江湾分会第十五伤兵医院先后遭日军焚坏。更有甚者，日军特意轰炸载有伤兵难民的红十字救护车辆。据《国民淞沪抗日记》记载："有红十字会救伤队，前往真茹、大场、江湾等处救护伤兵及被难灾民，当工作进行时，忽有大队日兵驶至开枪，向红十字会队员射击，所有救护车内伤兵、灾民四百余人，均遭屠杀，无一生还"。[2] 日军之残暴令人发指。

面对日军的暴行，中国红十字会首先电陈日内瓦红十字国际委员会，缕述日军肆意践踏《日内瓦公约》的行径。红十字国际委员会接电核实后，即复电日本红十字会，"请其政府通令前敌将士依约保护"。[3] 其次，请求他国红十字会襄助。日军侵入闸北后阻止中国红十字各救护队前往战地救护伤兵难民，总会即函请"法国红十字会担任战地救护"。3月6日，法国红会即派救护队赴战区开展工作。最后，求助外国领事。总会致函美领克银汉转请领事团各领事"主持正谊（义），维护万国公约"。[4]

其二，战事激烈，伤亡较众，中国红十字会人力、物力不敷应用。在款物方面，中国红十字会主要通过《申报》发布募捐启事向社会各界求助，如《中国红十字会紧急启事》、《中国红十字会为救济受伤兵民及难民紧要启事》、《中国红十字会为受伤兵民难民乞捐启事》等，呼吁各界伸出援手。从募捐启事的用词"紧急"、"紧要"、"乞捐"可见救护物资所需之迫切。为募集更多款物，总会扩大募捐范围，向海内外同胞募捐，得到响应。各界仁人志士踊跃捐输，沪上各界仅2月3日一天，即收到大量个人捐助，"陈炳谦捐洋一万元，闻兰亭经募交易所联合会助洋二千元，程荣初捐二百元，鲍国栋捐爱邀丁一千针、樟脑五百针、迪及推林五百针、吗啡一千针、爱特老林一打，张某等棉花纱布约值洋三百元，日新盛同大白布四十匹，乔宝斋嘘嘘药膏一百包，余零星捐款物品甚夥"。各社会组织如国难战士慰劳救护会、上海妇女慰劳会、上海中西妇女慰劳伤兵会、商联会等不断向总会伤兵医院捐送医护用品。国外华侨亦慷慨解囊，如

① 《红会救护队刘祁瑞被日兵射死经过》，池子华、严晓凤、郝如一主编《〈申报〉上的红十字》第3卷，第605～605页。

② 佚名辑《国军淞沪抗日记》，沈云龙主编《近代中国史料丛刊》第3编第21辑第210册，台北：文海出版社，1978，第192页。

③ 《万国红会复中国红会》，池子华、严晓凤、郝如一主编《〈申报〉上的红十字》第3卷，第606页。

④ 《红会请各领主持正义》，池子华、严晓凤、郝如一主编《〈申报〉上的红十字》第3卷，第619页。

"檀香山中华总商会助洋五百九十二元五角，加拿大雷振打埠中华基督教青年会救济上海伤兵难民协会助洋五百元"等。在医护人员方面，一方面招聘有经验医师护士作为红会医护人员分派各伤兵医院工作，应聘者要求"开具履历，携带毕业证书及卫生局执照，来会面洽"，合格人员享受薪俸待遇；另一方面以征求的形式函请沪上医护人员义务协助，"由庞京周先生函送前在医师公会登记之义务医师名单，嘱分头延拨等情"，如"能在敝会各伤兵医院义务工作，请即与会接洽"。①

其三，滥用红十字标志现象严重。红十字会为国际性人道组织，在战争中，红十字标志为保护性标志。因此，不良分子滥用红十字标志，或未经授权在外募捐，或私运军火等违禁物品，投机取巧。如 1 月 29 日，"见有搬场汽车插用红十字会旗，满挂标语"；1 月 31 日，"在黄埔滩见有装货汽车满装军火，插有红十字旗一面"等。至 2 月 10 日，沪上"红十字旗帜袖章触目皆是"。② 为维护红十字声誉，中国红十字会采取多项措施加以保护。（1）为此次救护行动改发"白地红十字新式袖章，分救字、济字，二中尽用本会关防为记，以前所发一律取消"。2 月 11 日至 18 日又将红十字旗帜重新编号并加盖图章，并声明"上海战区难民临时救济会所用本会旗帜，加盖本会腰圆图记者，由该会负责同生效力"，"所有旧发旗帜臂章，概行无效"。③（2）发布遗失声明。在救护行动中，红十字救护队员袖章、旗帜难免遗失，一经发现立即登报声明作废。（3）致函十九路军司令部、上海市政府、租界工部局加以保护，凡冒用红十字旗帜、袖章的机构如私人医院、私人团体等，一概取缔，不听劝阻者以"冒用军徽之条律惩治"。为此工部局特为红十字会遣送难民卡车 38 辆发给通行证，"其他各收容所载送难民亦不得滥用此项旗帜，以免混淆"。④（4）发布废除声明，战事结束后，总会即声明"本会各种救护队均于五月二十五日以前完全办理结束停止各处救护工作，所有旗帜袖章除已缴本会作废外，其余未缴之旗帜袖章，自登报之日起，一概作废"。⑤

① 《红十字会征求医师》，池子华、严晓凤、郝如一主编《〈申报〉上的红十字》第 3 卷，安徽人民出版社，2011，第 613 页

② 《取缔滥用红会旗章》，池子华、严晓凤、郝如一主编《〈申报〉上的红十字》第 3 卷，第 594 页。

③ 《旧红会旗章明日作废，新发者加盖腰圆形图章》，池子华、严晓凤、郝如一主编《〈申报〉上的红十字》第 3 卷，第 604 页。

④ 《取缔滥用红十字旗》，池子华、丁泽丽、傅亮主编《〈新闻报〉上的红十字》，第 379 页。

⑤ 《中国红十字会紧要启事》，池子华、严晓凤、郝如一主编《〈申报〉上的红十字》第 3 卷，第 640 页。

四 评析

尽管困难重重，但中国红十字会不辱使命，在此次救护行动中表现出色，有许多可圈可点之处。

其一，在伤兵救治、难民收容及疫病防治中取得显著成绩。根据现有资料，可将总会救护成绩统计如下。

表 1 中国红十字会救护 1932 年沪战成绩

<table>
<tr><td colspan="4"></td><td>总 数</td></tr>
<tr><td colspan="4">救治伤兵（救护队 21 支，队员 471 人；伤兵医院 43 所，服务员 1400 余人）</td><td>8600 余人</td></tr>
<tr><td colspan="4">收容难民（难民收容所 5 处）</td><td>53100 余人</td></tr>
<tr><td rowspan="4">救治时疫</td><td></td><td>门 诊</td><td>住 院</td><td rowspan="5">15903 人</td></tr>
<tr><td>第一时疫医院</td><td>6807 人</td><td>975 人</td></tr>
<tr><td>第二时疫医院</td><td>4582 人</td><td>457 人</td></tr>
<tr><td>第三时疫医院</td><td>2809 人</td><td>273 人</td></tr>
<tr><td colspan="2">总 数</td><td>14198 人</td><td>1705</td></tr>
<tr><td colspan="4">费 用</td><td>283000 元</td></tr>
</table>

资料来源：卫铁铮：《报告：中国红十字会大事记（续）》，《中国红十字月刊》第 6 期，1935 年 12 月，第 55～57 页；《中国红十字会二十一年份工作简表》，《中国红十字会征求会员大会特刊》封底附表，中国红十字会总会，1933。

从表 1 可知，（1）此次救护中，总会先后组织救护队 21 支，伤兵医院 43 所，参与战时救护人员达 1871 人，规模之大，在红十字救护史上前所未有。尽管服务人员并非全系红会职员，各界志愿者占有相当比例，但也表明红十字声誉之高和号召力之强。（2）总会共救治伤兵 8600 余人。根据统计，淞沪抗战中中国军队共死伤 14000 余人，[①] 战区各分会救治伤兵数不计，即总会救护人数已逾大半，显然中国红十字会总会成为沪战救护的主力。（3）难民收容所 5 处，总计收容难民 53100 人，平均每所上万人，而总会难民收容所最多只能收容千人，可以想见各难民收容所于收容、资遣间的忙碌程度。（4）在时疫防治方面，红十字救护人员亦尽职尽责。如此等等，引人瞩目，连美国红十字会副会长别克纳而也发函称赞：

① 华振中、朱伯康编《十九路军抗日血战史料》，第 350 页。

“适值战事正盛之时，其最足使人得到深刻感觉者，厥为中国红十字会之救护工作。该会负责办理适于战时之需要，得一切有惊人之成绩云云。本会闻悉，深为欣幸”。[①] 获此赞誉，中国红十字会实属名至实归。

其二，整个救护过程中，中国红十字会善款、善物使用透明、严格。战事发生，各界捐输极为踊跃，款物、医护用品、生活用品、食物等，事无巨细，总会无不登报鸣谢并开具收条，大到“孟加锡中华总商会助银三万两又五千两”,[②] 小到民众向伤兵医院捐助饼干 2 包、蛋糕 35 块、大头菜 1 包等等。[③] 资金使用尤为严格，如救护总队接收“各界捐助银钱或物品掣给正式收据为凭并登报鸣谢”；“采办物品或开支费用在十元以上者经由队长核准始得照付”；“购置材料在五十元以上者须得三处占价始可成交，惟战地不在此例”；“所有一切收支及物品应俟结束时聘由会计师查核无误后登报公布以昭大信”。[④] 总队如此，各支队亦不例外。救护队收到“银钱及各界捐来之伤兵慰劳品非经队长及秘书共同签字送交本会副会长或经济委员签字后不得开支”；“如零用物品价值在十元内外者由队长及秘书共同签字交会计科处理之”；“购买应用物品价值在二十元以上者至少估价五处店户方得成交，先由庶务科将价单交队长秘书审核后送交经济委员施行”。[⑤] 只有严格管理制度，公开透明使用款物，才能取信于民，获得民众的支持。这是中国红十字会沪战救护成功的重要原因。

其三，中国红十字会在民族大义面前，始终坚持“中立”、“公正”原则，践行“人道”宗旨。沪战救护是中国红十字会首次参与的民族战争的救护行动，尽管日军残暴不仁，屠杀无辜同胞，亵渎《日内瓦条约》，阻挠中国红十字会的救援行动，但中国红十字会仍秉持红十字基本原则，一方面筹设第 29 伤兵医院，以杨树浦圣心医院为院址，专为收治日军受伤俘虏，“一切手续均遵一九〇七年海牙公约第七十九条俘虏规则”,[⑥] 以便为日军受伤俘虏提供服务；另一方面，发布通告，声明“本会系根据日来弗

① 《美红会赞美中国红会》，池子华、严晓凤、郝如一主编《〈申报〉上的红十字》第 3 卷，第 643 页。

② 《中国红十字会紧要启事》，池子华、严晓凤、郝如一主编《〈申报〉上的红十字》第 3 卷，第 619 页。

③ 《红会第十二病院情况》，池子华、严晓凤、郝如一主编《〈申报〉上的红十字》第 3 卷，第 596 ~ 597 页。

④ 《中国红十字会征求会员大会特刊》，第 86 ~ 87 页。

⑤ 《中国红十字会征求会员大会特刊》，第 86 ~ 87 页。

⑥ 《红十字会厘念日本伤兵组织第二十九伤兵医院》，池子华、丁泽丽、傅亮主编《〈新闻报〉上的红十字》，第 378 页。

条约（《日内瓦条约》——引者注）已成立，无论战时平时均须遵从办理……对于受伤俘虏之待遇亦须遵从万国公约俘虏章程办理，如此后有我军掳得或由救护队救出之日军受伤俘虏或自行投院之日军受伤兵民，务望收到时即速报告本会，万勿擅行处理致损国体并及会誉”。[①] 如此“博爱”胸襟，诠释了中国红十字会对人道主义宗旨的真正践行。

其四，其他团体的加入增强了中国红十字会的救护力量。南京国民政府成立前，中国红十字会的救护行动虽然不乏与其他慈善组织合作的事例，但此次在红十字旗帜下统一行动，颇具特色。在救护队人员组成上，中国红十字总会先后组织 21 支救护队，事实上，其由“全市各界各方面组建的救护队统一改组”而成。[②] 在伤兵医院开办上，总会先后设立 43 所伤兵医院，除第一、第二、第三伤兵医院及第十五、第四十三伤兵医院为红会独立设立外，其他均为总会商借上海医院作为临时伤兵医院或各界自行组织参与救治伤兵编入红十字伤兵医院序列。在难民收容上亦是如此。广泛的社会动员和在红十字旗帜下的资源整合，形成合力，保障了救护行动的顺利进行。

总之，此次救护行动是中国红十字会在中华民族陷入危难之际开展的人道主义行动，其规模之大前所未有，成绩之卓著史无前例，对此后救护行动的开展影响深远。

① 《各界救济工作（节录）》，池子华、丁泽丽、傅亮主编《〈新闻报〉上的红十字》，第 375～376 页。

② 余子道：《抵抗与妥协的两重奏——一·二八淞沪抗战》，第 282 页。

近代青岛里院平民职业构成与日常生活*

蔡勤禹** 高 铭***

提 要 里院是青岛特有的中西结合样式的民居住宅，自20世纪初出现后，经过半个世纪，发展到800多个。里院的居民最初为社会中层，后以社会中下层为主，做工经商、邻里交往、娱乐休闲、节庆婚嫁等构成了他们的日常生活实态。里院独特的生活空间和生活气息，影响和塑造青岛人的群体性格、观念和意识，成为青岛城市精神的重要构成元素。

关键词 近代青岛 里院 职业构成 日常生活 社会变迁

自晚清以来，西风东渐使中国在诸多方面发生深刻变化。青岛里院就是深受西方建筑影响的产物，它既有西方洋楼的外形，又吸收了中国北方的院落结构，发展成为一种中西合璧的建筑样式。里院是德国租借青岛时期因外来移民涌入而出现，并随着青岛人口增长而发展的。里院充分利用有限的空间，将居住、经商、娱乐、社交及日常购物等多种功能融于一体，它既是近代青岛平民生活场所，也是青岛平民娱乐舞台。然而，相比于对上海里弄和成都茶馆的研究，对青岛里院的研究多从建筑艺术角度来探讨，很少有历史学者从人文角度深入到城市内部，观察里院人们的日常生活。因此，我们选取里院这一公共空间，深入青岛城市内部，考察近代青岛市民社会生活的历史。里院无疑是认识近代中国城市社会生活的一个

---

* 本文为国家社科基金重大项目“中国慈善通史”（11&ZD091）系列成果之一，教育部人文社会科学规划基金项目“近代以来我国应对海洋灾害机制变迁研究”（13JYA770002）阶段成果。

** 中国海洋大学社会科学部暨中国社会史研究所教授。

*** 中国海洋大学文学与新闻传播学院硕士研究生。

独特样本。[①]

一 里院的出现与发展

里院的最初建筑形式是具商住两用功能的房屋，“里”是为商业用途设计的，而“院”则是出于居住目的。[②] 里院最早兴起于20世纪初德国租借青岛时期。按照德国在1900年编制的青岛第一个城市规划，租借地被分为内界和外界，内界又分为欧人区和华人区。华人区包括大鲍岛区（华商聚居区）、台东镇（华人劳工聚居区）及台西镇（贫民聚居区），各个分区是按当时的社会等级进行划分的，这对青岛城市格局产生了深远影响。华商聚集的大鲍岛区被规划为上层富裕华人居住与进行商业活动的场所。

随着青岛城市规划建设的发展，城市愈发繁荣，来自各地的移民大量涌入，挤占本就不宽裕的空间，棚户区出现人满为患的局面。为满足平民的居住需求，于是“院”应运而生。日本第一次占领青岛后，形成了里院建设的高峰，原因在于德国在“一战”中战败，许多规划没有来得及实施，再加上德国占领时期主要工业集中在与港口、修船相关领域，其他工业刚露雏形，对移民的吸附力还不是太强。随着日本进入青岛，青岛纺织业异军突起，城市规模扩大一倍，青岛的商业区、金融区、纺织区、居住区等发展成形，在大鲍岛、小鲍岛一带里院建筑密集分布，市内各区域也穿插着里院建筑，以满足日益增多的人口居住需要。这时的里、院功能界限开始模糊，商住一体的特点逐渐明显。[③] 在日本第一次占领青岛期间，辽宁路、聊城路、市场一路、市场三路和胶州路附近出现了大量里院建筑。30年代初，为了解决人口增多带来的居住问题，青岛市政府建立了青岛平民住所建设委员会，通过政府、私人和慈善公益组织等几种方式兴建

① 卢汉超的《霓虹灯外——20世纪初日常生活中的上海》（上海古籍出版社，2004）对上海里弄的日常生活进行了详细研究，王笛的《茶馆：成都的公共生活与微观世界》（社会科学文献出版社，2010）和《走进中国城市内部——从社会的最底层看历史》（清华大学出版社，2013）对成都茶馆和底层民众日常进行了深入研究。关于对青岛里院的研究，多从建筑艺术角度，主要有陈雳《锲入与涵化——德租时期青岛城市建筑》（东南大学出版社，2010）、徐飞鹏等《中国近代建筑总览——青岛篇》（中国建筑工业出版社，1992）。对青岛里院的发展和生活进行了初步探讨的有青岛市城乡建设委员会编《大鲍岛——一个青岛本土社区的成长记录》（山东画报出版社，2013）、兰芳《青岛里院的场所精神研究》（西南交通硕士学位论文，2012）。

② 兰芳：《青岛里院的场所精神研究》，第25页。

③ 青岛市市南区政协编《里院：青岛平民生态样本》，青岛出版社，2008，第244页。

里院式平民住宅。到 30 年代中期建设完毕，这些里院主要集中于台西区，共有“八处十四院，均系平房，每间十二平方公尺，一门一窗”，老百姓戏称为“八大公馆”。根据 1932 年青岛社会局统计，当时青岛的里院共有 506 处，房间 16701 间，住户 10669 户。[①] 此后，随着青岛移民人口不断增加，里院也随之扩大，到 1948 年，里院达到 760 处。[②]

可见，里院是为了顺应青岛城市商业发展和人口增加而设计出的一种新式建筑样式，其发展过程中呈现两次高峰，一次是第一次日占时期，第二次是 30 年代初，这两个阶段正好是青岛工业扩张和商业大发展时期。里院伴随着青岛的工商业兴盛而发展起来，并成为平民的基本住所。

二　里院平民的职业构成

青岛开埠后，移民持续不断地向这一新兴都市聚集。1901 年，青岛市区人口 14000 余人；1910 年达到 34450 人；1913 年，市区人口（军队除外）已增至 55200 多人。[③] 青岛开埠后的 10 多年间，市区人口增加了近 5 万多人；整个胶澳租借区人口增加到 17 万多人。1923 年，中国收回青岛时人口已经达到 262117 人。1933 年为 444690 人，到 1948 年则达 1037123 人。[④]

人口的快速增长，导致在华人聚集区大鲍岛的单层旧房屋被拆除。这里开始兴建一层作为店铺经商、二层以上用来居住的“里”。“里”的设计最初出于商业上的考虑，它的一个典型公用就是货栈：“院”中有一个天井，放一些货样，客户在店铺谈完生意，到了院子里，就可以看样品、提货。这种带院子的“里”，是“前店后厂”的经营模式，所以，住在里院的最初居民大多数是中产阶级、殷实人家。大体可分：文具股东、酿造老板、英文翻译、印刷业主、印染业主、公司职员、制鞋业主、服装裁缝、

① 青岛市城乡建设委员会编《大鲍岛——一个青岛本土社区的成长记录》，第 4 页。

② 青岛市档案馆主办“青岛城市展览——青岛里院”介绍：在青岛还有一些里院不一定用“里”或“院”的名字，而是用很文雅的名字，如高密路上的小红楼，阳信路上的文星小筑，即墨路上的南荫园，易州路上的乐子园，滋阳路上的福海楼，芝罘路上的爱吾庐，费县路上的环海楼，济南路上的小洪泰、北京路上的大洪泰等等，都属于里院的建筑结构。

③ 青岛市档案馆编《胶澳租借地经济与社会发展——1897～1914 年档案史料选编》，中国文史出版社，2004，第 197 页。

④ 青岛市档案馆编《青岛数字全书》，中国文史出版社，2003，第 50 页。

修补鞋匠、远航船员、邮局职员、工厂技工、高级木匠。[①] 后来，人口的增加，特别是青年移民的涌入，使里院由以家庭为单位的居住结构开始向单身从业者过渡，而德租青岛末期，欧人区向华人开放居住权，许多中上层的华商逐渐迁出里院移居城区南部高档居住区，里院居住对象逐渐向社会下层移动，许多机关的小职员、下级军官、公路铁路员工以及警务人员、小商贩、教职员工、小手工业者、产业工人等进入里院居住。他们或以家族形式，或以同业形式，集中居住在某一个“里”。[②] 像青岛有名的海泊路上的广兴里，是青岛市占地面积最大的里，拥有房屋30余间，上下两层，3个出入口，居住的人员几乎全是饮食行业人员，他们经营各种糕点和特色面食，有“小贩市”之称。[③] 而处于社会最底层的人力车夫、捡破烂者、出苦力者等群体则住在小鲍岛和台东的茅棚和俗称“道士帽”的简陋平房里，尚租不起“里”这样的楼房。

随着青岛的发展和外来移民的继续增加，窝棚已经人满为患，卫生环境极为恶劣，居住拥挤缺乏公共厕所和优质饮用水，街道脏污，没有专门污水排放管道，致使污水横流，污染土壤，再加上青岛空气湿度大，为疾病的滋生和传播提供了条件。[④] 为了解决新来移民的居住问题，德租当局开始兴建“院”。“院”的房间设计跟“里”一样，但其规模一般要比“里”大得多，一个大院内有几个小院，组成多个套院，大院有三到四个出入口，每个出入口设置一个公用的水龙头，每个小院设置一个双坑位厕所。这种设计相对于窝棚来说在整洁卫生和舒适方面提高了许多。每个大院中的居民成百上千，大多是“闯码头”的、赶海的、卸盐的、捡破烂的、拾煤核儿的、拉大车的、沿街叫卖的小商贩、剃头匠等等。一般是一家人甚至几家人拥挤在十几平方米的房间里，孩子们是要睡吊铺的。两家合住一间房的情况在当时被称为“对面房”或“团结户”。

三四十年代，青岛已发展成工商业比较发达的海港城市，治安较为稳定，内地一些贫苦无计的农民携妻带子来青岛“闯码头”，他们中的壮劳力一般加入码头工人或日本纱厂的工人队伍中，成为产业工人的一部分，而他们的父母、妻儿则只能从事一些“提篮小卖”或“推车卖浆”的营生；有些老人要到街头捡破烂甚至乞讨，以减轻一点家庭负担。生活在台西里院的居民大都没有念过书，很多人不识字。据一位老人回忆，在台西

① 青岛市市南区政协编《里院：青岛平民生态样本》，第42页。

② 青岛市市南区政协编《里院：青岛平民生态样本》，第243页。

③ 青岛市市南区政协编《里院：青岛平民生态样本》，第243页。

④ 蔡勤禹、侯德彤：《青岛开埠与慈善公益事业兴起》，《史林》2010年第6期。

“第二平民院”，有点文化的凤毛麟角，“院中有一位来自潍县的丁先生，是个清末秀才，算是二院中学历最高者。丁先生穷困潦倒，又别无长技，只能靠替人写写信、年下写点对联赚点润笔之资”。[①] 另根据学者对青岛市台西镇嘉祥路第五平民住所的住户职业统计，户主大多为经营小本买卖的平民、工人以及店铺伙计；贵州路第八平民住所 354 户住户中，户主职业为苦力、拉大车的就有 199 户，占总数的 56.21%，其他职业包括警长、财政局测量员夫、建设局工夫、盐务局工人、无线电台工人、市政夫役、市政车夫、青岛站员、青岛电厂工人、铁路工人、海关厨夫、青岛法院职员、中国旅行社招待员、财政局工友、电话局工人等十几种。[②] 上述统计说明，里院成为青岛中下层居民的主要住宅形式。

里院不仅是青岛平民的安身之所，也成为老鸨的生财之地。在色情业昌盛的民国时期，青岛市警察局在 1925 年划定一个“红灯区”，实行“公娼制度”，以朝阳路平康一里、平康二里，金乡路升平一里，冠县路平康三里，云南路平康四里，黄岛路平康五里，四方路平康东里为合法的经营场所，娼妓要按照官厅规定价目营业。[③] 1931 年青岛市出台《青岛市管理乐户规则》，划定了娼妓业的人数和营业范围。[④] 当时，青岛市合法登记的一等娼妓 232 人，二等娼妓 136 人，三等娼妓 333 人，俄妓 31 人，共 732 人。[⑤] 里院成为“公娼”合法卖淫场所，从另一方面说明了里院这种建筑在青岛的普遍。

通过上面的考察，可以看到里院的居住环境相比茅棚有了相当大的改善，但是里院相对狭小的房屋和稀缺的生活设施，使得居住者从最初的华人中上层向社会中下层移动，里院逐渐成为社会中下层各色人等居住、娱乐、社交的公共空间。这些人来自四面八方，将各地方文化带进青岛，使青岛文化具有开放包容多元的特点。

三 里院平民的日常生活

有学者指出，青岛里院文化的核心，“是它人际关系的和谐，是它平

---

① 青岛市市南区政协编《里院：青岛平民生态样本》，第 9 页。

② 陈亮：《民国时期青岛平民住所制度初探》，青岛市档案馆、青岛市历史学会编《青岛近代城市史论文集》，青岛出版社，2011，第 330 ~ 331 页。

③ 张伟：《民国时期青岛市民社会生活研究（1922 ~ 1937）》，青岛大学硕士学位论文，2010，第 62 页。

④ 《青岛市管理乐户规则》，青岛市档案馆藏社会局档案，档案号：B0032 - 001 - 00453 - 00041。

⑤ 骆金铭编著《青岛风光》，兴化印刷局，1935，第 216 页。

民化的温存，是它和衷共济的风格。里院的秩序，是一种城市文明和传统理性的混合产物，它本身是多元的，既表现了对现代生活方式的不可抑制的向往，也保留了农业文明的纯粹、简约、实用和单一性”。[①] 里院是青岛平民的生活舞台，透过里院的平民生活可以窥探时代变迁的丰富内涵。

1. 里院的商业活动

重生堂商号档案是青岛市城市建设档案馆保留的大鲍岛最早的建筑档案之一，该档案记载重生堂商号建于1900年，是“里”出现的雏形。该商号虽然是单层房屋结构，但是，单层的房屋围合出三个封闭院落，临街的房间用于商铺和办公，背街为库房和厨房，院落中设有一米见方的简易厕所。[②] 这种带有院子的“里”成为集居住和经商为一体的建筑式样，里、院也由此合二为一。

在德租时期，曾经开发建设了大鲍岛华人社区的德国祥福洋行希姆森回忆：“为大鲍岛中国城的华人房屋，我设想了一种特殊的建筑形式。沿着完整的方形街坊四周，是临街店铺和楼上的住间，街坊中间留下一个大的内院供交通使用，也可以成为儿童游戏的场所。每套房屋在内院一侧还用一层高的墙围出一个私人的小院，院子里面是一层高的厨房和厕所。”[③] 大规模地将经商与居住融为一体的里院建筑开始在华人区出现，这既带动了大鲍岛商业的繁荣，也使人口聚集；里院设计中特意保留天井，为住户之间的娱乐和休憩提供了空间，从而在浓厚的商业气息中又带上了人间温情。

文兴里是青岛普通的居民大院，容纳40余户家庭。文兴里大门隔壁有一个小铺“三成栈”，前门临街，后门通大院。乐善里离火车站很近，处于商业的黄金地带，临街是几家商店，其中一家饭铺，主要卖各种饭食，早晨卖豆浆、炒饼、油条，中午晚上卖馒头、烧饼、包子等，顾客主要为乘车旅客。小洪泰位于济南路上，离小港码头很近，又是中山路商业区的一端，当大洪泰形成批发市场后，小洪泰也迅速发展成为一处批发市场。小洪泰主要以批发零售蔬菜瓜果、家禽家畜等农副产品为主。小洪泰还开设了几家客栈，为卖货的人提供住宿。曾经住在这里的王建礼老人回忆：“在解放前，青岛附近各县的农民、小贩用独轮小推车、大马车，将鸡、蛋和瓜果等农副产品运到这里批发。在院子中间，有许多小店铺、饭馆、日用杂货铺，还有做衣服的和宰鸡的，每天院子里人来人往，显得特别热闹。”[④] 在和平里有五个门头，和平里对面的三角地原来是一处小公园，后

① 李明：《青岛的“里院”和里院文化》，《文明》2008年第5期。

② 青岛市城乡建设档案馆编《大鲍岛——一个青岛本土社区的成长记录》，第44页。

③ 青岛市城乡建设档案馆编《大鲍岛——一个青岛本土社区的成长记录》，第47~48页。

④ 青岛市市南区政协编《里院：青岛平民生态样本》，第64页。

来万香斋酱肉店、三聚成酱园、天宝银楼、万福临糕点店等在此开业。广兴里北楼底层，正对“小光陆”的大门有一间茶社，名为玉顺茶社，是一种半色情的场所。30年代，青岛形成了大鲍岛里院的繁盛商圈，天津路的旅馆一条街、海泊路的鞋业一条街、济南路的土产一条街等，各有特色。

青岛最有名的里院是劈柴院。1901年，平度商人官某与即墨商人胡某在大鲍岛直隶街相邻处各买地建房，当为劈柴院建筑之始。① 20世纪20年代中期，这里修了一条江宁路，建了几个大院，楼上住人，楼下开店；街上几个大院多为商店、饭铺，劈柴院从一个院子的名字演变成了一条商业步行街，吃喝玩乐，应有尽有。劈柴院有许多小吃，锅贴、李家饺子、张家坛子肉、杨家豆腐脑在岛城赫赫有名。劈柴院还有一个名称叫“乐子院”，据1933年的《青岛指南》记载，当时劈柴院有说书场5家：王教顺说书场、刘廷乐说书场、赵唐祥说书场、王兰芝说书场、苗心诚说书场。另外，相声演员马三立来青岛劈柴院演出时只有18岁，他与刘宝瑞搭档演出《对对子》、《大上寿》等段子，很叫座。连孩子们也可以在这里找到乐趣，这里有糖果、花生、瓜子等各种零食。“一二一，上街里，买书包，买铅笔，到了学校考第一。”这首曾经在青岛几代人耳畔响起的儿歌，伴随着一代代青岛人走过童年。劈柴院这一平民化的商业经营场所随着青岛发展成长，成为许多老青岛人最爱回味的记忆。

青岛里院这种楼上住人、楼下经商、临街开铺、背街设厂的集多种功能于一体的建筑形式，充满了独特的生活气息，构成了青岛市民日常生活的重要组成部分。

2. 里院的邻里关系

不同籍贯的人们涌进青岛，在里院这一场所构建起新型人际关系，所以，里院成为一个不同籍贯人们钩织起来的新社区。由于里院仅有的公共设施如水龙头、厕所等是公用的，如果在使用上没有互相谦让的态度，你争我抢，里院将每天发生争斗，会变成角斗场。所以，在这样一个半紧密的空间里，大家既是监督者又是被监督者，一些人爱占便宜会被议论，一些人不尊老爱幼也会遭人冷眼。生活在里院的老人回忆，大院内只有一个公共水龙头，邻居互谦互让，从未因水电费等引出纠纷矛盾。大家都互相帮助、互相体谅，和一家人似的。那时候大家都不富裕，个人生活条件也不太好，但大多数人都能和睦相处、互相照应。② 当然，谁家有了困难，

① 青岛市城乡建设档案馆编《大鲍岛——一个青岛本土社区的成长记录》，第99页。

② 青岛市市南区政协编《里院：青岛平民生态样本》，第20～21、53页。

大家也是一样出手相助。住在鸿文里的赵先生和赵太太，乐善好施，谁家遇到什么事，总是慷慨相助。赵太太死后，因经济困难赵家置办不起棺材，里院的邻居凑钱为其置办棺材。当时，赵家的孩子最小的才一岁多，生活十分困难，大家伙便你帮我助，使赵家维持生活，直到青岛解放。①

俗话说，"远亲不如近邻"。里院这种熟人社会使得邻里关系变得尤其亲近。比如谁家来了个外地亲戚，在商品短缺时代，家里没有菜，收入低舍不得下馆子，邻里眼尖手勤腿快，不一会儿就这家送来一把小油菜，那家送来一捆芸豆，更有半大的孩子帮助劈柴烧火，用不了多大工夫，客人就能吃上可口的饭菜。邻里之间的和睦与互助解了燃眉之急。不仅如此，上班前晾晒在院子里的衣服被子，遇上刮风下雨，在下班回来的时候发现已经不见了，丝毫不用着急，一准是院里的大娘帮助收拾叠得整整齐齐等着下班回来去取呢！② 左邻右舍熟悉得像一家人似的。住在里院的一位老人回忆道："有时候家里正做着菜，忽然盐没了，就一步跳到邻居家抓一把来用。那个时候大家就像一家人一样，从不计较什么。"③ 在里院生活过的人们最难忘记的是邻里之间的亲密与融洽关系，这种真挚的感情弥补了物质生活的匮乏而带来的缺憾。当然，邻里之间也不可能没有口角，不过，磕磕绊绊仅是邻里关系的某个短暂场景，相对而言，和睦相处才是里院邻里关系的常态。

人类学家费孝通先生在研究乡土中国时认为，熟悉的社会，人与人关系的最大特色之一就是"每个孩子都是在人家眼中看着长大的，在孩子眼里周围的人也是从小就看惯的"。"他们平素所接触是生而与俱的人物，正像我们的父母兄弟一般，并不是由于我们选择得来的关系，而是无须选择，甚至先我而在的一个生活环境。"④ 熟人社会是通过共处一个公共空间建立起来的，里院中的居民虽然来自各地，但是，他们共处在一个相对封闭而又经常相见的空间里，将乡土社会人与人之间的亲情和热诚带进城市，从而使里院的邻里之间充满了温情。

3. 里院的娱乐休闲

里院独特的空间布局为人们娱乐休闲提供了舞台。孩子们在里院是最快活的，因为这里有很多小伙伴，大家彼此都很熟悉，在这样的熟人社会里不必担心孩子被拐走。孩子们经常与在一旁下棋、看报、打扑克的大人

① 青岛市市南区政协编《里院：青岛平民生态样本》，第 17 页。

② 青岛市市南区政协编《里院：青岛平民生态样本》，第 22 页。

③ 青岛市市南区政协编《里院：青岛平民生态样本》，第 158 页。

④ 费孝通：《乡土中国》，上海世纪出版集团，2007，第 9 ~ 10 页。

一道，利用里院的空间，尽情玩耍着花样百出的游戏。有智能型的游戏，如蹦杏核、弹蛋、摔泥娃娃、打瓦打阎王、抽懒老婆、打茧、捣木头、煽烟牌纸牌、斗蛤蟆、飞纸镖、打弹弓、拾播鼓、跳房、跳皮筋、翻面单、踢大锅、藏猫呼、踢小桶；有棋牌型的游戏，如拱猪、拉驴、顶七、撒谎、百分、象棋、围棋、军棋、跳棋、五子棋。体育型的游戏中最具魅力的是洗海澡，到栈桥洗澡抓海鲜，此外，还有踢皮球、斗拐、骑马打仗、舞枪弄棒、跳大马等等。[①] 孩子们在里院里玩伴多，他们在嘻哈打斗中成长着。

里院最早给民间艺人提供了表演舞台。在新中国成立初期青岛登记在册的民间艺人达 700 人，有许多是在里院成长起来的。[②] 前文提到的劈柴院的说书、相声，还有各种杂耍及只有 100 来个座位的电影院，成为市井文化的代表，为普通市民带来精神愉悦。除了劈柴院这样比较集中的将吃喝玩乐集于一体的里院外，其他里院也有形式多样的娱乐活动，满足市民百姓的精神需求。在小洪泰经常会有一些民间艺人到各个院演出，节目有茂腔、柳腔、山东快书等。“茂腔”是青岛地方剧种，进不了大戏院，便成为里院最热捧的行当，通常会有七八个人联合组成一个走里院的戏班，在各个里院巡回演出。[③] 在广兴里的玉顺茶社设有书场，青岛著名艺人葛兆鸿表演评书《三侠剑》，连说一年多，书场天天满座。广兴里另一家书场在东楼梯北面，人气也很旺。[④] 里院一派热闹景象，成为青岛大众文化的见证者。

可见，里院不仅是百姓生活的场所，也是他们娱乐的舞台，在这样一个私密与开放相结合的空间里，平民以最廉价的消费和各种娱乐，丰富日常生活，增添精神上的愉悦，邻里之间也在这种娱乐中加强了相互之间的理解和沟通。

4. 里院的节庆喜事

在里院最热闹的莫过于逢年过节和嫁娶之类喜事，每逢这样的日子，整个里院都动起来了，大人们屋里屋外地忙忙碌碌，孩子们在院子里跑来跑去。这个时候，里院少了分宁静，多了分喧闹。

春节是中国最隆重的节日。春节还没到，里院的人们便开始忙活开了，手巧的女人剪窗花，贴在窗户玻璃上。窗花与每家门上贴的红对联，

---

① 青岛市市南区政协编《里院：青岛平民生态样本》，第 41 页。
② 李魏：《里院，收藏着老青岛的烟火气》，《青岛日报》2007 年 7 月 16 日，第 1 版。
③ 李魏：《里院，收藏着老青岛的烟火气》，《青岛日报》2007 年 7 月 16 日，第 1 版。
④ 青岛市市南区政协编《里院：青岛平民生态样本》，第 41 ~ 43、64、76、83 ~ 84 页。

以及春节到来后地上厚厚的爆竹红碎屑，构成了里院浓浓的节日氛围。[①]住在里院的老人回忆："正月初一这一天，无论如何是不能睡懒觉的。清晨就开始有人拜年。不管平日里相互间认不认识、讲不讲话的人都会来。拜年还分年龄段和性别：小孩儿一拨儿，青年一帮。中年和老年、男的和女的也是分开的。这帮还没走，那帮就来了，赶大集似的闹腾大半天。"[②]春节拜年风俗在中国流传久远，正月初一天还不亮，晚辈就起床去向长辈拜年，祝福长辈健康长寿，小孩拜年还可以得到零钱和瓜子、糖果的奖赏，所以小孩过年是最开心的。生活在里院的人们可以通过拜年这种形式走进他人家里，沟通感情，有的还可以通过拜年将平时结下的不和化解。

住在里院的人们，过节不仅热闹，大家还像一家人一样分工合作，一起动手。比如到了端午节，就有热心人组织院里的女人们包粽子，很多人都是包粽子能手，在节前大家就张罗着各家各户备粽叶、糯米、各种豆类、红枣等，用水泡在各家盆里，集中包好后再分散到各家去煮，或者用"伙计家"的大锅蒸熟后挨家挨户送，使过节呈现出一派喜乐祥和之气，里院里的人们像一家人一样热闹快乐。[③]

很多里院居民都是20世纪初从山东各地移民到青岛的，他们与农村的祖辈们保持着紧密联系，里院结婚的习俗很多还延续着农村的做法。婆婆给新媳妇的枣和栗子，寓意"早生贵子"；问"面生不生"，媳妇就应该回答"生"。婚姻大多是传统的"父母之命媒妁之言"，甚至结婚时都不知道对方长相，走的是先结婚后恋爱的路，而对于贫苦平民而言，彩礼往往只有几袋粮食或几床被褥而已。结婚当天在自家院子里搭个棚子，请亲戚和邻居吃个饭就算完婚了。[④]

里院平民来自社会中下层，他们生活艰辛，但是邻里之间互帮互助。在都市社会里，原有的同乡和家族组成的熟人社会被打破，代之以同业和各业居民组成的新型市民社会，新的人际关系和社交网络在新的环境下重新建立起来，这种新的社会网络是现代城市社会关系的重要组成部分。城市社会就是在这样的一个个社会网络中建立起来，保持城市的良性运行。

综上所述，在近代城市社会变迁中，为应对移民的涌入而安置日益增多的城市人口，不同的城市设计出不同安置方式，青岛则结合中国北方乡村传统院落结构与西洋建筑风格设计出里院这一居住样式，使其成为城市

① 青岛市市南区政协编《里院：青岛平民生态样本》，第112页。
② 青岛市市南区政协编《里院：青岛平民生态样本》，第53页。
③ 青岛市市南区政协编《里院：青岛平民生态样本》，第21页。
④ 青岛市市南区政协编《里院：青岛平民生态样本》，第224页。

移民和原著居民的日常居住空间，并通过最大限度地使用公共空间，使经商、娱乐、社交等功能融于一体，改变了现代城市发展中将居住与工作、娱乐和购物相分离的功能设计，节约了空间，减少了人们生活和工作的不便。里院作为青岛平民公共空间，吸纳了众多来自四面八方的移民和原著居民，城市内部社会中下层日常生活的历史通过里院这一窗口得到呈现。我们通过考察里院这一地域社会的生态环境、社会生活及人际网络，不仅看到了一个城市个性化的居住和生活史，而且展现了近代中国一种城市平民娱乐、社交、工作和经商的丰富内涵。里院作为青岛平民生活的生态样本，在一定程度上影响了青岛人的性格、观念和意识，成为形塑青岛城市品格的重要元素。

国民党执政初期学生运动之走向

丘　山[*]　董宝花[**]

提　要　学生运动是中华民国史上一种非常普遍的社会现象，而 1927 年到 1935 年一二·九运动期间则是其又一重要发展时期。此时中国国民党从在野党一跃成为执政党，中国共产党及其领导的学生运动被迫由地上转入地下。在不断变化的政局中，学生群体成为各党各派激烈争夺和摄取政治能量的主要对象。学生运动社会政治影响甚大，无论北京政府时期抑或南京国民政府时期均可以看到学生的身影。国民党执政初期，学生运动尽管不像此前那样轰轰烈烈，但这一时期的学生运动在国家重建和救亡图存方面发挥了巨大作用。

关键词　国民政府　中国国民党　中国共产党　学生运动　抗日救亡

五四之后学生政治意识觉醒，面对国家内忧外患的严重局面，学生界发起大大小小的运动来表达自己的爱国诉求。学生界、教育界和政治界之关系越来越密切，学术独立受到严峻考验，校园不再安宁。胡适在《独立评论》发表的《为学生运动进一言》一文就明确指出，干预政治的运动一定是从青年的学生界发生的。① 胡氏的这个定论为学生参与政治提供了依据，而从"读书不忘救国，救国不忘读书"到"读书不忘革命，革命不忘读书"这一口号的转变则充分体现了学生运动的发展趋向。亦正是由于学生群体政治意识的觉醒，学生与北京政府之间张力日彰，其参与政治的积极性不断高涨，而改组后的中国国民党及新兴的中国共产党和中国青年党等各党派不论发展党员还是汲取社会资源都将目光投向学生，竭尽全力地

---

*　山西大学近代中国研究所暨历史文化学院教授。

**　山西大学近代中国研究所硕士研究生。

①　胡适：《为学生运动进一言》，《独立评论》第 182 号，1935 年 12 月 24 日，第 4 页。

运动学生为自己聚集政治能量。[①] 1927年中国国民党开始执政，学生运动依然此起彼伏，尽管不像此前那样轰轰烈烈，但仍在国家重建和救亡图存方面发挥巨大作用。综观学界先前的诸多研究成果，对于南京国民政府建立初期学生运动的关注大都以个案或专题性探讨为主，[②] 而整体性讨论则以新加坡学者黄坚立的论著最具代表性，然其专注视点在于中国国民党或国民政府对于这一时期学生运动的因应之策与成败得失，[③] 故有着重从国共双方与学生或学生群体之关系角度进一步探讨的必要。

一 国民党执政与学生运动之消沉

1927年之前国共两党合作，中国共产党人以个人身份加入中国国民党，发展迅速。《大公报》曾就此指出："共产党挟国际之援，乘革命之势，历时五六年，工作十余省，以其秘密巩固之组织，借国民党之历史的势力，以临此汗漫之社会。去年以来，可谓得空前之机遇矣。"[④] 四一二和七一五事变之后，国共冲突加剧，国民党对共产党人大肆屠杀，对其活动大力打压。而一直鼓吹国家主义的中国青年党自成立之日起就被国民党视为异己，"从民十四起，一直到民十六，国共两党合作压迫本党，将我们的机关报十余种封闭禁止，甚至在广州阅读《醒狮周报》者罚五十元，在武汉家藏国家主义书报者捉拿、监禁，以至于暗中杀害。民十六，国共虽分家，但国民党仍厉行党治，对本党党人的拘禁、言论的封锁，仍与国共合作时无异"。[⑤] 中国青年党与中国共产党虽同宗于"少年中国学会"，但

① 具体参见吕芳上《从学生运动到运动学生（1919—1929）》，台北中研院近代史研究所，1994；岳谦厚《"五四"前后中国学生运动之考察》，《社会科学评论》2009年第1期；岳谦厚、李卫平《"五四"之后到大革命时期的学生运动》，《中共党史研究》2011年第7期；岳谦厚、贺福中《再论"五四"到"五卅"期间的学生运动》，《安徽史学》2014年第2期。

② 如饶景英等《"九·一八"和"一·二八"时期的上海学生运动》，《社会科学》1983年第1期；孙思白《九一八与一二九学生运动比较研究》，《历史研究》1985年第6期；孙敬文《一二九运动中党的领导问题》，《党的文献》1998年第6期；张敏卿《浅析一二·九后中国共产党领导学生运动策略的转变》，《温州大学学报》2004年第5期；左双成等《"九一八"事变后学生的请愿示威与南京国民政府的应对》，《学术研究》2006年第7期；冯兰瑞《一二九运动到底是谁发动的》，《炎黄春秋》2009年第1期；陈廷湘《政局动荡与学潮起落——九一八事变后学生运动的样态及成因》，《历史研究》2011年第1期；严海建《南京建政初期国民党青年政策研究》，《南京大学学报》2012年第1期；等等。

③ 参见黄坚立《难展的双翼：中国国民党面对学生运动的困境与决策：1927～1949》，商务印书馆，2010。

④ 《共产党在华失败之批判》（社评），《大公报》1927年7月1日。

⑤ 方庆秋主编《中国青年党》，档案出版社，1988，第12页。

双方主张不一，互相攻讦，青年党创始人左舜生曾言：“这个时候（民国十三年）青年党在国内的组织已渐次形成，他们（共产党）知道我们要夺去他们一部分青年，同时也知道我们要与他们立于正面反对的地位，假如不把我们‘收服’，当然对于他们是一个不小的障碍。”①

国民党执政之后其他各党派均不同程度受到压制，学生运动亦随之转入低潮，但国民党内部各派系矛盾日渐显现，纷纷展开对权力的激烈角逐，争夺所谓的“党统”地位。而各地方实力派如桂系、冯玉祥、阎锡山、四川诸军阀虽承认南京国民政府，但在国民党的旗帜下各行其是，与中央政权貌合神离；在政治策略上，各方争夺的手段集中体现在军事较量上，对学生争夺相对冷漠。所以，这一时期对学生争夺的政党主要是国共两党及国家主义派（即中国青年党）。鉴于多方打击，国家主义派在学生中影响不大，更谈不上对学生运动的领导。随着国家主义派阵地逐渐转移到东北并成为旧军阀附庸，其影响慢慢消解。换言之，其间对学运及其领导权的争夺主要发生在国共两党乃至国民党内部各派系之间。

这个时期学生主要分为两派，一派接受了中国国民党的政治理念，一派接受了共产主义思想，两派均积极进行各种宣传并吸纳先进分子。接受共产主义思想的知识分子在宣传工作上异常艰辛，国民党的种种压制和暴力统治使中国共产党的各项事业被迫转入地下。为避免遭到国民党逮捕，共产党及其学生中的共产党员采取秘密方式宣传共产主义思想，吸收学生分子。据《大公报》1927 年 7 月 20 日报道：“警厅命侦缉队逮捕学生，是根据密探报告，称北京各学校入党学生，近又成立党部，秘密进行一切……”② 国民党深知中国共产党在宣传组织工作方面的优势，早在国共合作时期有人就称：“共产党机关报《向导》周刊所发的言论，中国国民党各级党部无不视为金科玉律，奉行惟谨，而真正宣传中国国民党主义之刊物，转寂然无所闻”。③ 执政之后，国民党便采取强制手段迫使学生服从，据《大公报》1927 年 7 月 14 日报道，“京讯官方此次逮捕学生七十一名，昨日仍羁押鹞儿胡同侦缉处，从事侦查，前日并缉捕学生六名，此案索连颇大，嗣后是否不再捕人，尚难判明。但据接近官府者云，政府此次决定大捕学生，意在廓清已往，惩戒将来”。④ 表面看起来，国民党对学生及其活动极力压制，但在该党内部派系之间则展开对学生这一政治资源的

① 方庆秋主编《中国青年党》，第 7 ~ 8 页。

② 《北京党案被捕七十一人》，《大公报》1927 年 7 月 20 日。

③ 王季文：《中国国民党革命理论之研究》，出版者不详，1927，第 3 编第 1 章。

④ 《被捕学生尚未送警庭》，《大公报》1927 年 7 月 14 日。

争夺，在学生中成立隶属各派的学生组织，运用学生打击对手；或者说，这一时期学生群体虽未发生大的运动，但小规模的学生内部摩擦始终存在。

国共合作破裂之后，国民党对中国共产党人的一切活动进行强力镇压，对激进的带有“左倾”色彩的学生活动更是极力打压，严令“京大学校各科及京师学务局应即取消各校学生会学生联合会等名目，并禁止学生在校开会”,[①] 甚至肆意逮捕学生，造成“学界大恐慌”。[②]“武汉在清共周年声中，特别引起一般之注意者，为教育界之厉行清共，因当局商定限各校教职员及学生，凡曾入共党或有共党嫌疑者，于三日内按照所发表册，填报自首……逾期不报……严惩不贷……”[③]“浙省党部”则“布告《共党自首条例》”,[④]“蒋中正训浙江党员，目前环境下左的主张许多不能行，须将共党理论方法口号全数铲除”,[⑤] 以防中国共产党人渗入学生群体并阻止学生加入中国共产党。

中国共产党虽遭到国民党血腥镇压，但并未就此沉寂，而是在重新审视形势的情况下制定了具体的斗争方略。1927年8月21日通过的《今后学生运动方针决议案》指出：学生群众是社会各阶层青年的集合，当此社会阶级如此剧烈分化的时候，学生群众的分化及其组织之分裂是自然趋势，今后学运的原则应抛弃以前笼统的“统一学生运动”的口号，在学生本身利益一致到实现土地革命的政纲之下致力于团结左派学生的运动，以推动学生群众的分化，使左派学生群众在无产阶级影响之下参加民权革命、土地革命中的各种紧急斗争，同时应分化右派影响下的学生群众以削减敌对力量。《决议案》还要求带领学生群众参加政治的、本身利益的和思想上的斗争。中国共产党人认识到“革命学生会及学联会不能公开存在”，对学生的争夺及对学运的领导应转入地下秘密展开；[⑥] 亦认识到过去党员发展对象的局限性，提出要扩大党员群众基础，“切实改变团的社会成分，努力在工农群众中建立新的基础”。[⑦] 1928年济南惨案发生之后，

① 《北京学生会一律取消》，《大公报》1927年8月29日。

② 《学界大恐慌》，《大公报》1927年10月21日。

③ 《鄂学界清共》，《大公报》1928年12月24日。

④ 《共产党自首条例》，《大公报》1928年1月2日。

⑤ 《蒋中正训浙江党员》，《大公报》1929年2月25日。

⑥ 《今后学生运动方针决议案》，中国新民主主义青年团中央委员会办公厅编《中国青年运动历史资料》第3册，石油部物探局制图厂，1981，第516～518页。

⑦ 《C.Y.目前重要任务与各省工作方针决议案》，中国新民主主义青年团中央委员会办公厅编《中国青年运动历史资料》第4册，石油部物探局制图厂，1981，第71页。

中国共产党马上意识到“因为我们党和团在群众中领导力量的薄弱与迟慢，现在若不急起直追，加紧的纠正错误和积极争斗，则五卅运动的成果，必然要因国民党的政治高压与一切反动宣传与活动，而使群众幻想北伐的胜利、减轻反帝主义的热心而日就消沉。同时部分愤激左倾的工人及小资产阶级，亦必因缺乏我们的领导而走到各种无组织的原始斗争。次之，我们不马上深入到一切民众团体之中，抓住我们公开活动与宣传的机会而尽量使此次斗争延长扩大，则结果必失去一切向反动组织中夺取群众的机会，失去一切领导群众到我们旗帜之下的机会”。[①] 中国共产党的宣传工作迅速展开，在学生中产生了广泛影响，“上海华南、大陆、建华三校被封后，学生抗争不懈……沙基惨案纪念会后，学生群众即自动启封三校。五卅示威后学生争取自由运动已经激发起许多学潮，最主要的例如北京学生的罢课示威，上海群众与东海中学学潮，反抗国民党的摧残教育，青年学生思想斗争中反对三民主义、反对国家主义的情绪日益高涨，共产主义的影响逐渐扩大”,[②] “学生群众逐渐脱离国民党之影响，甚至在马路上公开的叫出‘打倒国民党’的口号，这些事实，在上海各大城市的学生斗争中表现得尤为显明……”。[③]

中国共产党在积极展开宣传工作之时亦发动学生、领导学生开展具体的实践斗争。1929 年初制定了详细的工作计划：第一，设立学生文艺研究会，拉住小资产阶级左派分子；第二，在团的公开宣传报上多发表领导思想上斗争的文字；第三，尽可能派人赴各中学读书；第四，将学生支部编入街道支部，以训练学生同志；第五，尽可能发动学生为本身利益斗争，发展组织；第六，宣传学生自治会由学生自己办理与整顿，不允许任何人干涉学生自治会组织；第七，初级小学校的贫苦学生一律参加儿童团；第八，设法鼓吹左派学生独立出版自己的刊物。[④] 同时指出：“最近各地前赴后继的学潮往往被豪绅资产阶级所利用，例如，国民党即利用东三省学生争路权运动为易帜运动，南京学潮亦有代表豪绅地主之桂系西山派，利用学生爱国热血去反对代表资产阶级之蒋系外交之背景。伏有革命意义之学

① 《中国共产主义青年团中央政治通告——转录中央通告沪字第三十七号》，《中国青年运动历史资料》第 4 册，第 117 页。

② 《军阀混战中群众斗争的展开》，中国新民主主义青年团中央委员会办公厅编《中国青年运动历史资料》第 5 册，石油部物探局制图厂，1981，第 697 页。

③ 《中国共产主义青年团中央通告第六十二号——学生运动的现势与我们目前的任务》，中国新民主主义青年团中央委员会办公厅编《中国青年运动历史资料》第 6 册，石油部物探局制图厂，1981，第 347 页。

④ 《目前政治状况党的策略与团的工作》，《中国青年运动历史资料》第 4 册，第 240 页。

潮，因为失却无产阶级之领导，被豪绅资产阶级利用去做反革命的工具……各地有群众的学生会，我们应当设法参加进去，在里面设法发展我们的政治影响，取得群众；如果学生会根本没有群众，完全由几个反动领袖或国民党派人操纵包办，那我们应该号召一部分比较进步的学生群众组织革命青年团体，以扩大我们的政治影响。我们应该切实抓住学生群众中实际切身痛苦和要求，发动和领导群众起来作斗争”。[①]“应该起来反抗教育界一切腐败复古行为，反对一切‘党化教育’‘三民主义文化’的思想束缚，反对政府与学校当局的无理压迫，要求集会、结社、言论、出版等最初步的自由权”，[②]“要唤起其他大学生之援助，并发动各大学内部之斗争”。[③] 中国共产党在各次学运事件中大力争取学生，这在中国国民党反应方面亦清晰可见，如“浙江禁止民众运动之由来，因畏共党‘煽乱’”。[④]“苏州大捕共产党，获十四名多是党务人员。”[⑤]“山东捕获共产党，据供利用反日夺民众势力。”[⑥] 南京“共党阴谋可畏，潜入军队鼓动兵变”。[⑦]

中国国民党的派系斗争是一个由来已久的复杂的政治文化生态现象，特别在其执掌全国政权之后更趋繁杂，而1927～1931年间的派系斗争是在反共问题取得一致后对“党统”的争夺。当时的派别主要有以蒋介石为代表的南京国民政府即宁派、以汪精卫为代表的改组派、以胡汉民为代表的两广桂系及最早反共的西山会议派，此外还有很多其他小流派和地方军阀，但最具竞争力的是宁派、改组派、桂系，而对于学生的争夺亦主要在此三者之间展开。以汪精卫为代表的改组派一直带有“左倾”嫌疑，为了在“党统”之争中获得良好声誉，宣布“分共”，与宁派合作并严令清党，逮捕中国共产党人。宁汉合流不久，汪精卫就公开表明自己的政治态度，“共产党徒贺龙叶挺在南昌兵变后，兄弟深疚对于共贼裁制过迟，致酿成此变”，今后将以积极态度反共。[⑧] 同时对于学生的争取似亦势在必得，中国共产党方面声称“国民党改组派一定有多少的活动，因为他们向来要依

① 《中国共产主义青年团中央通告五字第三十一号——关于学生运动的策略和工作方针》，《中国青年运动历史资料》第4册，第470～472页。

② 《今年“五四”纪念节对于青年学生之希望》，《中国青年运动历史资料》第5册，第449页。

③ 《青年消息鳞爪》，《中国青年运动历史资料》第5册，第701页。

④ 《浙江禁止民众运动之由来》，《大公报》1928年1月16日。

⑤ 《苏州大捕共产党》，《大公报》1929年1月5日。

⑥ 《山东捕获共产党》，《大公报》1929年2月16日。

⑦ 《南京共党谋乱被捕》，《大公报》1930年8月22日。

⑧ 《汪兆铭在汉之演讲》，《大公报》1927年10月3日。

靠学生群众为其主要的力量，他们一定要与南京派国民党争取这一大会（全国学生代表大会）的领导权，以求便利于他们将来的发展。他们极力以改良欺骗的方法愚弄群众，使不走到革命的路上，这样他们便可以巩固对于这一部分学生群众的领导权”。[①] 学生群体是改组派的基础，对学生的争夺是必然的，在改组派影响下，部分青年学生开始怀疑蒋介石政权并逐步走到改组派旗帜下。据陈公博称：“蒋先生初到平津之时，没有一个欢迎的口号，也没有一张欢迎的标语，并且平津党部也没有人整队到车站恭迎如仪。蒋先生气愤极了。”[②] 从这段描述可以看出改组派与蒋介石派系矛盾甚深。桂系和蒋介石矛盾亦在学生方面得到体现，据《大公报》报道：1930 年 12 月 3 日发生“粤中大潮”，学生分拥金（粤籍派拥护金曾澄）和拥朱（浙籍派拥护朱家骅）两派，纷纷举行示威游行、罢课、贴标语等活动，最后南京国民政府只好明令朱家骅“速来京就职，又电金曾澄即就中山大学校长”。[③] 蒋介石试图在中大学生中安排亲信进而逐步在广东树立权威的计划再次遇挫。

1927～1930 年总体来说学生运动处于低潮时期，但仍时有学运发生，或大或小地影响着当时的政治走势。《大公报》所报道学运事件，以北平、天津、福建、哈尔滨等地居多，从地理分布上主要发生在南京国民政府执政区域相对薄弱的地方。从学运发生原因看，主要有驱逐校长（5 件）、学纪（2 件）、教育经费（2 件）、党案（1 件）、改名风潮（1 件）、反对大学区制而发生的护校运动（2 件）、反日（6 件）。由此可见，学生运动最主要的原因是针对日本侵略，其次是学校内部政务，这些都和当局政策有关，而其背后则是一些不满当局的政党或派系煽动。从学潮发生时间上看，1927 年 3 件主要是驱逐校长、学纪问题，1928 年有学校经费、党案、改名风潮、护校、反日，1930 年是学生干预校务，而在这些事件中以 1928 年为最多。1927 年国民党刚刚执政对学生运动残酷镇压，所以学运不足以产生大的影响。1928 年后随着各个党派复苏及对当局不满，再加上日本入侵激起各地学生的愤怒，大大小小的学潮不断发生。而在内忧外患中许多党派都抓住当时敏感的政治事件“日本入侵”来将学生纳入自己麾下并鼓动学生发起运动震慑当局。1929 年主要是国民政府军事问题，南京中央政府对地方各实力派军队进行编遣，各政党主要忙于和各地方势力派的合纵

---

① 《中共中央通告第四十三号——学生运动与全国学生总会》，《中国青年运动历史资料》第 6 册，第 103 页。

② 陈公博：《苦笑录》，东方出版社，2004，第 189 页。

③ 《粤中大潮未已》，《大公报》1930 年 12 月 8 日。

连横，无暇顾及学生。再则这个时期全国实现形式上的统一，学生在统一局面中对政府寄予太多希望，所以 1929 年是较平静的一年。1930 年中原大战，各地民不聊生，学校招生情况亦不容乐观，学潮很难发动起来。1931 年日本侵略及国民政府对日政策激起学生强烈的爱国热情，而各党派在此情势下放下自己的局部小利益与学生一起积极推动政府合作抗日。这一年基本上爆发的是全国性的学生运动，北平、天津、上海、河南、南京、广东、山西等地均出现反日学潮，他们或向当局请愿或自行组织团队奔赴前线，各地反日情绪高涨。

中国国民党在学生问题上本来是个矛盾体，他们既想利用学生又不想让其发展太大而失去控制，所以在学生超出控制之时就会呼吁其安心读书。如广州政治分会建议“国民党限制学生入党，二十岁以下中学生不许加入”，[①]“学生会禁止罢课游行及检查日货”；[②]“北京各校向学生训话，望学生以国家为重”，[③]“严禁反对中央之宣传，如有违犯不能不执纪律以绳”；[④]国务会议亦提到“通令学生不得干涉行政，严格训练，越轨即行重惩”；[⑤]“中央告诫学生，校外事应受党部指导，校内事自有当局负责”。[⑥]

学生与政党之间的关系亦引起舆论界关注，它们指出学生不应干政、不应加入政党，称：“吾人以为国民党之党化学校政策，根本上为不适当……故中等以上学生，依常理言，其课程本至忙，其时间本至贵。然施以党化政策使之为党工作，而党的工作又至忙，纪律亦至重。其结果也，党务与学业断难两立。故国民党多一党员，即社会失一学子。”[⑦]“学生不宜参加实际政治。吾人前既论之，惟制止学生为政治运动应有正当方法，消灭党化……当局对于所谓学生党案，应立根本方针。盖既云党矣，无论为国为共，皆非拥护奉系当局者。”[⑧]“盖彼时党潮酝酿方亟，当局误以为学生背后别有组织，个个青年俱受利用。因将党潮学潮打作一团，以致当局学生愈去愈远。许多中立和平之学生，亦被激而参加反对运动，群众相抗，愈闹愈僵，几至掀起北平政治上之大波澜。假使学校当局，对于学生

---

① 《国民党限制学生入党》，《大公报》1928 年 4 月 10 日。

② 《学生会禁止三事》，《大公报》1928 年 5 月 17 日。

③ 《北京各校向学生训话》，《大公报》1928 年 5 月 22 日。

④ 《严禁反对中央之宣传》，《大公报》1929 年 1 月 6 日。

⑤ 《通令学生不得干涉行政》，《大公报》1929 年 3 月 2 日。

⑥ 《中央告诫学生》，《大公报》1929 年 3 月 3 日。

⑦ 《国民党与青年》（社评），《大公报》1927 年 9 月 26 日。

⑧ 《北京当局与学生问题》（社评），《大公报》1927 年 9 月 28 日。

自始即开诚布公，多予接近，则少数分子无由鼓动，此项风潮不至发生。”① “整顿学风令开首即大书：近年来我国学生受共产党人及一切反动派之诱惑，动辄借口改良校务，罢课要挟，甚则擅自集会，散发传单，供人利用，妄分派系……大学现在常常闹风潮的原因‘共产党人及一切反动派之诱惑’，我们承认有些风潮的发生时免不了有‘共产党人及一切反动派之诱惑’。倘使共产党人或其他反动派敢于在学校里公开做他们自己的活动，无论其能否号召同学，兹性质已变成政治斗争。”② 显然，舆论界已充分认识到学生背后是各个党派在操纵。为了一个平静的校园、一个和平的社会，他们甚至包括其他中层阶级都呼吁学生须与政治分开，政党不能再利用学生。舆论界的呼吁不关乎统治当局意愿，亦与当时各个党派利益无关，但其表明学生不要干预政治的态度亦是当时中层阶级对待学生的态度。

二 “抗日救亡”与学生运动之复兴

从1932年“一·二八”事变至1936年西安事变再至1937年全国抗日民族统一战线形成，蒋介石在国民党内的核心地位逐步确立，西山会议派和改组派等反蒋派系慢慢退出权力中心，而地方实力派或归附南京国民政府，或内部发生分化，尽管仍有一部分与南京国民政府分庭抗礼，如1933年的福建事变和1936年的两广事变，但均以失败告终。另外，蒋介石通过政治权术制造派系纷争来巩固自己地位，蒋派内部次生派系CC系、力行社与政学系正是在此政治背景下应运而生。他们互相制约、互相监视，成为蒋介石巩固政权的工具，而他们亦在共同拥蒋的前提下为争夺政治资源明争暗斗。蒋介石在同意创立力行社时就指出：“对于学者及知识阶级太不接近，各地党部成为各地学者之敌，所以学生运动全为反动派操纵，而党部无法解铃，反助长之。”③ CC系、政学系同样如此。所以，这三个派系不仅是蒋介石为铲除异己以巩固自己权力而创，亦是为争夺更多民众群体和压制学生运动而成立。

九一八事变之后，日本的侵略行动步步紧逼，中国民众要求抗日的呼声日益强烈。学生群体更是积极筹款、向政府请愿，更有甚者奔赴前线。

① 《北大学潮宜即结束》（社评），《大公报》1929年1月8日。

② 许大川：《读整顿学风令后》，《大公报》1930年12月14日。

③ 杨天石：《九一八事变后的蒋介石——读蒋介石日记类抄》，《庆祝抗战胜利50周年两岸学术研讨会论文集》上册，中国近代史学会，1996，第32、34、37页。

此时的中国国民党则奉行“攘外必先安内”政策，对中国共产党领导的苏维埃政权发动了一次又一次的“围剿”，这与民众的抗日救亡心理形成巨大反差。所以，学生风潮一次次发生，上海复旦大学、复旦中学举行九一八事变报告时就宣誓：“鉴于国患日亟，誓自今始献身于国，终吾生努力以求恢复民族之光荣，抵抗外力之侵略，不践此言，国人共弃。”[①] 1931 年 9 月 28 日各地大学举行请愿活动，要求政府予以答复。复旦大学请愿要求：①惩办失地东北负责长官；②惩办丧权误国的外交部长；③不得再抱不抵抗主义，应由中央政府通令全国军队布置国防，誓死抵御日军自由占据国内各地；④发给大学生枪械。金陵大学请愿要求：①驱逐日本军队出境；②请求国府令张学良死守东北；③誓死不做地方交涉；④誓死不订辱国条约；⑤全国军政长官一致团结起来；⑥请求胡汉民立即销假，主持大计。中央大学请愿要求：①请促进和平统一；②对日下最后通牒；③恢复民众运动；④发给义勇军枪械；⑤厉行革命外交；⑥速派驻外各国公使。[②] 1932 年 1 月 12 日《大公报》报道了湖南学生向当地政府请愿的要求：“①以武力收回失地，今锦州沦陷，伏请抽师急赴前线援助；②反对局部组织，以免国家愈加分崩离析；③请发给各校义勇军枪支；④整饬省政，湘省民财教育各政，缺乏条绪，尤以财政未公开，如教育经费之不能独立，公路局数百万用款毫无成效可言。厘金变相，产销税之推行，以及军人之任意提款，皆使财政紊乱，伏乞整理，以固对外基础。”[③] 学生的爱国热情和中国共产党的大力宣传感染了各界人士，纷纷起来要求政府“停止内战”，整个抗日救亡运动显示出强大威力。

国民党当局惧于运动，采取各种措施进行镇压：“汪精卫函师大学生，希望复课维持学风”，[④] 学潮稍扩大时就“停止招生与整顿教育”；[⑤] “蒋劝勉川教育界，盼树纯正朴厚学风，转移现代恶劣气习”。[⑥] 其次又采用秘密暗杀方式迫害进步人士，杨杏佛“与宋庆龄蔡元培等组民权大同盟，任总干事，以营救牛兰及左倾政治犯而惹人注目……民权同盟发出消息，谓一月前杨即得警告，谓有人图暗杀之，宋庆龄亦时接激烈恐吓信”。[⑦] 杨杏佛

① 《沪市教育界一致抗日》，《申报》1931 年 9 月 22 日。

② 《三千余热血大学生昨晚赴京》，《申报》1931 年 9 月 29 日。

③ 《湘学生向省府请愿》，《大公报》1932 年 1 月 12 日。

④ 《汪精卫函师大学生希望复课维持学风》，《大公报》1932 年 6 月 21 日。

⑤ 周瑜桥：《停止招生与整顿教育》，《大公报》1932 年 8 月 19 日。

⑥ 《蒋劝勉教育界》，《大公报》1935 年 6 月 17 日。

⑦ 《杨杏佛昨突遇阻》，《大公报》1933 年 6 月 19 日。

被杀后，国民党又以暗杀及逮捕方式迫害其他进步人士。再则在学生中发展国民党员，让右派学生和中国共产党领导的左派学生斗争，“这从一二·九运动时发生的一些真实情况中是可以看出来的。当时清华、北大中，右派学生活动猖獗。一二·一六示威前两天，清华请来许德，在大礼堂讲了很有鼓动性的话，说五四运动北大光荣，一二·九运动清华光荣。右派学生当场破坏捣乱，往台上扔鸡蛋和碎煤块……”。①

1932年到1935年“一二·九”运动期间中国知识界的抗日救亡运动总体而言仍处于低潮，这一方面受当时中日复杂关系的影响，另一方面同南京国民政府为求得日本谅解而压制抗日救亡活动和进一步加强独裁政治不无关系。这一时期亦是中国共产党最苦难时期，一方面面临国民党军事上的“围剿”堵截，另一方面先后受李立三“左”倾盲动主义和王明“左”倾冒险主义影响，如“这时的北平地下党，受王明‘左’倾冒险路线影响，只要暴动，一露头就被破获，党组织屡遭破坏，党领导下的各校学生会组织，也被破坏殆尽”。② 在这种情况下中共对学生的领导工作很难达到高峰，中共地下组织亦存在很多分歧并对政策有不同看法，最为明显的是“一二·九”运动爆发前“当时北平的地下党组织北平市工作委员会的主要负责人，却仍然固守打倒国民党的方针，反对组织广大青年学生向国民党政府争取抗日的民主和自由，并且打击坚持正确意见的市委宣传部长彭涛、左翼文化总同盟和左联党团书记谷景生、中华民族武装自卫会负责人周小舟”。③ 但中国共产党并未放松对学生的争取和对学生运动的领导，很多共产党员仍致力于吸纳学生和揭露国民党面目及领导学生反帝斗争。面对学生在这个时期的迷茫，中国共产党人快速做出决定：“第一，应从思想上、政治上配合到各个事变来打击改组派、国家主义派的一切反动理论的欺骗，特别要注意各个学校的改组派、国家主义派的代表行动、言论做打击的资料，一则打击他们的反动理论，二则打击他们的领袖在学生中之信仰。第二，团结其他的左倾、中立的分子在我们影响之下进行各学校的改组运动，将改组派、国家主义派的领导分子打下来，以我们的同志和同情者代替之，实现在组织上来巩固我们政治上的胜利和坚固的组织

① 共青团郑州市委：《从一二·九的历史经验看党的领导与学生运动》，中共郑州市委党史研究室编《谷景生与一二·九运动》，中共党史出版社，2006，第94页。

② 共青团郑州市委：《从一二·九的历史经验看党的领导与学生运动》，中共郑州市委党史研究室编《谷景生与一二·九运动》，第93页。

③ 薄一波：《悼念战友谷景生同志》，中共郑州市委党史研究室编《谷景生与一二·九运动》，第8页。

领导。第三，我们的当选代表或执委的学校必须经常向代表大会、群众大会报告‘抗日联合’和本校‘抗日会’的工作，分清我们与他们的政治意见与主张之分歧点所在，尽情揭发反动派的虚伪和揭示我们的正确性。第四，各个学校的改组相当的成功，就即要进行学生抗日联合会之改组运动，使在我们领导之下。第五，学生尽可能要设法为我们领导，要各校向政府要求发给枪械，至于军官一项应由学校公开招募革命的教官，但这些教官必须服从学校的军事部的指挥。第六，必须有更广大的宣传鼓动工作。第七，学生运动最主要的是使学生运动去与工农兵劳苦群众去接近，发动大批的学生组织到工人中、农村中、士兵中去运动。”① 在中国共产党的号召下，越来越多的学生集合起来提出抗日反帝口号并对国家未来及自己的行动产生清晰的认识和明确的规划。

国民党则不懈余力地镇压任何反日的学生运动。“一二·九”运动之后学生情绪高涨，北平、天津、上海等地多次发生学生请愿活动，据《申报》报道，“平市学生昨再度示威游行，警察以武力驱逐，数十人受伤被捕”，②“（上海）市教育局函各校，劝阻学生游行”，③“地方当局为防范于未然，在各通衢要冲均加岗位警备甚严，今各大学如北大师大东大等校门前，临时增厚警力，戒备甚严。各该学生均阻于校内，不可外出，各大学电话发生阻碍”，④“教部训令各教厅局酌量变更寒假日”。⑤ 但学生的爱国行动反而愈演愈烈，这种行动激发了更多的人参加到抗日救国行列中，甚至国民党内一些爱国将领亦不满蒋介石“攘外必先安内”的政策发起抗日反蒋活动。在抗日救亡热潮日益高涨的形势下，共青团中央发表《关于学生运动宣言》，号召“爱国的学生们！要使我们的运动坚持下去，并取得胜利，必须要与国内广大民众的斗争相结合，帮助他们，唤醒他们。到工人中去，到农村中去，到士兵中去，到游击战争中去，到民间去！”⑥ 平津学生联合会根据中共指示，决定寒假期间组织“南下扩大宣传团”，深入河北农村开展抗日宣传。各个地区的爱国学生亦积极团结在中共周围，开

① 《我们准备彻底地努力完成这个“转变”——关于学生运动的问题》，中国新民主主义青年团中央委员会办公厅编《中国青年运动历史资料》第9册，石油部物探局制图厂，1981，第621~622页。

② 《平市学生昨再度示威游行》，《申报》1935年12月17日。

③ 《市教育局函各校劝阻学生游行》，《申报》1935年12月17日。

④ 《平学生不能出校活动，军警在各校严密监视》，《申报》1935年12月19日。

⑤ 《教部训令各教厅局酌量变更寒假日》，《申报》1935年12月24日。

⑥ 《关于学生运动宣言》，共青团中央青运史工作指导委员会等编《中国青年运动历史资料》第13册，中国青年出版社，1996，第155页。

展各种抗日宣传，同日本侵略者进行各种斗争。1936 年 2 月 20 日，国民政府颁布《维持治安紧急办法》，明令军警可以枪杀抗日群众，逮捕爱国分子，解散抗日救亡团体，[①] 又一次启动大规模镇压学生运动的白色恐怖，这使得一些积极分子产生急躁情绪。北平学联领导学生积极分子举行抬棺游行示威，遭到军警镇压，大批学生被捕或受伤，北平学生运动陷入困境。4 月 25 日，中共中央发表《为创立全国各党各派的抗日人民战线宣言》，指出："在全中国亡国灭种的紧急关头……不管我们相互间有着怎样的冲突与斗争，然而我们都是大中华民族的子孙，我们都是中国人，抗日救国是我们共同要求。为抗日救国而大家联合起来，为抗日救国而共赴国难，是所有我们中国人的神圣的义务！"[②] 根据中共政策，北平学联调整策略，最典型的是在对待宋哲元及其率领的第二十九军问题上转变了态度，将"一二·九"运动中"打倒卖国贼宋哲元"口号改为"拥护宋委员长抗日"的口号。从此之后，群众性的抗日救亡活动取得宋哲元支持。一次次的学生运动不仅表明学生觉醒、学生运动逐步成熟，亦给国民政府以有力冲击。

总之，1931 年之后学生运动因受日本入侵影响逐次高涨，"一二·九"运动则给迷茫的学生指明了前行道路。从 1932 年开始蒋介石重揽国民政府军政大权，通过各种手段巩固自己权力，防止出现以往下野的现象，故在处理学生问题上一般均会谨慎从事。蒋介石看到学生运动难以遏制，且一再退让必被日本侵吞，为巩固政权和保卫国土而逐渐走向寻求与中国共产党合作的路途。虽然在这个过程中仍时有逮捕共产党人事件发生，但大势朝着国共合作方向发展。而在此情势下中国共产党的活动亦渐渐从地下转入地上，1932 年以后领导的学生运动明显增多，声势浩大的"一二·九"运动即是典型范例。

三　结语

学生运动在中华民国史上是一种非常普遍的社会现象。1927 年之后，中国国民党从在野党一跃成为执政党，中国共产党及其领导的学生运动则被迫由地上转入地下。国民党由于政治身份的转化，亦改变了原有的发动

---

① 王宏志：《一二·九运动史》，北京出版社，1980，第 111 页。

② 《中国共产党中央委员会为创立全国各党各派的抗日人民战线宣言》（1936 年 4 月 25 日），中央档案馆编《中共中央文件选集》（8），中共中央党校出版社，1991，第 18 页。

和领导学生的策略，整个学生运动再度趋于消沉。[①] 不过，在不断变化的政局中，学生群体依然是各党各派明争暗夺和摄取政治能量的主要资源。

随着日本帝国主义侵略的进一步扩大，学生运动再度高涨，而1935年爆发的“一二·九”运动则是其从低潮走向高潮的分水岭，亦是中国现代青年学生运动成熟的重要标志——具有满腔爱国热血的青年群体在民族生死存亡的情况下找到了前行的道路，他们接受了共产主义理论，同中国共产党人一起逼迫国民政府共同抗日。其间，每次学生运动都是对日本帝国主义侵略的控诉，都是对国民党执政当局的呼吁，更是青年学生对国家未来前途的一种不断求索。1937年，终于在各方努力之下形成了国共合作以及全民族共同抗日的局面，这种局面的形成与青年学生的集体奋斗有着不可分割的关系。

① 相关论述参见岳谦厚、李卫平《“五四”之后到大革命时期的学生运动》，《中共党史研究》2011年第7期。

【学术综述】

五十年来徐永昌研究综述

魏晓锴*

徐永昌（1887～1959），字次宸，山西崞县（今原平市）沿沟村人，曾任国民军第三军军长，中原大战晋绥军总指挥，绥远、河北、山西省政府主席，国民政府军令部部长，代表中国政府于密苏里号军舰上接受日本政府投降，被誉为“受降将军”。抗战胜利后，曾任陆军大学校长、国防部长等诸多要职。至台湾后，曾任当局“总统府”资政，其后晋升为陆军一级上将。对于这样一位民国时期重要的历史人物，学界研究尚处于起步阶段，与阎锡山、傅作义、何应钦等国民党军政要员研究相比，在广度和深度方面均有较大差距。目前关于徐永昌的研究，主要集中于台湾和大陆，两岸各有特色，兹将两岸学界徐永昌研究状况做一概述。

一　台湾学界徐永昌研究概览

台湾关于徐永昌的研究，以史料的整理与出版最具代表性。徐永昌去世后不久，台北徐永昌先生治丧委员会、徐永昌先生纪念集编辑小组整理出版了《徐永昌先生纪念集》，介绍了徐永昌先生的生平事迹，对徐氏战绩功勋着墨颇多，其中收录不少徐永昌的训话言论及生前好友的回忆文章等。① 在

---

* 山西大学历史文化学院讲师。

① 徐永昌先生治丧委员会、徐永昌先生纪念集编辑小组：《徐永昌先生纪念集》，该会 1962 年编印。

台山西籍人士，也有一些回忆性纪念文章陆续发表。① 对徐永昌资料的发掘与整理，以赵正楷先生最为典型。赵正楷，字法真，山西崞县（今原平市）南怀化村人。1925 年毕业于山西大学法科，先后供职于山西省政府村政处、公报馆、人民公营事业董事处。抗战期间转任甘肃水泥公司业务主任，战后任淄博煤矿公司营运课长。后随公司赴台，出任新竹煤矿公司总务主任、台碱公司董事会秘书、安顺厂副厂长等。赵正楷与徐永昌有同乡之谊，在山西省政府任职期间曾与徐共事，赴台之后更是与徐交往笃深。徐永昌去世后，赵正楷根据在山西工作时期从各方听来的有关徐永昌传奇式人生经历，结合徐氏本人回忆，并参考其他近代关系史料编述了“徐永昌传”，从 1976 年 7 月起到 1988 年 1 月，由台北《山西文献》第 8～31 期陆续刊出。1989 年 2 月，由赵正楷编述的完整版《徐永昌传》由山西文献社出版发行。在传末，编者有言：“以传主徐永昌先生本人与其亲友僚属之口述杂记为经，并参考有关书刊报纸为纬，撷要编织而成。”② 传末附录之参考资料达 35 种，其中既有国人著述，也有美国麦克阿瑟、马歇尔、杜鲁门、李海等人著述的中译本，还有日本服部四郎、陆奥宗光等人著述的中译本。全书共 27 章，前有山西灵石人张彝鼎序、编者序，又有大小照片 38 幅，颇具史料价值。全书主体不仅叙其经历，尚且表彰其“做人处世”、“爱国牖民”及“精神修养”。该著是迄今为止第一部全面详尽记述徐永昌生平事迹的著作。

徐永昌晚年与赵正楷相交笃深，因此赵正楷能够更好地接触和采访徐氏，成为整理和出版徐氏口述史料的推动者。从 1954 年至 1959 年 6 月间，赵正楷每周访问徐永昌一次，由赵执笔，徐口述他本人在 1887 年至 1932 年间的生平经历，后赵以其所记按年编次，堆以杂录 13 篇。之后，这些材料由沈云龙教授校注，用徐永昌斋名名之曰《徐永昌将军求己斋回忆录》，1989 年由台北传记文学社出版。全书所述可以说是徐永昌前半生的实录，可与他写的日记衔接起来，成为研究徐永昌比较珍贵的第一手资料。众所周知，徐永昌勤于写作，自 1916 年 1 月 4 日开始写日记，至 1959 年 6 月 17 日病危辍笔，除军事倥偬之际以外，从未间断。在日记中，对前后 43 年间所有内争外患，徐氏均有亲历见闻的记述，价值之高，毋庸置疑。

---

① 如张锦富于 1979 年 6、8 月发表在《中外杂志》第 25 卷 6 期、第 26 卷 2 期的《徐永昌勋名有自》，乔家才于 1986 年 8 月发表在《中外杂志》第 40 卷第 2 期的《徐永昌将军的传奇》，都对不同历史时段徐永昌的事功进行了介绍。张、乔均为山西籍，曾任职山西省行政督察区，张任职偏关县，乔任职交城县，曾为第一届国民大会山西省代表。

② 赵正楷：《徐永昌传》，台北：山西文献社，1989，第 465 页。

1990年，赵正楷协助中研院近代史研究所陈存恭研究员整理并出版了12册长达300万字的《徐永昌日记》。该日记不仅对徐永昌研究具有重要的史料价值，而且成为整个民国史研究不可或缺的重要资料。

在徐永昌史料的整理和编订方面，赵正楷所做的工作还不止于此。1996年11月，赵正楷又与陈存恭共同整理编著了《徐永昌先生函电言论集》，由台北中研院近代史研究所出版发行。该集以徐永昌与各政要之间的电文和言论为主题编撰而成，分往来函电、言论与训词、答问及附录四项。其中往来函电系由徐永昌及其秘书携带至台，经赵正楷先生搜集、誊录并装订成册；言论集大部分是徐永昌任山西省政府主席时的演讲词，训词为徐任军令部长及陆大校长时的训言；答问大部分是徐永昌答记者访问的报道。该著的出版，为研究徐永昌及同一时期的历史人物提供了更为丰富的历史资料。赵正楷先生是徐永昌的好友，曾任职于山西省政府，作为徐氏的下属，也是诸多历史事件的亲历者和见证者。1993年10月，由赵正楷口述、陈存恭访问、陈美惠记录的《赵正楷先生访问纪录》由中研院近代史研究所出版发行。在该录中，受访人辟专节谈“徐主席主晋措施”，从村政、金融、教育、禁烟、水利工程等方面对徐永昌主政山西期间的措施进行了详细回忆，因此该著也是徐永昌研究的又一重要史料。此外，赵正楷还对徐永昌的为人处世等方面进行系统介绍。如1992年1月发表在《山西文献》第39期的《少言勿怒——徐永昌先生的修养及其事功》，就以徐永昌的人生信条“少言勿怒’为主题，探究了其人生成功的原因。

赵正楷可以说是台湾徐永昌研究的开创者，为后人研究徐永昌提供了丰富的史料，铺平了道路。赵正楷著述的重点在于叙述徐永昌的生平事迹，严格来讲非专门的学术性论著。将徐永昌的研究推向深入的，是陈存恭研究员。陈本人曾与赵正楷合作，完成多项徐永昌资料的整理与出版工作。有了大量史料积累，陈存恭完成《现代专业军人的典范——徐永昌》一文，在赵正楷的基础上更加深入研究，大量运用前述传记、回忆录、函电与《徐永昌日记》等史料进行分析，详述徐永昌在各个经历阶段中对于时事的意见态度及处理方式，结论对徐永昌生平立功、立德、立行方面加以肯定，并认为其堪称“现代专业军人的典范”。[①] 作为“晋系”的一员，徐永昌与阎锡山的关系也是学界关注的热点，中央大学吴振汉教授所著

① 陈存恭：《现代专业军人的典范——徐永昌》，《近代中国历史人物论文集》，台北中研院近代史研究所，1993，第430页。

《国民政府时期的地方派系意识》一书有专章（“辛亥革命以来山西人士的保守意识”）对此进行探讨，认为自辛亥革命前后，山西民风趋于保守，领导阶级多以保境安民的保守意识为主要宗旨，徐永昌与阎锡山是基于共同的保守意识形态而结下终身合作的关系。[①] 关于徐永昌与阎锡山的关系，政治大学刘维开教授在《阎锡山组阁经过之探讨》一文进一步指出，到国共内战期间，徐与阎的关系仍旧密切，且其在阎蒋之间扮演的角色值得深入探讨。[②]

《徐永昌日记》等原始资料的编辑出版为徐永昌的研究提供了便利，将研究推向深入。学者蒋永敬于 1993 年发表《从〈徐永昌日记〉看台儿庄大战》一文，以徐永昌日记中关于台儿庄大战的相关记述为据对台儿庄大战的前因、大战的过程、对败退敌军的追击和截击等进行了详尽的论述。[③] 之后，蒋永敬所著《抗战史论》，引用当时关键人物一手的日记资料，所以很有内幕性与参考性。其中有数篇文章引用了徐永昌日记内的记录与其看法，突出了徐永昌对抗战某些事件的一些观点。[④] 此外，台湾大学吴相湘教授所著 2011 年由中国工人出版社出版的《时代迭变中的文武政要：民国五十位军政人物列传》一书辟专章以“列传”的形式对徐永昌一生的主要事迹做了介绍。该著在内容上虽不及《徐永昌传》生平介绍完整，但在一些重要历史事件上叙述详尽，可补充传记之不足。同时，吴教授还推出《民国政治人物》一书，其中的“东京湾受降的徐永昌”一节对徐永昌一生中最为辉煌的历史事件——抗战胜利后的东京湾受降进行了专门性的论述，该著于 2011 年 1 月由中国大百科全书出版社出版发行。

台湾关于徐永昌的研究，在高等学校的学位论文当中也有所体现。具有代表性的是中正大学历史学研究所赖炜曾的硕士论文《从地方到中央到地方：论徐永昌与民国（1927～1949）》。该文运用徐永昌日记及回忆录等资料，结合“国史馆”、“国防部”所藏原始档案，以 1927～1949 年为时限，集中研究徐永昌与阎锡山、蒋介石等人的关系及分析徐

① 吴振汉：《国民政府时期的地方派系意识》，台北：文史哲出版社，1992。

② 刘维开：《阎锡山组阁经过之探讨》，《1949 年：中国的关键年代学术研讨会论文集》，台北：“国史馆”，2000，第 239～260 页。

③ 蒋永敬：《从〈徐永昌日记〉看台儿庄大战》，《文史哲》1993 年第 4 期。

④ 如《从“安内攘外”到“攘外安内”》、《西安事变的善后》、《从卢沟桥事变到上海撤守》等数篇都是根据《徐永昌日记》资料进行的分析，详见蒋永敬《抗战史论》，台北：东大图书公司，1995。

永昌进入中央之后的活动情况。研究从徐永昌职业军人这一身份入手，通过对徐永昌与阎锡山、蒋介石之间的关系，在任军令部长期间的决策作为，来说明徐永昌是真正有国家观念的现代军人，成为近年来系统深入地研究徐永昌的代表性专题论文。① 此外，政治大学历史系研究生黄毓芳的硕士论文《阎锡山与战前的中国政局（1931～1937年）》对徐永昌也有所涉及。该文共分五章，详述阎锡山对战前政局的影响及其与中央的关系，其中对于徐永昌在山西的地位及其与阎锡山之间的关系多有描述。但由于其讨论的核心人物是阎锡山，就徐永昌研究而言，仍有延伸探讨的空间。②

二 大陆学界徐永昌研究述略

大陆关于徐永昌的研究起于新中国成立以后，以回忆性质的记述为主。首先是被俘阎锡山旧将的回忆。王尊光和周玳均为阎锡山政权重要的幕僚和高干，与徐永昌都有不同程度的接触。王尊光名谦，字尊光，山西大同人，曾任山西省政府秘书长。1963年，山西省政协文史资料研究会编《山西文史资料》刊载了王尊光的《我所了解的徐永昌》。该文回忆了徐永昌的出身和反阎投阎、离阎投蒋的经过，并且对徐氏的反共行为也进行了揭露。③ 周玳别号子梁，山西代县人，曾任晋绥军陆军炮兵司令部司令。1979年，他的回忆性文章《徐永昌是怎样和阎锡山合作的》也在《山西文史资料》发表。该文对徐与阎合作的经过进行回顾，重点对1926年以后徐永昌与各方关系做了梳理，其中涉及徐永昌投阎之前与孙岳、冯玉祥等人的纠葛。④ 辜达岸也是阎锡山的下属之一，曾任过阎的参谋长。他的《徐永昌与阎锡山的离合》一文详细介绍了徐永昌从“反阎”到“投阎”的经过，到山西后被阎倚重，帮助阎东山再起，后来与阎发生矛盾，又离阎投蒋，以及在抗日战争、解放战争中与阎相互利用等情况。⑤ 杨澄源亦

① 赖炜曾：《从地方到中央到地方：论徐永昌与民国（1927～1949）》，台湾中正大学硕士学位论文，2012年。

② 黄毓芳：《阎锡山与战前的中国政局（1931～1937年）》，台湾政治大学硕士学位论文，2004年。

③ 王尊光：《我所了解的徐永昌》，《山西文史资料》第8辑，中国人民政治协商会议山西省委员会文史资料研究委员会，1963。

④ 周玳：《徐永昌是怎样和阎锡山合作的》，《山西文史资料》第13辑，中国人民政治协商会议山西省委员会文史资料研究委员会，1979。

⑤ 辜达岸：《徐永昌与阎锡山的离合》，《文史资料选辑》第19辑，中国文史出版社，1989。

是阎锡山晋系手下的悍将之一，《文史月刊》1996 年登载了杨的遗稿《杨澄源自述》，以叙述自己的经历为主，其中亦谈及不少徐阎关系及徐永昌在晋事迹。① 曾经与徐永昌共过事的人员旧属，对于徐的生平事迹亦有回忆。如李居义《我所知道的徐永昌》就对徐永昌的简单身世和在国民三军中的情况做了重点介绍，对自己与徐永昌的交往经过进行了回顾。② 新中国成立初文史资料性质的文章以旧政权时期被俘人员回忆为主，重点揭示阎锡山政权的黑暗与反动，故充满批判性色彩。20 世纪 80 年代以来，对徐永昌的回忆和评价渐趋学理性。如徐士瑚的《从孤儿到将军——东京湾中国受降代表徐永昌》对徐永昌文韬武略的显赫事迹以及东京湾受降的功勋进行了叙述。③《纵横》2012 年第 9 期发表周玳的遗作《我和受降将军徐永昌的交往》，以时间为序追溯了作者生平与徐永昌交往的点滴，尤其对抗战前后徐永昌的事迹功勋进行了客观翔实的记述。④

关于专题性回忆，具有代表性的还有孟庆华。孟系解放前山西驻南京办事处供职人员，20 世纪 90 年代曾发表了一系列回忆性文章，涉及不同历史时期徐永昌与阎锡山、蒋介石等的关系。徐阎关系方面，《阎锡山竞选副总统内幕》一文揭示了阎锡山曾计划竞选副总统并进行过较长时间准备的内幕，其中提到徐永昌在这一事件上的作为。⑤《太原解放前夕阎锡山出逃见闻》则讲述了阎锡山面对解放军激烈进攻，往返并、宁两地为流亡积极准备的内情，对这一时期阎锡山与徐永昌的往来状况亦有提及。⑥ 徐永昌与阎锡山交往过程当中的一个重要的史实，就是徐永昌在中原大战后阎锡山获得蒋介石的认可并重新上台执掌山西政权的过程中扮演了重要角色。《蒋介石四上太原》对 1934 年 11 月 8 日、1935 年 10 月 13 日、1936 年 11 月 17 日、1948 年 7 月 22 日蒋介石四次到达太原的目的及情况做了详细的回顾，反映了这一时段徐永昌在调和阎、蒋关系中的重要作用。⑦ 西

① 杨澄源：《杨澄源自述》，《文史月刊》1996 年第 5 期。

② 李居义：《我所知道的徐永昌》，《内蒙古文史资料》第 14 辑，中国人民政治协商会议内蒙古自治区委员会文史资料研究委员会，1984。

③ 徐士瑚：《从孤儿到将军——东京湾中国受降代表徐永昌》，《北岳文艺》1994 年第 5 期。

④ 周玳（遗作）、周希慈（整理）：《我和受降将军徐永昌的交往》，《纵横》2012 年第 9 期。

⑤ 孟庆华：《阎锡山竞选副总统内幕》，《沧桑》1995 年第 1 期。

⑥ 孟庆华：《太原解放前夕阎锡山出逃见闻》，《文史月刊》1997 年第 6 期。

⑦ 孟庆华：《蒋介石四上太原》，《沧桑》1996 年第 3 期。

安事变是震惊中外的重大历史事件，牵涉到众多的人和事，徐永昌作为当事人之一，在事变前夕扮演了重要角色。《促成“西安事变”爆发的两个外因》一文则揭示了一些鲜为人知的内情。该文对事变前徐永昌、阎锡山与蒋介石的交往进行了梳理，指出当年蒋介石正是采纳了徐永昌的意见才去西安的。[①]

除专题性回忆以外，大陆关于徐永昌的研究，以山西省社会科学院学者的成果最具代表性。因阎锡山研究是其主要特色，故主要围绕徐永昌与阎锡山关系展开。智效民是最早运用徐永昌日记进行专题研究的学者。1995 年，他发表《抗战前阎锡山同蒋介石的关系》一文，以徐永昌日记为中心，根据日记所反映的历史信息解读中原大战至抗战前后期的蒋阎关系，认为蒋阎关系虽有纠葛，但在一些大的事件中他们的政治态度还是能够一致，甚或他们之间的微妙关系能够趋向缓和。[②] 景占魁和雒春普都是国内阎锡山研究专家。景占魁早年曾有《阎锡山与西北实业公司》、《阎锡山官僚资本研究》等著，近年来又出新著《阎锡山传》，由中国社会出版社于 2008 年 1 月出版。这些著作对在山西期间的徐永昌及徐阎关系均有不同程度的提及。徐永昌由于一度在晋任职，并与阎锡山过从甚笃，长期以来被外界视为“晋系”的一员或阎锡山的幕僚。对此，雒春普研究员则提出不同看法。雒著《三晋有材——阎锡山幕府》以阎锡山的幕僚作为主要论述对象，认为徐永昌由于非晋嫡系，加上徐永昌在山西的超然地位与他的政治影响，使他在军事之外还具有政治协调的优势，对外可以尽量争取晋系最大利益，对内又容易为各方接受，与阎锡山之间具有一种主帅幕僚兼及朋友的关系。[③] 此外，雒春普还于 2004 年 1 月和 2013 年 1 月分别推出《阎锡山传》和《阎锡山和他的幕僚们》，从不同程度和层面反映了徐永昌与阎锡山之间的复杂关系。

系统研究徐永昌与阎锡山关系的是山西省社科院的刘存善研究员。从 2002 年 10 月到 2003 年 9 月，《山西文史》陆续登载其专题研究《徐永昌与阎锡山》共 12 篇文章。文章以徐永昌回忆录、徐永昌日记为基础，结合大陆公开出版的阎锡山史料，以时间为序，分 40 个专题对徐永昌与阎锡山的关系进行了梳理。对于徐永昌求学陆大经历、主政山西事宜、任职军令部及退居台湾后的作为叙述尤为详尽。继《徐永昌与阎锡山》之后，刘先生又于 2004 年 7 ~ 11 月在该刊陆续发表《阎锡山的用人之道》5 篇专题

---

① 孟庆华：《促成“西安事变”爆发的两个外因》，《文史月刊》1996 年第 5 期。

② 智效民：《抗战前阎锡山同蒋介石的关系》，《晋阳学刊》1995 第 4 期。

③ 雒春普：《三晋有材——阎锡山幕府》，岳麓书社，2001。

文章，其中也有不少涉及徐阎关系。近年来，关于徐永昌的研究成果还有三晋出版社 2012 年 8 月出版的《受降将军徐永昌》。该著属于山西历史文化丛书之一，全书以叙事为主，分为 15 章撮要介绍徐永昌的生平交谊、文治武功，对抗战前后徐的事迹及历史功绩着墨颇多，[①] 为大陆近年来首部系统介绍徐永昌的专门著述。

随着徐永昌日记出版，近年来，学界涌现出一批有分量的研究成果，具有代表性的是中国社会科学院近代史研究所研究员邓野，以《徐永昌日记》为基本史料进行的一系列专题研究。邓于 2005 年发表《傅作义政治转型过程中的双重性》一文，运用《徐永昌日记》、《徐永昌先生函电言论集》等资料，对徐永昌前往绥远劝阻傅作义投靠共产党的过程加以分析，论述了徐永昌让傅作义回心转意的经过，对于研究徐永昌在国共战争中的角色定位有一定的价值。[②] 2009 年发表的《皖南事变之后国共两党的政治较量》则以《徐永昌日记》、《王世杰日记》为主要史料，对皖南事变发生之后国民党内产生的四派意见进行了分析，指出国共在尖锐对立的同时，又都为避免全面破裂设置了各自的限制。国民参政会二届一次会议上双方较量互有胜负，两党关系转入“拖”的局面。[③] 2010 年又发表《阎锡山对红军东征的拦截及其多方政治周旋》一文，以《徐永昌日记》为基础，对红军东征之役的作战过程及其所牵连的诸多问题进行了叙述，对徐永昌所在晋系在此战役所扮演的角色也多有论述。[④]

《徐永昌日记》的出版发行披露了更多鲜为人知的内幕，有助于人们对一些历史问题进行重新认识。学者张庆隆等根据《徐永昌日记》，结合国民政府档案对七七事变后张自忠留守北平一事做了进一步的分析研究，认为“逼宫”之说仅凭传闻立论，缺乏事实根据。宋哲元移驻保定系奉蒋介石之命而非张自忠所逼，而张自忠之留守北平绝非“逼宫”而是奉宋哲元之命留守以维持局面。[⑤] 郭昌文则以 1934 年晋绥方面派李生达部入赣“助剿”为个案，以《徐永昌日记》等为第一手资料，对晋系因应“助剿”的复杂面相及蒋介石调晋军入赣的多重考量进行分析，认为就晋方而言，主要在于获得协饷以减轻财政负担并借此消解蒋介石的疑忌；就蒋介石而言，调晋军入赣既有“助剿”功用，同时借此试探晋方以及消解两广

---

① 张继红：《受降将军徐永昌》，三晋出版社，2012。

② 邓野：《傅作义政治转型过程中的双重性》，《历史研究》2005 年第 5 期。

③ 邓野：《皖南事变之后国共两党的政治较量》，《近代史研究》2008 年第 5 期。

④ 邓野：《阎锡山对红军东征的拦截及其多方政治周旋》，《近代史研究》2010 年第 5 期。

⑤ 张庆隆、车晴：《“七七事变”后张自忠留守北平的真相》，《北京社会科学》2008 年第 4 期。

联合北方以图反制“中央”之意图。①

徐永昌在抗战期间曾任国民政府军令部部长，为抗战时期军委会“四巨头”之一。战争结束后，他曾代表中国政府于密苏里号军舰上接受日本政府投降，被誉为“受降将军”，可谓徐一生最得意之事。抗战前后的徐永昌自然成为学界关注的焦点。关于徐永昌东京湾受降一事，徐士瑚的《徐永昌东京湾受降》对此有详细的论述。② 石存的《日本是怎样签字投降的?》也详细叙述了1945年9月2日这一天日本在投降书上签字的盛况。③抗战胜利后，徐永昌曾于1948年底接任国民政府国防部长一职。吴志明的《国民政府国防部与美国顾问团》对战后国防部成立的背景、成立后的权位斗争、与美国顾问团的关系及在大陆彻底瓦解的过程进行了梳理，指出徐永昌出任部长之时的国防部已是秩序大乱、名存实亡，徐扮演的只是一个过渡性的角色。④ 徐永昌担任军令部部长期间，在日军疯狂进攻、国共摩擦凸显等重大问题中，其态度究竟如何？刘晓滇、刘小清对皖南事变前国民党驻新四军联络参谋的角色行为进行了追溯，揭示了作为军令部部长的徐永昌在联络参谋这一问题上所起的关键作用。⑤ 学者杨奎松2003年发表的《皖南事变的发生、善后及结果》一文，针对在“新四军事件”中蒋介石与国民党各高级将领的意见进行了分析，其中提到徐永昌以及军令部在此事件中对新四军的意见与规划推动战事中所扮演的角色。⑥ 北京大学王奇生教授于2004年发表了《湖南会战：中国军队对日军“一号作战”的回应》一文，对徐永昌与军令部在面对日军发动一号作战的挑战时相应做出的对策进行探讨，检视了中国军队在这一影响深远的大战役中失败的原因。⑦ 这些专题性研究对于我们更加全面真实地了解抗战前后的徐永昌不无裨益。

三 关于徐永昌研究的一点思考

徐永昌是民国时期重要的历史人物，但是关于他的研究，真正有力的

---

① 郭昌文：《晋系对蒋介石“借师”“围剿”的因应——以1934年李生达部赴赣为中心的分析》，《历史教学》2011年第6期。

② 徐士瑚：《徐永昌东京湾受降》，《纵横》1994年第3期。

③ 石存：《日本是怎样签字投降的?》，《民防苑》2005年第5期。

④ 吴志明：《国民政府国防部与美国顾问团》，《钟山风雨》2000年第1期。

⑤ 刘晓滇、刘小清：《皖南事变前的国民党驻新四军联络参谋》，《党史博采》2008年第9期。

⑥ 杨奎松：《皖南事变的发生、善后及结果》，《近代史研究》2003年第3期。

⑦ 王奇生：《湖南会战：中国军队对日军“一号作战”的回应》，《抗日战争研究》2004年第3期。

专门论著还很少。海峡两岸关于徐永昌的研究各有特色：台湾原始资料的整理和出版工作取得进展，研究以此逐次展开，但专门性研究成果不是很多；大陆则以回忆性质文史资料的挖掘和整理见长，日记运用有所体现，但大部分是通过它研究某个具体问题，而非专门针对徐本人的研究。笔者认为，目前学界关于徐永昌的研究处于起步阶段，以下方面尚需深入。

从研究的广度来讲，应该继续在史料挖掘与应用方面努力。首先是挖掘已有史料，拓展研究空间。对于《徐永昌日记》的运用来讲，研究大有空间。笔者认为，日记的点校工作似应提上日程。长达 300 万字 12 册的皇皇巨著，在近代名人日记中属不可多得。然 12 册中有只有 2 册为整理之木刻本，其余均为手稿影印本，笔迹多为行书，勾勒划痕甚多，加上所记人物或事件大部分为代称，增加了阅读的难度。综观海峡两岸的研究成果，大多集中于综述类，常常以史料铺陈，叙述徐永昌的活动或事迹，一般主要表现为叙事的方式，专题性研究文章数量较少，大多集中在徐永昌的战后受降或是与阎锡山的关系上。事实上，徐永昌一生历经晚清、民国、退居台湾三个时段，一些重要经历如早年求学陆大、反洪宪、反复辟，壮年主政绥远、河北、山西，抗战期间任职军委会办公厅及军令部，抗战胜利后任陆军大学校长、国防部长以及退居台湾期间的作为，均有待深入研究。如徐氏在主政山西期间，在严禁毒品、提倡国货、改编教科书、计划水利等方面很有建树，这段鲜为人知的历史有待深入挖掘，其中的得失亦值得进一步探讨。

其次是开发新的研究资料，深化旧的议题。这方面两岸学者可以加强合作。近年来台湾出版大量研究史料，特别是阎锡山档案及其先后出版的《阎锡山档案要电录存》，为研究提供了良好的素材。就人际关系来讲，徐永昌不仅是“晋系”的一分子，更是国民政府的军政要员。除阎锡山外，与蒋介石、李宗仁、张学良等人物的关系均有待深入。台北藏《蒋中正总统文物》档案就为我们研究徐永昌与蒋介石关系提供了史料基础。就徐永昌与阎锡山的关系来讲，也有深入研究的空间。如在中原大战阎锡山败退大连后徐永昌主政山西期间及抗战期间的徐阎关系等，大陆出版或发现的资料也为我们研究徐永昌提供了一些有意义的线索，第一手的档案史料为我们披露了更多内容。[①] 此外，浩若烟海的民国报刊史料对徐永昌的活动也多有记载，是徐永昌研究必不可少的资料。所以笔者认为徐永昌研究在

---

① 相关资料有郝成斌等《王平致阎锡山两函》，《山西档案》1992 年第 5 期；沈家五、马振犊《台儿庄战役期间李宗仁密电选》，《历史档案》1984 年第 3 期等。

史料的发掘上有必要进一步推进。

从研究的深度来讲，关于徐永昌个人的思想、情感、性格、家庭关系、人际关系以及心理活动等方面，均有待进一步开发。目前两岸对徐永昌的研究，已从受意识形态的强烈影响到逐渐摆脱这一束缚相对公正地对其作为做出学理性的分析，如徐永昌对抗战的功勋、主政山西期间对地方近代化的推动等，使人们看到了比较客观的徐永昌，走进了其在不同时期的历史场景。笔者认为，进一步将其放入具体的历史场景中，通过观察社会的变迁及其活动来把握其灵魂，运用多学科的理论与方法进行阐释，尤其是运用政治学与社会学的方法及概念等，从政治史和社会史的角度来建构并解读真实的徐永昌，研究方法的更新是必要而且必需的。

北洋史研究的新视角与新取向

——第一届北洋时期中国社会学术研讨会综述

王先明[*]　国若家[**]

随着新史料的不断问世与新理论、新方法的应用，中国近代史的研究主题、研究领域也不断扩展和更新，许多新视角、新识见的研究成果相继问世，使得中国近代史研究呈现出新的景观。然而，受“北洋军阀”等僵化思维的禁锢和其他因素的制约，有关1912～1927年间北洋政府时期的中国社会的研究极为薄弱，近年来虽有新的成果不断呈现，但北洋史的深入研究却迟迟未能有根本性突破。

2014年12月19日至21日，由南开大学历史学院、中国社会科学院近代史研究所《近代史研究》编辑部、天津市社会科学联合会、天津社会科学院历史研究所联合主办的第一届北洋时期中国社会学术研讨会在天津召开。本次研讨会共有来自北京大学、南京大学、山东大学、安徽大学、陕西师范大学、中国社科院近代史研究所、南开大学、天津社科院历史研究所等多所高校和科研单位以及《中州学刊》、《社会科学辑刊》、《安徽史学》、《历史教学》等出版单位的50余名代表参加，会议共收到论文39篇。其论文内容涵盖范围广、主题丰富，从北洋史总论、北洋政治、外交到思想文化，从经济到社会，从日常生活到法律纠葛，从社会问题到社会治理等等，可以说涉及北洋时期我们所能关注到的各个方面。不仅如此，会议论文的新视角、新方法和新认识、新结论，在某种意义上也展示和体现了近代史研究的新特点和新取向。本次研讨会按六个专题分六场集中进行了讨论，论辩热烈，碰撞中有分歧，交流中也有共识。无论从哪个角度观察，这次会议的价值和意义，都是值得充分肯定和总结的。

---

* 南开大学历史学院教授。

** 南开大学历史学院博士研究生。

一 政治与外交

在本次会议所提交的与政治和外交相关的论文中，既有对相对宏观层面的讨论，也有对相对具体的历史事件的考察；既有对军事集团、武人政治、议会的政治博弈的深入探讨，也有对学界与政界竞力互动的动态分析；并且有从具体涉外案例展开的相关民初对外关系的不同解析。大体以11篇论文体现了本次会议所集中讨论的问题。

张华腾《北洋史研究的几个问题》对近几年有关北洋史的既有研究做了全面的总结。文章对“北洋”、“军阀”、“北洋军阀”与“北洋史”等概念做了较为详细的考证，认为北洋史研究具有更广阔的视野，不仅要研究北洋军阀，还要研究其他政治势力以及这一时期的中国社会全貌、经济发展、文化传承以及社会问题等。作者改变革命史观的视角，提出从社会发展与社会转型的角度认识北洋社会的新的研究路径。作者对北洋政府、国会、宪法和北洋人物的认识也都有所创新。

关于政治方面的论文从相对宏观层面进行讨论的有王奇生的《从“神圣”到“厌弃”：民初国会的尝试与幻灭》。这篇文章以1913年第一次正式国会从建立到解散的过程为切入点，摘录《庸言》、《宪法新闻》等报刊中的时人议论，不将眼光局限于革命派与北洋派在政治上的较量，重点探讨民国初年知识阶层对共和的认知及相关社会舆论，对民国初年的社会予以深度解析和精详描述。文章认为民初国会从建立到幻灭不过数月，其间原因除了国会本身之不如人意之外，国民急于求成的心态恐亦值得后来史家所关注。

段金生的《政治区域化的流变：西南军阀地域范围辨析》一文大量运用《申报》等报刊资料，对“西南”一词从民初到袁世凯称帝前后，到南北和谈、1927年国民党以党治国体制的初步确立几个时间段中的不同地域、政治含义进行描述，概括分析其存在的历史语境，指出西南军阀有整体性的一面，但也随时表现出政治立场的差异性，其在民国政局变动中的演变经纬具有复杂性。

李玉的《北洋政治建设不良对国民党理论转型的促动》一文，以《申报》、《大公报》等报刊资料为基点，对国民党“党治”和“训政”理论做了新的剖析，认为其理论在很大程度上针对的是北洋政府时期民主共和制度运行失真的现实。他认为，20世纪20年代中国国民党的政治设计及其快速转型，与北洋时期国内政治建设不良的促动与反推有着密切联系；

而民众在国民党统治时期产生“今不如昔”、“不如北洋”之叹，也是民族危机、社会危机日益严重下对“当代”的苛责，而并非要复兴专制，正所谓民主潮流浩浩荡荡。

承红磊的《朱尔典“劝进”袁世凯考辨》一文，区别于以往学者多据某一种立论进行研究的方法，针对作为该档案核心内容的帝制话题之提出、帝制运动之发动者、朱尔典对帝制运动之态度等六个问题加以梳理，对朱袁密谈记录的四种版本（普版、堂版、刊版、档版）进行比较，认为以往学者结论的差异在很大程度上是使用材料的不同所造成的。

《陆马争督与民国初年甘肃回汉军事集团的博弈》（柳德军、岳谦厚）以《申报》资料为中心，以民国时期中央与地方之间的特殊关系为视角，对北京政府在这一事件中的角色、作用以及左右甘肃政局的能力进行了系统分析，认为民国初年中央权力式微、地方实力派坐大的同时也隐现出实力有限的甘肃回汉集团在面对中央权力干预时的矛盾心态与抵制性服从。

阎书钦的《武人与政治：吴佩孚驻湘期间的社会映像》，大量运用《申报》资料对吴佩孚自 1918 年 3 月到 1920 年 5 月驻湘期间在时人所关注的政治论题中的政治言论及作为、军政界相关反应、社会舆论对其评价的分析，认为吴在处于南北军事对峙及外患日急形势下的中国，其正面、积极的政治映像与皖系势力形成鲜明对比，成为 1920 年直皖战争直胜而皖败的重要导因。

彭南生、李庆宇的《民初省议会贿选与民众澄清省选的斗争——以安徽第三届省议会为例》则依据《民国日报》、《申报》等报刊资料并结合相关地方文献在进行史实梳理的基础上，对安徽第三届省议会选举由于伪造选册、包办贿买，遭到了省内外皖人的强烈反对并被提起诉讼，最终该届议会被判决无效未能成会这一历史事件进行梳理，期望为研究民初民众与省议会的关系提供一个典型案例。

《北京教育界与 1923 年中国政局——以驱逐彭允彝运动为例》（何树远）以北京教育界驱逐彭允彝运动为例来考察北京教育界对 1923 年中国政局、社会的影响，认为丧失了以北京教育界为代表的清流势力的支持，是北京政府走向衰亡的重要原因。该文运用大量报刊资料、时人日记等多种资料进行论述。

在外交方面，齐春风的《周自齐的涉外活动》以周自齐为个案进行研究，树立了北洋时期知识分子维护国家形象、争取国家利益、坚持原则和底线的正面形象。贺江枫的《1921 ~ 1922 年厦门海后滩案与中英交涉研究》通过厦门海后滩案这一被历史淡忘的中英交涉悬案，在梳理北洋政府外交部及英国外交部的双方档案的基础之上，探究厦门民众团体、北洋外交部与英方彼此的主张及互动过程，在史实重构的同时，以期对北洋外交的复杂性与局限性有更多的理解。

这方面的研究，既有个案切入的角度，也有宏观整体的观照；既有区域社会政治映像的静态深描，也有侧重于社会界别和各种力量博动的动态展示。当然，在论文内容和论题讨论中，当代史学研究取向、理论和方法的新特色也十分显著。

二　经济与社会

经济与社会也是本次会议主要议题之一。关于这一主题的论文主要从两个层面展开，一是经济方面，二是社会方面。

在经济方面既有从现代性经济动脉如铁路拉动的区域经济的历史性变动展开，也有对民国对外贸易演变的大势分析，还有对北洋时期具体经济现象的解剖分析，如对天津贴水风潮和对“永久黄”的个案研究。江沛、李海滨的《京奉（北宁）铁路与资源型城镇唐山的近代变动》，突破以往有关“唐山模式”的一般性分析，对京奉（北宁）铁路与近代资源型城镇唐山间的变动关系进行了更为细致的探讨，以期对“唐山模式”有所补充和深化。该文在对《唐山市文史资料》、唐山市商业志、地名志、省志进行参考的基础上与现代城市建设规划相联系，研究视角的跨学科性质明显，认为京奉（北宁）铁路对于近代唐山空间结构与功能的形成和变动意义重大。

毛立坤的《民国前期中国外贸形势刍论（1911～1928年）》则认为民国前期的贸易发展为日后国民政府出台一系列扶持和保护贸易发展的政策创造了条件。现代发展对外贸易会涉及的一些基本问题，如关税政策问题、税率标准问题、汇率问题、对外贸易政策与制度等，都在这一时期受到政府部门和一些有识之士的重视。

《1903～1904年天津贴水风潮探析》（代雅洁）在学术界已有研究成果的基础上，运用城市史档案、商会档案、津海关档案探讨天津贴水风潮这一个案考察了近代天津金融业转型过程以及政商两界在金融风潮中的作用，深化了近代金融史和天津史的研究。任云兰的《“永久黄”团体与天津》讨论了天津市政府与“永久黄”团体进行互动，达成共赢的背景、方法与影响。李永胜的《民国初年日美两国在华商标权之争——以1915年凡士林商标侵权诉讼案为例》则大量运用《北京政府外交部档案》等资料，对 1915 年凡士林商标案件进行个案研究，深化了对民国时期中国对外国商标保护的实际状况的认识，也可为我们今天的涉外知识产权保护工作提供某种历史的借鉴。

本次会议有关社会方面的研究论文较多，其中有两个突出的研究视角。第一个是国家与社会的视角，如许效正的《社会剧变中的佛教与国家——中华佛教总会与民初政府的关系述评》以《政府公报》、《佛教月刊》和《佛学丛报》等为核心资料，对中华佛教总会与袁世凯政府的关系进行梳理。冯健的《好借难还：1917 年北洋政府对天津水灾的赈济借贷》从国家和社会关系的角度对近现代城市社会与国家在民间借贷上的互动进行研究。该文运用《天津市商会档案汇编》，1917 年以北洋政府对天津水灾的赈济借贷为个案，对近代国家与民间借贷的关系进行探讨。

另外，还有以阶层身份和职业结构展开的研究，如宣朝庆、司文晶的《工厂女工的身份认同与策略实践——基于 1919 ~ 1936 年京沪两地工人的分析》，以 1919 ~ 1936 年的天津和上海为考察对象，揭示女工在时代处境中的主体性实践。该文从身份认同和策略实践两个角度追溯了女工产生的时代结构以及采取的策略行动，认为女工并不仅仅是历史的承受者，也是历史的创造者，通过分离、联接和制衡，女工为自身的行为模式选择预留了极大的空间。该文对民国女工的反思可以对当下女性农民工的研究提供借鉴。

第二个是日常生活的视角，这一研究视角主要体现在以下几篇论文中。李金铮的《众生相：民国日常生活史研究》认为日常生活史研究无须在研究领域上寻求其独特性，其不同之处在于它是站在日常生活经历与体验的立场上观察历史、叙述历史。作者对东西方关于日常生活史研究的学术脉络进行梳理，概括归纳了民国时期日常生活研究的主要特点，并认为可以从日常生活中的时间与空间，不同人群的日常生活，日常的家庭与婚姻生活，衣食住行、生老病死与医疗卫生，闲暇娱乐与日常交往，民间信仰与日常意识等角度进行研究。作者认为目前对于日常生活史的表面描述居多，缺乏个人的生活经历和心灵体验，由此也就弱化了日常生活的能动作用。要避免碎片化危险，就需要在日常生活史中发现和理解时代社会的变迁。就民国日常生活史而言，则需要从中梳理出传统与现代、国家与社会以及政治、经济、文化等方面的理论意义。作者认为，目前对于民国日常生活史的研究在很多方面都不够专门和深入，并对今后日常生活史的研究方向提出自己的看法。

侯亚伟的《社会史视阈下的天津居士林》则通过宗教社会学的分析，

讨论了民国时代宗教团体是如何适应社会维持生存的。作者认为历史上宗教团体的发展在很大程度上取决于它与政府的关系。徐国利《民国时期基层社会传统职业观的革新与保守——以民国徽州家谱的族规家训所见职业观为例》认为在中国近现代转型过程中，在沿海和长江中下游等近现代社会经济较发达以外的中国多数基层社会，传统职业观的近现代转型是保守与革新并存，而且保守多于革新。作为中国近现代社会史有机组成部分的内陆基层社会，徽州职业观变迁的实态及其反映出的问题，亦有助于我们认识中国近现代社会转型的复杂性和多元性。

此外，具有新视角和新方法甚至新样态研究成果的还有关于经济资料统计整理方面的研究。王哲的《北洋及之后时期海关统计的整理与可视化初探》介绍了作者着手建设近代中国海关贸易的数据库的相关情况，该数据库对中国海关发展的时间序列、空间数据都有所关注，对中国邮政和中国电信事业的发展数据也进行了较全面的统计。这篇文章引起与会者的关注和热议。

三 社会思想与文化教育

应该说，北洋时期的思想、文化发展和变化都很活跃，也具有历史特色。但是这次会议在这方面的论文不算多，只有6篇。这可能是由于受会议设定的北洋时期中国社会的主题所限。这6篇文章在社会思潮、社会舆论和文化教育三个方面分布均衡，各有两篇。

邓丽兰的《李剑农与北洋时代的立宪思潮与实践》通过湖南省宪从草案到正式文本的确立的过程，体现了学者理想、地方利益、世界宪政潮流的综合作用。杨瑞的《20世纪二三十年代农业社会化思潮简述》通过对社会团体中华农学会、南京国民政府与共产党颁布的土地纲领、成立的讨论会学会、创办的刊物的梳理，对处于资本主义与社会主义选择的十字路口的近代中国的农业社会化道路选择的变化脉络的探究，有助于深化认识近代中国社会整体演进的历史。

张献忠的《大众媒体、公共舆论与近代民族国家意识——以〈益世报〉对老西开事件的报道为中心》认为老西开事件是一场反抗帝国主义的抵制运动，以《益世报》为核心的大众媒体积极参与老西开事件的报道，充分发挥了引领公共舆论、制造抵制话语、建构民族国家意识的作用。但舆论的公众性与开放性导致这场运动充满着种种张力。翁有为的《五四前后社会舆论对军阀成因与特性的认识》通过考察五四前后社会舆论各方对军阀成因及特性问题的认识与讨论，有助于我们对当时的社会舆论走向与军阀统治下的中国社会历史状况有进一步的理解与把握。

刘晓琴的《民初北京政府留学生构成研究——以 1916 年的分析为中心》探讨了民初政府整个部院中留学生所占的真实比例以及在更具体的部门所起的作用。文章指出留学生在希望回应政府对于其参与国家建设的殷切期望的同时，受到中央政府内阁频繁的更换、政治纷繁败坏的影响，不得不同时有多种的打算，在政界、学界、工商界、报业甚至自由职业之间进行身份的转换与穿梭，反映出民国初年社会流动快速且多变的特征。文章思路新颖，角度独特，有待进一步深入研究。余子侠、郑刚撰写的《北洋时期研究生教育述论》认为，民初的研究生制度建设滞后于实践发展，分析北洋时期研究生教育发展的社会背景及实施状况，探讨其时代特点，既能加深对北洋时期教育的理解，又能为我国研究生教育改革提供鲜活的历史经验。

以上论文关注的焦点不同，既有从人物与时代关系角度切入的立宪思潮与实践的挖掘，也有从制度建构角度展开的研究生教育的探讨，但是我们也能够发现，无论是对农业社会化思潮的研究，还是对大众媒体对于社会事件的聚焦性的研究，或者是社会舆论对于军阀成因与特性的评述，以及关于留学生的社会结构性分析，相对而言，从社会视角切入的研究更为集中一些。这也表明，学者提交论文时充分考虑到了会议主题的设计。

四　社会治理与法治建设

社会治理是当代社会建设的一个重要议题。王林的《论北洋政府时期的救灾行政体制》，运用《振务通告》、《民国赈灾史料续编》等史料，以 1920 年北方五省的旱灾救济为中心，考察北洋政府救灾体制的重建过程及其在救荒中的实践，并由此窥见北洋时期制度变革之一斑。从救灾机构的设立、救灾机构的职能分析其为承前启后的过渡体制。我们在以往的历史研究中，比较侧重于后继政权对前代政权的否定，而实际上，后继政权对前代政权的沿袭或继承同样值得重视。

耿科研的《近代天津英租界土地管理模式论述——以中外当局的互动关系为中心》以近代天津英租界为个案，通过考察其土地管理范畴，梳理中外当局对租界土地管理问题的互动和博弈，特别是在租界内占据人口绝大多数的华人土地交易管理的制度演变，有助于在一定程度上揭示近代在华外国租界土地管理模式的深层次矛盾和特征。范丽君的《北洋时期东北流民问题的整治——以1920年代为中心》从政府、社会、铁路交通部门的作为分析了民初社会对于流民问题的处理办法，对东北流民问题研究做出有益探索。付燕鸿的《20世纪二三十年代天津城市贫民社会流动研究》从社会学的视角切入，以20世纪二三十年代天津行业调查资料及当时的报刊资料为依据，运用社会流动理论从水平性流动和垂直型流动两个方面，分析近代城市贫民的社会流动状况，探讨城市贫民社会流动的原因与路径，揭示这一历史时期城市贫民的动态特征与一般趋势，为城市贫民的深入研究提供新的视角。

关于北洋时期法制建设方面研究的论文，有唐仕春的《清末北洋时期收回法权与基层司法制度改革》。该文试图重建清末北洋时期收回法权与法制改革启动互动的史实，重回历史脉络观察二者的关系。既有收回法权对中国法制改革的推动，又有中国国内法制改革对收回法权的影响。赵金康的《直隶高等审判厅的华洋债务纠葛案件审理》为评价领事裁判权提供了新的视角，有助于认识北京政府时期的政治、经济、社会状况。文章主要以《华洋诉讼判决录》为资料，强调了以史实为基础进行历史研究的重要性。徐畅、朱翠华的《北洋政府时期江苏省县知事述论》，运用政府公报、地方县志、文史资料，从任用制度、出身与构成、回避制度、任期与更迭四个方面，探讨北洋时期江苏省县知事运行状况，冀此管窥民国初年基层政权的变化态势与特征。

社会问题、社会秩序、社会关系调节均与法制、法律和社会建设问题密切相关。如何在社会治理和法制建设之间提出新问题、形成新的研究走向、建构新的研究模式、创建新的诠释话语，或许我们可以对日后学者的研究抱有更多的期待。

五　基本特色与学术取向

对本届研讨会的论文归类分析后可以看出，学者们提交的论文基本上都能围绕本届会议的主题，即北洋时期的中国社会展开论述。就论文论证的问题和牵涉的内容而言，有关社会治理、社会生活、社会阶层、社会思潮与社会舆论方面的论文更为集中，达17篇之多。北洋时期历史的研究也展现出自己的取向和特色。相对于其他领域研究更鲜明地集中于社会文化而言，这次会议关于政治或外交方面的内容也较为集中。但是尽管如此，政治外交论题中，单纯的简单的革命史视角相对而言并不明显。具体说来，可以概括为以下几个特点。

提交的论文都注重对传统史料的运用。《申报》、《大公报》等报刊资料，时人日记，地方文史资料，档案资料，政府公报等的充分运用，体现出近代史研究中资料丰富的特点；各类资料的交叉运用，相互参证，在提供新视角的同时，往往也能提炼出新的论题。本次会议中不乏依据某一年份的《申报》资料、《申报》中的电讯资料进行深入研究的题目，同样有根据特殊年份下存在的刊物如《宪法新闻》进行研究的题目。注重对新史料的整理发掘，也是本次会议的特色之一。在本次会议中大放异彩的有关海关资料的整理统计一文，引起与会者的重视，也相信此类资料在今后将成为研究北洋史相关领域的重要参考，为北洋史研究的深入发展提供便利条件。

在研究内容上既有对传统问题的再解释，也有新问题新论题的提出。本次会议的论文多在梳理学术史的研究脉络后，提出以往研究的偏颇或不足之处作为自己文章的立足点。在政治史方面，都能够对以往革命史观的视角自觉反省和规避，对历史事件、历史人物做出更加全面、客观的分析。在社会史方面，也有的运用交叉学科或跨学科的研究视角，对诸如城市建设、社会阶层流动等方面的新的历史学问题进行深入研究。本次会议的论文中还有对于现实社会问题的关怀与思考的论题，涉及金融问题、农民问题、劳工问题、社会分层问题、现代化建设问题等等。

在研究方法上，呈现出多样化的特征，表现在注重学术史的梳理、对观念史的重视、对整体史的把握、对其他学科的借鉴、促进研究全面深入的发展等多个方面。其中，从观念史的角度入手进行分析，在有关“北洋军阀”、“西南军阀”的概念的考证、演变并展现其丰富内涵的研究中体现得尤为明显。历史的发展是整体的、连续的、前后相继的，这也是学者对作为近代中国历史研究的重要一部分的北洋史研究日益重视的一个重要原因。北洋时期的政治制度、经济建设、文化发展、社会建设都不是孤立存在的，对于北洋历史的分析必须从其存在的历史环境中寻找前因后果，这一点，在本届参会的诸多论文中均得到了很好的体现。

重视社会舆论的作用成为本届会议的另一重要特征，这与北洋时期丰富的报刊等公共平台的存在密切相关。如何看待公众舆论的公共性与开放性在政治变革、社会生活、社会运行中所起到的作用，是对这些资料进行合理运用所必须注意的问题。

在本次研讨会的论文之外，本年度关于北洋史的代表性论文还有汪朝光《民初西式民主政治夭折的缘由》、桑兵《接收清朝与组建民国》、罗志田《民国初年尝试共和的反思》、王先明等《“北洋”正义》、陈红民《从

"转向革命"到"被革命"——对黔系军阀参与北伐的历史考察》、尚小明《攻击与回应：民初袁世凯三传面世之幕后故事》、岳谦厚《再论"五四"到"五卅"期间的学生运动》、沈成飞《广州官产投变事件中的革命政府与地方社会》以及唐仕春的《北洋时期基层社会的缠讼》等文章。《南京大学学报》2014年第3期《回归历史的本位："北洋史"研究（笔谈)》中的几篇文章也都推进了对北洋政府的政治、军事及社会等方面的研究。同年多套民国资料的出版，如《民国时期社会调查丛编》、《中央通讯社参考消息汇编》、《中国国民党历次全国代表大会暨中央全会文献汇编》、《民国审计院（部）公报》、《民国人口户籍史料续编》、《民国时期监察史料汇编》、《民国时期西南边疆档案资料汇编》、《龙泉司法档案选编》第二辑及《中国社会科学院近代史研究所民国文献丛刊》等，也都为学者研究提供了极大便利。[①]

关于北洋史的研究，由于受到多方面因素影响，多以"北洋军阀"的历史为主要研究路径，通过对北洋系军阀间的权力斗争与国家社会危机严重，以及广大民众在国民党、共产党等党派团体的领导下奋起自救、弘扬民主自由的两条线索进行分析，其政治史色彩浓重。张玉法先生曾讲到"五十年来，中国知识界一直以民初军阀为嬉笑怒骂的对象，不以严肃的治学态度来研究，这也许是受正统观念的影响。正统观念的过度运用，往往忽视客观问题的存在。"[②] 近年来，北洋史研究开始为更多的学者所关注，北洋史研究在一定的范围内不同程度地有所深入，在继承前人对于北洋军阀史的研究成果的基础上，力求在学术层面、学科建设的视角下深入探讨北洋时期中国社会演变的内在逻辑。这次会议其实是在新的研究态势下的学术性汇集，也是对未来研究的一个促动。总之，开端已见特色，起点令人欣慰，高度未来可期。相信在进一步深入研究中，在学界同仁的共同努力下，整个社会对于北洋历史的认识会有一个新的突破。

---

① 张德明：《2014年中国近代史研究热点综述》，《团结报数字报》2014年12月25日。文章来源：http：//epaper. tuanjiebao. com/html/2014－12/25/content_ 16671. htm。

② 张玉法主编，林载爵、朱云汉、王克文编辑《中国现代史论集》第5辑《军阀政治》，台北：联经出版事业公司，1980，第93页。

【书评与书讯】

民国的另一种景象

——伊莎白《兴隆场——抗战时期四川农民生活调查（1940～1942）》述评

袁　昊*

近些年来，学术界兴起了一股晚清民国研究热潮，各学科纷纷向晚清民国靠拢，历史、社会、政治、经济、文化、文学等学科都急于在晚清民国找到本学科可以进入的领域，以开拓本学科的学术生长空间。学术界之所以热衷于晚清民国研究，一方面是基于该段时期的重要性，诸多问题未能廓清，有值得投入研究的学术价值与学术空间；另一方面也与近些年兴起的历史怀旧热不无关系，晚清民国给人们提供了一种历史想象。不论出于何种原因，晚清民国研究热是不争的事实。而其中民国研究最受热捧，民国人物、民国风度、民国学案、民国文化、民国日记、民国家世以及民国政治、经济、外交等，各种研究著作、史料辑佚大量摆上书架，令人眼花缭乱。笔者翻看一本又一本的民国研究图书，一时间似乎钻进民国这座深宅，完全迷失了方向。困顿之余，掩卷思索：民国到底怎么样呢？难道就是这些名贵器物和雕龙画栋吗？难道就是那么具有阳春白雪般的“风度”吗？是否还有另一个未曾被研究者们注意的民国景象？我们现在的民国研究是不是无形中披上了一层无法拂去的过度想象的面纱？

是的，民国确实还有它的另一种景象。伊莎白（Isabel Crook）《兴隆场——抗战时期四川农民生活调查（1940～1942）》（中华书局，2013）所呈现给我们的是一幅真切而又本色的民国四川乡村景象图。伊莎白没有宏观地论述兴隆场（重庆璧山县的一个乡镇）的社会状况，而是进行“地毯

---

*　南京大学中国新文学研究中心博士研究生。

式”的历史调查与纯白描式的“日志”记录，不阐释、不抒情、不议论，只是把全乡1497户人家逐个走访一遍，记录各家各户的家庭状况、人员构成、经济收入、居住条件、教育程度、婚姻情况等，同时有大量关于当地婚丧嫁娶、家长里短、民风民俗、地方纷争等的详细实录。阅读这本书，能够获得对20世纪40年代初四川乡村社会的直接感知，而且能够增补诸多对民国历史面貌的新认识。

比如，我们知道现代四川一直匪盗猖獗，严重影响社会治安，但我们不清楚为什么土匪强盗会层出不穷，是不是仅仅因为四川民风彪悍与苛税严重？情况并不仅是如此。民风彪悍并不仅仅是四川如此，全国皆有民风彪悍的地方。战争与农业歉收是穷人铤而走险抢劫的原因，但绝不是最主要的原因。最主要原因是国民政府对枪支的控制不严所导致的地方治安混乱。以兴隆场为例，伊莎白从1497户人家随机调查525户，得到的结果是166户有枪，甚至有的家里还有两三支枪，而当地居民实际拥有枪支数量绝对不止这些，因为以上数字是伊莎白和她同事亲眼看见的，还有没有让她们看见的。我们完全可以想象枪支在当地的普遍情况。如此多的枪支为民众所有，很容易汇集而形成威胁力量，一旦有偶然因素的刺激，如天灾等，抢劫事件就会发生。民国时期四川民众拥有大量枪支的问题，并不是在1940~1941时才如此严峻，早在20年代，即四川军阀割据（防区制）时就已经如此。吴芳吉1928年秋应成都大学校长张澜之请去成都任教，他从家乡江津出发，把沿途所见及经历写信寄给家人和朋友。他在一封信中就谈到四川两大弊政，其一就是大量民众拥有枪支的问题，“各县竞造枪械，杀人之器，日见其多。吉所居德感坝，民家不及三百，亦有兵工厂一所。兵匪良民，咸往自由交易。江津一县，殆有小兵工厂五十以上”。[①] 而伊莎白书中的记述进一步证实了枪支问题在民国四川存在的持续性与严重性。让人困惑的是，兴隆场所在的璧山县，与国民政府临时首都重庆相距不到一百公里，首善之区附近的治安情况尚且如此，那些偏远地区的治安情况就可想而知了。

民国四川乡村治安混乱、匪盗猖獗，除了与民众拥有大量枪支有关外，同国民政府1939年开始实行的新县制也有一定的关系。新县制的目的在于矫正从前重省轻县的行政弊病，明确规定县为地方自治单位。县、乡自治后，地方政府的一切开支都得从地方上收取，包括治安经费等。地方

① 吴芳吉：《与刘弘度刘柏荣》（1928年10月1日），《吴芳吉全集》，华东师范大学出版社，2014，第854~855页。

政府为了得到民众的支持往往压缩开支以减轻百姓负担。行政经费锐减，其结果是，一方面百姓较之以前要更加拥护地方政府，另一方面却使很多职能单位无法发挥应有的职能，比如说地方治保力量就有限，无法与土匪武力抗衡，导致地方治安环境恶化。

地方政府无法解决匪盗问题，势必向上一级政府求援，但是抗战时期上级政府任务太重，无法分出力量解决地方匪盗问题。于是，地方政府就向民间力量，比如哥老会等社会强力组织求援，希望得到他们的帮助。哥老会等当然不会白干，乘机向地方政府索取好处，如代政府收取地方税费等，以便从中渔利。这样，地方政府、匪盗、哥老会等势力相互勾结，形成层层复杂交错关系，构成了乡村政治权力的基本结构。

我们对抓壮丁印象深刻，历史课本及影视作品中有大量对抓壮丁的描述。从该书中我们约略知道民国政府在当地的抓壮丁（主要充兵役）是有一个过程的，“战争刚开始时，政府并没有采取强制征兵的办法，而是用钱引诱年轻人参军”，征兵对象为男性，年龄在 18～36 岁，公务人员和户主不用服兵役。到 1942 年时年龄调整为 18～42 岁。后来又延长到 48 岁，只不过 43～48 岁的出夫役，修建公路、机场等军用设施，不用上前线。由于战争惨烈，大多数被征人员或是有去无回，或是病残而归。当地民众想尽办法逃兵役，书中记有非常多逃兵役的手段，如更改年龄、另立户口、向民团行贿等等，各种逃兵役的方法使人感叹民众在危机下的求生智慧。

最最让我们印象深刻的是书中对日常生活及伦理的记述。这些日常生活有一种穿透时空的绵延力量，显示的是人世的普遍辛酸与遭逢，因而特有亲近感。生老病死、婚丧娶嫁，这些都是沉沉人世得以延续的重要力量。“卫顺生的葬礼”，把乡村葬礼记述得如此细致，包括诸多如今已经消散的葬仪，如“撤灶”、“走城”、“跳金桥”、“烧蜡烛仪式”和“偷丸子”，读来都有一种恍如隔世的感觉，留在脑海里的只有仪式所象征的对死者的深深敬意，不是表演，是来自民间永不凋谢的对生命的敬畏。

通常乡村是非多，鸡毛蒜皮，东家长西家短，而争执双方又互不相让。可问题得解决。找谁解决呢？书中记述的解决之道值得注意。乡民们遇到矛盾争执不下，最后往往到茶馆里去“讲理”，参加“讲理”的有双方当事人，还有当地有名望的人，士绅、保长、哥老会掌事的、乡政府人员等。大家坐到一起进行协商，最终使事情得以解决。如果“讲理”之后，当事双方还不满意，可以向县法院起诉，寻求法律的解决。这种“讲理”的形式使地方势力达到平衡，显示了地方自治的可能，同时也是一种很有价值且类似民主自治的有效形式。茶馆的这一功能不仅在乡村如此，在城市同样如此，王笛在其专著《街头文化：成都公共空间、下层民众与地方政治（1870～1930）》（商务印书馆，2013）第六章“冲突”中有详细的论述。由此可见，“吃讲茶”的这一传统是四川民间社会解决争端的常见形式。

童养媳问题在该书中也有大量记述。赌博、抽鸦片烟的人更是不在少数，很多家庭问题都是由此引发的。教会下乡和乡村建设运动在乡村引起的变化和遭遇的问题，书中也多有记述。还有乡村伦理，休妻买妻、偷情乱伦时有出现。可以说这本书再现了20世纪40年代初四川乡村社会的基本样态，有难得的真实感和在场感，超越了逻辑性与概念性的抽象研究，是了解民国社会多元化的难得史料。

伊莎白对这些问题的记述，是散落在一个个人物故事中的，而不是条分缕析的概括性论述。我们在读这些浸透着民间日常生活的故事时，获得一种深切的历史在场感，触摸到的是民国历史的温度，同时也看到了民国的不同面相。

需要指出的是，一般的社会调查不太容易使采访者与被采访者处于一种平等和谐的关系中，因而调查的可信度值得怀疑。而该书却不存在这个问题。伊莎白尽管是外国人，但她出生在成都，且在四川生活了很长时间。同时，有一位与她共同采访的同事俞锡玑，这位中国女同事，极其活泼，很善于与人交流，对当地民众的采访，都是在一种融洽和谐的氛围中完成的，因此具有本真性与朴实感，这也是该书的另一贡献。

晚清民国确实值得各学科深入研究，它是中国进入现代的初始阶段，廓清理析这段历史是我们面向未来的必需之举。但是在回顾那段历史时，需要更广阔的视野，发掘民国的多种面相，解读民国的多种景象。民国是一个多元与复杂的历史与空间混合体，宏观整体的研究固不可少，但微观具体的历史清理与收集也不无必要，伊莎白的《兴隆场——抗战时期四川农民生活调查（1940～1942）》让我们看到民国的另一种景象，是一份极具史学与社会学价值的民国乡村文献。

稿　约

《民国研究》系教育部哲学社会科学重点研究基地南京大学中华民国史研究中心主办的学术专刊。创办20年来，在国内外民国史研究专家学者的关注与支持下，产生了良好的社会影响与学术效应，现为CSSCI来源集刊。

为适应民国史研究学科发展的需要，本刊现改由社会科学文献出版社每半年出版一辑。本刊主要刊载关于1949年前之中华民国时期相关史实与理论的研究文章，注重实证，提倡探索。热诚欢迎海内外专家、学者赐稿。

来稿要求文风朴实、论从史出、观点新颖、逻辑严密、引文准确、注释规范。本刊采用社会科学文献出版社的投稿格式和注释体例，请各位作者投稿前务必参照改妥，并校订无讹，否则恕不受理。

由于人力所限，对于来稿不能一一回复。作者自投稿之日起三个月未接到本刊备用通知者，请自行处理。本刊对决定采用的稿件，有权进行修改、删节。

根据著作权法规定，凡向本刊投稿者皆被认定遵守上述约定。

本刊专用电子邮箱：minguoyanjiu06@ sina. com

电话（兼传真）：025－83594638

南京大学中华民国史研究中心

《民国研究》编辑部

图书在版编目(CIP)数据

民国研究.2015年.春季号:总第27辑/张宪文主编.—北京:社会科学文献出版社,2015.5
ISBN 978-7-5097-7507-3

Ⅰ.①民… Ⅱ.①张… Ⅲ.①中国历史-现代史-研究-民国 Ⅳ.①K258.07

中国版本图书馆CIP数据核字(2015)第099518号

民国研究
(2015年春季号 总第27辑)

主 编/张宪文

出 版 人/谢寿光
项目统筹/宋荣欣
责任编辑/宋荣欣 夏仲壮

出 版/社会科学文献出版社·近代史编辑室(010)59367256
地址:北京市北三环中路甲29号院华龙大厦 邮编:100029
网址:www.ssap.com.cn
发 行/市场营销中心(010)59367081 59367090
读者服务中心(010)59367028
印 装/北京季蜂印刷有限公司

规 格/开 本:787mm×1092mm 1/16
印 张:16.5 字 数:292千字
版 次/2015年5月第1版 2015年5月第1次印刷
书 号/ISBN 978-7-5097-7507-3
定 价/39.00元